商务外交礼仪

通用手册

方法·经验·案例

[荷]吉尔伯特·莫诺·德·弗鲁瓦德维尔　　马克·费尔海勒/著

王广州　鲁仕齐/译

·北京·

国家行政管理出版社

中文版序言

中国是有5000年文明史的礼仪之邦，是四大文明古国中唯一文脉长河没有断流的国家。根据我国夏商周断代史课题研究，早在原始社会，人们就开始了祭祀鬼神的礼仪活动仪式。6000年以前，我国就有了大量的礼仪性建筑，出土文物也有大量的礼仪祭祀用品。礼的产生是古代祖先为祭祀天地神明、保佑风调雨顺、祈祷祖先显灵、拜求降福免灾而举行的一项敬神拜祖仪式，所谓“奉神人之事，通谓之礼”。《说文解字》中有：“礼，履也，所以事神致福也。”意思是礼仪即行为的准则，就像脚要穿鞋子走路，人们要按照礼制行事。周公在朝廷设置礼官，专门掌管天下礼仪，把古代礼仪制度推向了较为完备的阶段。孔子继承周公，对礼加以整理，他主张“道之以德，齐之以礼”的德治，礼成为做人的准则，人兽的分界。孔子提出“不学礼，无以立”，要“克己复礼”。儒家的传人荀子进一步指出：“礼者，人道之极也”，“人无礼则不生，事无礼则不成，国家无礼则不宁。”“礼之用，和为贵”，中国的文化是“和合文化”，讲究和谐，这种文化的凝聚使我们连绵不绝，所以我们成为世界上人口最多的国家，养育了约14亿人，千百年来各民族团结在一起，创造了世界的奇迹。

2019年是新中国成立70周年，我们面临着两个任务，一个是复兴中华传统文化，另一个是共建“一带一路”，走向世界，承前启后，继往开来。这些都需要我们学好礼。有人说中国文化教人们如何做人，外国文化教人们如何做事，其实深入研究以后发现二者殊途同归。要学做人，只有做好了人才能做好事，达到自我的完善和社会的和谐，追求幸福和成功。做人做事都要学礼仪，西方成功学家讲，“世界上最廉价，而且能得到最大收获的一项特质，就是礼节”，“离礼仪有多远，离成功就有多远”。所以无论做人还是做事，都得学好礼仪。当今世界有70多亿人，讲着5600多种语言。十里不同风，百里不同俗。我们要同世界各国人民交往沟通，共同建设地球家园，维护世界和平，就一定要了解外国的礼仪，尊重他们的习俗。

从事了几十年的礼仪培训，我认为礼仪的核心是尊重，要辅之以宜，也就是要具体情况具体分析，这是马克思主义活的灵魂，也是礼仪活的灵魂；要宜人宜事宜时宜地，根据不同国家地区、不同民族习俗，区别对待。本书是一本介绍欧洲，乃至世界不同国家礼仪的一部重要著作。本书的出版对于响应“一带一路”倡议非常及时，它给我们打开了一扇看世界、看外族习俗礼仪的窗户。这本书有如下几个特点：

权威性。1985年，我在北京开创公共关系专业并系统讲授礼仪课程，编写礼仪教材。从那时候起，为了讲好课程，编好教材，我查阅了大量关于礼仪的书籍，其中有中外著名专家的大作，也有集体智慧的成果。但是，依我所见，本书作者团队仍然是个中翘楚，按现在时髦的说法，“个个都是大咖”。他们地位显赫，经验丰富，见识过人，出类拔萃。他们中有总统府礼宾和公共关系司长，有欧洲议会礼宾部负责人，有2012年伦敦奥运会开幕式的礼仪总管，有礼仪商局的创建人，还有前北约的秘书长，海牙国际法院院长……。他们在顶级国际活动中身体力行，把高规格的礼仪文化呈现给大家，这是十分难能可贵的。

实用性。礼仪最重要的核心是尊重，它无时不在无处不在，体现在每一个具体行为上。例如，关于方位礼仪，是礼宾顺序的一个亘大难题，本书列举了很多种座次的排法，这正是这种尊重的体现。我们在实践中会发现，到底“左为上”还是“右为上”，是很多人一辈子都搞不清楚的问题。很多书文字描述的和示意图展示的也不一样。为什么会出现这样的情况呢？首先是那些人自己概念不清晰，或者先入为主，将错就错了。其次是有些作者没有指挥操办大型礼仪活动的经验，考虑不细，导致出问题。我在教学研究中，为了说明这个问题，从20世纪80年代的时候就不再用“左为上”“右为上”这个概念了。因为左右是相对的。你坐在台上和台下，看左右是相对的；坐在汽车里头和在汽车外头看，左右是相对的；在大楼里头看和在大楼外头看，左右是相对的。所以我提出“同方向右为上，面对方位物左为上”。例如，面对墙壁挂旗子，左边是尊位，是来宾的。面对汽车车头挂旗帜，左侧挂的是尊位，是来宾的，右侧是主人的。很多书都是只简单说左右，没有前置词。我们高兴地看到，这部书的作者在讲解方位礼仪时，做了区别。例如，他们说站在大楼里头看，客人旗子在右边；从街上看，楼前的客人旗子是在左边。这证明他们意识到了左右的相对性。再有，我们自己的商务礼仪一般不涉及礼炮的礼仪，外交礼仪中我们一般都是以21响为主。本书不光讲了21响，还分析了礼炮的来源，以及最多的101响等情况，使我们了解了一些以前不知道的知识。诸如此类的还有关于贵族授勋、王室成员礼宾次序等。

可读性。这本书虽然是很多权威官员所写，但并非冷冰冰的学术性专著，而是他们把工作中的体会，像接受采访，讲故事一样进行了叙述，语言朴实，通俗易懂，翻译得也不晦涩。其中穿插一些小故事和细节可引发思考，特别是考虑到要照顾女士的礼仪。通篇虽非面面俱到，但可以举一反三。

独特性。古人言：“他山之石可以攻玉。”这本书给我们介绍的是用外国人的视角及思维方式来看待国际上的事情，这对我们很有启发。但是，有些内容与我们中国传统文化和我们的道德标准不完全一样，所以我们对此也要具体情况具体分析。例如在第 1 章中，作者举例讲什么是辞令，引用温斯顿·丘吉尔的观点：“辞令就是你让人去下地狱，人家还能来向你问路的说话的艺术”，这与我们的传统文化和价值观是相左的。语言是思维的外壳，我们的评价体系是“人为心声”，“善言为美”。把语言当作不择手段达到目的的工具是我们不提倡的，所以孔子 2600 年前就批判“巧言令色鲜矣仁”。我们强调辞令的技术性，但是作为礼仪之邦我们要对舶来的文化要有自己的判断和分析。另外，中国和西方文化基础不一样，他们认为“礼节”一词是从路易十四太阳王才出现的，而我们中国这些词汇出现的要早得多，春秋战国时《管子·牧民》中就提到了“仓廪实而知礼节，衣食足而知荣辱”。

这本书的附录写的也非常翔实细致，详细例出参考文献、图片和名词索引方便读者查阅。这充分体现了对知识产权的尊重，也是礼仪的楷模，值我们学习。

祝愿读者们能够从本书中汲取世界礼仪文明的精华，提升个人素质，助力本职工作，在民族复兴大业中再创辉煌！

李兴国

二〇一九年　于北京

英文版序言

荷兰卡洛斯王子殿下

在地理大发现全盛的时代，哥伦布、达伽马等航海家遵奉西班牙与葡萄牙国王的旨意，探索了这个星球上全新的土地、民族及其社会习俗。再往前追溯两百年，威尼斯商人马可·波罗沿着著名的丝绸之路，最终抵达大元帝国。不论是忽必烈汗朝堂上的觐见礼仪，还是印度神庙里色彩纷呈的祭拜祷告仪式，抑或是北美印第安人更为基本的宗教仪式，上述探险家的经历表明，国际交流与合作比以往任何时候都更加重要。尽管社交礼仪千百年来在世界各地一直是人类生活的重要组成部分，但是随着外交关系不断扩大，全球商业日益蔓延，在此后的几百年里，了解国际交往礼仪并理解其中的惯常做法变得越发重要。

21 世纪，在国家元首、政府官员以及权威人士之间发生的社交与外交事务中，礼仪一如往昔扮演着重要的角色。正如本书所呈现的，在企业界中，礼仪有很多讲究、很多学问，它不仅植根于国际交往实务与相互尊重的原则，而且是获得重大订单、结交重要人物的途径。多年来，我与我的家人参加过许许多多以礼仪为要务的场合。我们与意大利、西班牙、法国、荷兰的关系颇有渊源，这几个国家在礼仪实操上多有相似之处，但也有细微的差别。

以礼仪为题的书籍浩如烟海，多数作者都特别关注本国礼仪。本书突破常规，涵盖了世界上外交礼仪的总体情况。本书撰稿人医各自的职业生涯走向五洲四海，获得了丰富的经验，对国际交往领域的广泛主题提出了独到的见解。外交、商业、文化与体育等领域的专家也分享了经验，把个人感触融入本书之中。本书吸纳了不同时代、不同文化和教育背景的见解，我相信，此书一定会为活跃在公共、商务或学术部门的各位读者提供有益的借鉴。

卡洛斯·德·波旁·德·帕尔马

前　言

2001 年春天，吉尔伯特·莫诺·德·弗鲁瓦德维尔与马克·费尔海勒建立了长期的合作关系。当时，在荷兰康斯坦丁王子殿下与劳伦蒂安王妃殿下的婚礼上，吉尔伯特是典礼官，负责整个流程；马克担任海牙大教堂的礼宾官，当然，还有荷兰礼仪商局的很多同事相助。在接下来的几年里，他们共同参与了多次皇家活动。2005 年，马克从悉尼的麦考瑞大学硕士毕业后，就在海牙努儿登堡宫担任吉尔伯特的助理。一年半后，吉尔伯特退休，并有幸在约旦王室担任礼仪顾问和培训官，这段经历让他深入了解了中东文化。2008 年，马克前往协助工作。当时，他们就开始筹划写作，只不过几年后才决定动笔。2014 年 3 月，海牙核安全峰会前夜，吉尔伯特应伊娃·吉内克之邀，做客荷兰脱口秀节目《吉内克访谈》，详细解释了世界各国领导人在高峰会谈中应该注意的多方面礼仪问题。节目结束后，吉内克提议，吉尔伯特应该考虑写一本书，这就是动笔创作本书的契机。他与马克就这样一本礼仪著述所要涵盖的内容来了一场头脑风暴。

他们很快达成了共识，这本书要纵览各国的礼仪实情，因为各组织机构与政府都要面对国际交往礼仪的方方面面，以之为国际关系处理的手段。因此，他们从礼仪的角度讨论国际关系与国际商务中外事接待的重要性。现代生活中的偶发事件越来越多，交往礼仪在许多部门仍然发挥着极大的作用。因此，本书也概括了与交往礼仪相关的实操内容，包括外交关系和商务交往环境下产生的问题。本书集中探讨了众多国家及其文化，话题包括礼宾 次序、座次安排、国旗的历史与使用、典仪礼规、邀请函电、着装规范、礼品赠授及荣誉颁发，也涵盖了媒体与安保问题、礼宾人员工作指南、宾客接待、战略性人脉管理中主办方的作用，等等。为使本书提供更加专业的指导作用，吉尔伯特和马克遍请外交、商业与文化等领域广有影响的人物分享他们的外事礼仪经验。

吉尔伯特与马克非常感谢阿姆斯特丹大学出版社与芝加哥大学出版社的热情参与。那次头脑风暴已过去整整两年，在他们相识十五年之后，此书终获出版。

2016 年 4 月　于海牙

致 谢

一个人不可能写好礼仪指南，两个人也不行。正因如此，吉尔伯特和马克万分感激外交与商界友人以及亲朋故交，对各位的巨大贡献深表谢意。正是由于他们各自的专长且不厌其烦的协助、包容，甚或是批评意见，本书才给人以真正特点鲜明的、国际化的观感。封面上的旗帜代表了吉尔伯特和马克想要感谢的人。

* * *

卡洛斯·德·波旁·德·帕尔马王子殿下受邀亲笔作序，我们深感荣幸。王子殿下与意大利、西班牙、法国以及荷兰关系深厚，的确代表了本书的国际性。

我们有幸采访了两位德高望重的人物：一位是外交界的北约前秘书长夏侯雅伯教授，另一位是商界的荷兰西门子公司董事会前主席马丁·范·佩尔尼斯先生。我们对此表示感谢，多谢两位分享了他们职业生涯中精彩有趣的故事。

我们也向各位优秀的业内人士表示感谢，他们在本书中分享了自己的亲身经历，有个人及学术方面的，也有企业交流理念，等等。按英文姓氏字母排序，他们分别是：

奥利维尔·阿里封教授，执掌布鲁塞尔自由大学传播学教席，外交语言与正式用语之主笔。

若泽·德·博扎·塞拉诺阁下，曾任葡萄牙共和国驻荷兰王国大使，国事访问之主笔。

弗朗索瓦·布鲁纳格尔先生，欧洲议会前礼仪部负责人，欧洲议会外交礼节问题之主笔。

罗莎琳·希金斯夫人，英国高级女勋爵、英国王室法律顾问、海牙国际法院前院长，国际法院相关的外交礼节与礼宾次序问题之主笔。

拉胡德·拉胡德先生，黎巴嫩共和国部长理事会总理事、总统府礼宾和公共关系司司长，总统礼仪之主笔。

安德烈亚·米利西亚先生，2012年伦敦奥运会开幕式礼仪总管，奥运会礼宾规程主笔。

让·保罗·维杰斯先生，荷兰礼仪商局、海牙礼宾协会创建人兼常务董事，主论礼仪作为职业成功的基本原则。

阿比奥顿·威廉斯博士，海牙国际法研究院前主席，采用对比的视角撰写了联合国与智库产生的礼仪问题。

塞缪尔·维斯滕先生，荷兰国际舞蹈节艺术指导、鹿特丹皇家音乐学院执行董事会成员，主论舞蹈演出中的礼仪问题。

再次感谢你们的生花妙笔。

本书中，新一代礼宾官以曾就职于荷兰礼宾商局的杰伦·科克斯、鲁本·内德佩尔和伊沃·范·弗利特为代表。你们的言论代表了时代化的礼仪观点，谢谢你们同意将发言稿全文收入本书。

此外，还要感谢埃尔默·杜姆劳先生。埃尔默是菲律宾受人尊重的艺术家、平面造型设计师，现供职于约旦。正是由于埃尔默出色的创造力和无私的奉献精神，我们才得以完成这样一部全面而又实用的礼仪指南。非常感谢您设计的封面和插图。

我们也想向荷兰王室前内务总管弗卢尔·基斯特阁下表达感激之情。他目光如炬，审阅了本书多个章节，提出了有价值的修改意见。

我们还要感谢荷兰王国驻芝加哥前总领事克拉斯·范·德滕佩尔先生的鼎力相助，特别是与芝加哥全球事务委员会总裁伊沃·H.达尔德大使一道在美国推介本书。

英语不是我们的母语，如果没有卡丽·巴拉德、苏珊·亨特、乔舒亚·谢林顿、路易丝·瓦因斯和威尔肯斯及其助手尽心竭力的帮助，也不可能完成此书。离开他们的语言修改意见和翻译服务，这本书就不可能以如此专业的面貌呈现。再就是，特别感谢乔舒亚为书名提出的建议。

最后，还要谢谢我们的合作伙伴纳恩和弗里克，没有你们深挚的支持，本书也不能出版。两年来，不论是在荷兰的家中，还是在比利时、法国、远东、苏格兰，或是在丝绸之路沿途的中亚国家度假途中，很多闲暇时间都用在书上，显然连闲谈都会转到这个话题上。

非常感谢你们的挚爱、理解、支持与回应！

目录

第一章

国际交往礼仪

《维也纳会议》，让－巴普蒂斯特·伊萨贝

导言

人们常常贬低礼仪、礼节和行为规范，此时此刻，再写一本国际交往礼仪的书，是为什么呢？本书作者深知这种想法，但仍希望本书能厘清礼仪的用途及其发展，以及在国际社会中所扮演的独特角色。在国际社会中，社交礼仪就是要尊重他人的传统和文化。

对于国家元首、政府首脑、权威人士之间国际交往与社交话语的成文和不成文法则而言，礼仪不再像各个《维也纳条约》（分别签订于 1814—1815、1961—1963）设定的那样，只是一个概括性的词汇。当今，国际交往礼仪也关注商业界合作伙伴与文化、体育部门之间的交往行为。

这类交往行为不仅要以现存国际惯例、相互尊重为出发点，还要突出国家、组织与企业的形象，获得重大的商业合同，结识重要的人物。因此，交往礼仪可以说是维持良好关系的工具。

国际交往礼仪关注三个方面：一要尽量少讨论座次、旗帜悬挂的次序和方式等枯燥乏味的问题；二要避开不必要的扰乱人心的外交关系；三要营造一种氛围，让大家都感到舒适，以利于形成积极的决策。

一言以蔽之，礼仪可以笼统地指建立适当的行为准则从而避免冲突与争论。然而，遵从正确的礼仪准则仅仅是手段，维护好社交关系才是目的，不应本末倒置。鉴于“礼仪”和“礼节”总是相混淆，有必要概括一下二者的区别。

礼仪与礼节

礼仪与礼节之间的本质区别是什么呢？礼节可以界定为人际交往的礼貌原则，即社交举止规范，包括替人开门、寒暄、为女士拉出座椅之类的举动；而礼仪更强调一个人、一个国家、一个组织或企业的地位，不太强调身价。第二章将广泛讨论地位的本质属性和礼宾次序问题，法语称之为 préséance。

礼节及其历史

“礼节”一词涵盖一套行为原则，强调举止得体、有礼貌，它与人类自身一样古老，也随时间的推移而变化。同样，这些原则也受一个国家的主流文化影响。因此，有的国家见面是碰碰鼻子，有的是贴贴脸颊，还有的是握手、稍稍打躬，或是行屈膝礼。

现存最早有关道德习俗的文献是《普里斯纸草书》，其历史可以回溯到古埃及第十二王朝，是法国考古学家、作家埃米尔·普里斯·德阿韦纳斯（Émile Prisse d’Avennes）于

1856年在底比斯发现的，现藏于巴黎的法国国家图书馆。该文献是一位高官写给儿子的行事指南，这位高官有可能是为法老之类的统治者服务的一位高级幕僚，也有可能是主管宗教事务的官员。这份纸草文件包括《卡扎莫尼训命》的最后两页，汇集了品德操行的先例与训诫，而卡扎莫尼（Kagemni）是古埃及第四王朝法老斯内夫鲁（King Snefru）的大臣。训命结尾处是《普塔霍特普圣谕》仅存的残本，普塔霍特普（Ptahhotep）是古埃及第五王朝法老伊塞西（公元前2414—公元前2375在位）统治时期的大臣、贤哲。

人类大规模聚居之后，不成文的惯例和社交习俗就自然产生了。有“好人菲立普”（Philip the Good）之称的勃艮第公爵（1419—1467在位）是第一位写下皇家行为规范的君主；将规范写在卡片上，为的是明确其个人幕僚的职责。

1529年，荷兰学者、神学家、哲学家德西迪里厄斯·伊拉斯谟（Desiderius Erasmus，1469—1536）撰写了儿童行为守则。实际上，这才是为儿童专述守礼原则的第一本书。此书非常流行，被译成数种语言刊行于世，至今还有可能读得到——但有必要提醒一下，书中的条条框框已不再适用了。礼节的原则当然要随时代而变，要不断适应时代变化。

然而，在这一点上，“礼节”与举止得体还不能画等号。在公元17世纪荷兰的黄金时代，上流社会和贵族阶层创立了种种社交规范，以区别于下层与中产阶级。这些规范称作curalia，由comitas和suavitas两个词构成，代表礼貌谦恭的行事惯例，主要涉及觐见国王或王后时如何称呼头衔和名号、正式场合使节之间如何称谓；实际上，这就构成了我们彼此称呼头衔和名号的基本规范。比如，在荷兰，有一个复杂的规范体系还在约束着通信礼节，但要注意到，每代人往往为简洁起见，会放弃这个复杂体系中的某些元素。

还有一个重要的礼节——用餐礼节，后文也会详述。这其中的诀窍在于，以“闭合”的方式摆放餐具：汤匙扣放，餐叉齿朝向桌里，这样，银器的价值和质量才能通过银饰纹（刻有站姿、行姿或者卧姿的狮子）或者家族徽章清楚地表现出来。这种布置餐桌的风格至今还用得上。受邀参加晚宴，客人通常会带上自家的银器，还要放在有饰纹的盒子里，以显示其器物的价值，为的是向其他客人炫耀财富或高贵。

然而，这就引出一个问题，“礼节”一词到底何时出现，是什么意思？法国人最先使用这个词，指的是木杖上的雕饰，后来指礼物或器具上的饰板名牌，最后到法国波旁王朝国王、号称“太阳王”的路易十四（1638—1715）治下，就成了行止和礼貌的规范与标识了。

正是这位国王在宫廷放置标识牌，建议或提示人们在宫内如何待人接物，从而让各式各样的生活规范、宫廷礼节或礼仪在凡尔赛宫变得清晰可见。这是路易十四与宫廷园艺师想到的主意，事情是这样的：朝臣行止失当，惹恼了园艺师。他们把垃圾丢得遍地都是，还有人乱踏草坪、翻越灌木。通过放置这些标识牌，行止规范很快就赋予“礼节”一词以新的含义，即指导行止与礼貌的规范和标识。那个时期的书籍和宫廷访客笔记都见证了这一事实。我们可以看到凡尔赛宫的规模，以及生活规范统一协调的程度。有两千多人来来往往，制定规范很有必要。时时刻刻都有数十号人簇拥在国王身边。国王躲清静的地方就只有小特里亚农宫了。凡尔赛宫内的建筑和设施布局甚至就是为了让大家清楚地看到国王，就像在皇家歌剧院和小礼拜堂里那样。皇宫内不是所有地方都能让朝臣入内的；有的场所只限高阶权贵来访。就连唤醒国王这样的条令也有清楚的记载。被授予这个职位是很大的荣耀。每天早晨，国王由内廷总管唤醒，他要说："陛下，该起床了。"早朝就这样开始了。最高的荣耀是给国王更衣。每天，国王要由首席御医做体检，旁边要有皇家亲随，还有那些可以近侍的大臣。然后，在几位侍从的侍奉下更衣、上朝。就寝也是相同的礼仪。国王分房间给亲信和客人住，也有宫廷礼节。当时要在门首贴上名牌。名牌随身份品级而变化——比如，"卡扎尔""卡扎尔先生"，或者最高级别的"让·卡扎尔先生专属"。还有另外一种形式的礼节是座椅的分派，觐见国王时就座，有坐垫无靠背或扶手的矮凳通常是给孙辈、外国王子和高阶贵族预备的。其他朝臣，包括主教还有那些尊贵的男男女女都得站着。声望越高，座位越好。

随着法国文化在世界的普及，"礼节"一词就有了今天所用的含义。过去的两百年间，关于礼节有很多著述刊行，无一例外都应和了当时的社会习俗。在人类社会中，礼节过去是、将来还会是不可或缺的，社交惯例与相互尊重依然非常重要。

礼仪及其历史

前文曾提及，国际交往礼仪聚焦于相互尊重、认可彼此的身份和等级。

以前，外交地位由国力来确立。这一点在第二章会有详细的论述。在此，我们更关注礼仪的定义是如何形成的。人们最早从何时开始谈及交往礼仪？这在当时是全新的课题吗？针对人的身份地位，国家、组织机构和企业单位的地位，人们是否早就考虑过要给予一定的礼遇？

在"礼仪"一词出现之前，等级制已切切实实存在于日常生活中，这在古埃及、亚洲和古罗马的壁画（包括湿壁画）中可以看到，这些画作常有对游行活动的完整描述，其中凸显出对等级的关注，比如，格外讲究何人以何种次序站在何处之类的细节。古代部落都有尊重身份地位的规范，比如针对部落酋长的规范。

礼仪的定义源自希腊文合成词"protókollon"，"protos"是"首要"之义，而"kolla"是"附着"之义。在后期希腊文中，这个词指纸草卷上附着的单页或标签，上面写有关于内容的注释（后用于指代粘贴在公证文件上的第一页），也指文件上的印章。古往今来，protocol 一词有过诸多定义，列举如下：

★ 条约最初的草案或会谈记录。

★ 国家之间的协约。

★ 国际协议备忘录，由与会者签署，从而获得条约中所规约的权限。

★ 一部协约或类似文件获准颁行前的第一稿。
★ 计算机学科中数据传送管理的一套标准流程。
★ 医疗或科学实验的实施方案。
★ 行为规范和准则，比如，安全协议和学术规范。
★ 外交礼节，表现为外交部门之间的公函。
★ 仪式与礼节，比如，国家元首、外交官所遵循的礼数。

现在，我们所谓的国际交往礼仪重视尊重彼此、营造良好舒适的外交和商业氛围，也注重尽量弱化冲突和争论。很多国际协议没有成文，是以互惠对等、良好的关系处理为基础的。

对于国事访问之类的官方访问，尊重东道主国的礼仪是绝对必要的。在荷兰女王贝娅特丽克丝（Queen Beatrix）时代，她的丈夫克劳斯亲王（Prince Claus）一再强调，皇家官方外事访问的组织者不要把本国的礼仪强加于人，因为这样做缺乏对东道主国现行标准礼仪的适当尊重，会危及外交关系。必须尊重东道主国的规矩，这自不待言。每个国家都有本国特殊的礼仪，通常是以本土文化为基础的。按照习俗，有些国家把最重要的客人安排在高桌上，正对其他客人；有些国家则将首席摆放到其他圆桌旁边。对于双方国家元首随行官员的礼仪，各国也有所不同。有些国家安排双方代表团成员在各自国家元首一侧U形列座。这种礼仪广泛应用于亚洲、中东和东欧国家，而在西方国家就不是那么常见了。在很多国家，这种会面只限于两国国家元首之间。放眼历史，早先大家习惯于举行答谢宴会，但现在已演变为答谢文化活动，比如，舞蹈表演或音乐会，这种演变在一定程度上是由荷兰发起的。这样一来，各国就可以展示本国的文化。这种方式深得诸多国家元首的欢迎，现在荷兰之外的其他很多国家都采用了。

现如今，国家元首的行程安排繁忙，因此，国事访问通常只有一至两天。历史上也有多达三天的情况。

此外，关乎演讲和国宴的次要细节，各国都有本国礼仪。从宴会开始的致辞，到主菜之后的演讲，各有变化。何时、要不要演奏国歌，各国礼仪也有所不同。在有些国家，比如英国，按惯例要敬“效忠酒”。这要伴随一个传统仪式进行。官方礼仪要求，在正式介绍贵宾、开场致辞或是所有菜品上完之后，要敬“效忠酒”，也就是首先要向女王敬酒。有一杯饮料就行，不必是鸡尾酒。晚宴的第一次敬酒习惯上要敬女王。

在英国敬酒时，活动的主持人要起身提请各位来宾注意。客人都站起来后，主持人举起酒杯，高诵祝酒词——“敬女王”——既无其他言辞，也无音乐奏响。来宾响应说：“敬女王。”如果是在加拿大，则要用法语说“敬女王”这句话。随后抿一口饮料。接下来，演奏国歌《神佑女王》，国歌奏罢，客人再次落座。

在瑞典，敬酒是正式的仪式，主人亲自向每位客人敬酒后，大家才可以举杯饮酒。他们还要彼此注视，互道“干杯”。

向客人和长者敬酒时，次序是很有讲究的，要么按照官阶高低，要么按照年龄大小。不仅如此，还要注视对方，点头致意后再放低酒杯，男士要等女士先将酒杯放回桌上。

在授受礼品方面也有很多差异。在西方文化中，一般不会赠予非常贵重的礼物，姿态才是关键。可是在中东，要以礼物的奢华程度传达热情与敬重。宴会上，也以过于丰盛的食物表达热情，这在西方文化中不太常见。另外一个值得注意的差别是，官方宴请一定不要用太长时间。

说到政府之间的国际交往礼仪，要着重考虑国家元首、大使、权威人士与国家之间的级别地位，而且还要明确区别正式访问的到访与告别礼仪。这就包括官方欢迎仪式中的鸣放礼炮、问候风格、旗帜悬挂次序、礼品交换、赠授荣誉称号 / 勋章、行进队列次序、敬献花环以及呈送国书。

在当今世界，全球经济扎根于生活的方方面面，国际交往礼仪作为一种关系管理的手段，在产业界被赋予极其重要的地位。关系管理的基础是相互尊重、良好沟通、协同合作、亲切热情，在异国文化背景下、国际企业交流中保持和了解恰当的行为方式。

国际关系日益增进，国内外商业的作用不断加强，尤其是在经济形势持续低迷的情况下，更要关注竞争与战略关系，这样一来，交往礼仪就变得举足轻重。全球经济形势不稳，牢固的国际交流与合作网络日益重要，因此，良好的外交关系显得尤为重要。

从这些显著的变化可以见得，礼仪形式是与时俱进的，它越来越关注良好的商务氛围，这就要靠正确处理文化差异了。

礼仪与文化差异

如今，远离故土、游历海外，接触截然不同的其他文化，这是再平常不过的事了。客居异国意味着首先要尊重东道国的待客之道。这个“道”在各个国家与文化之间自然不同，在很多国家，必须先建立良好的关系，然后才能开展商务工作。

与外国人会面或做生意时应该懂得，对方有不同的文化，因此，其价值观和行为准则会有所不同，其商业运作环境也不一样。人们往往认为，亚洲、中东、南美、非洲和欧洲各自有单一的文化，这个想法实在是大错特错！同一区域的不同国家之间存在着许多差异，这源于多则几千年、少则几百年来形成的宗教差别或各自的传统。

尊重彼此的文化，这一点怎么强调也不过分。不论是在本国社会，还是在他国社会，如果我们对文化缺乏了解，就会妨碍得体的交流。连最起码的要求都达不到，还谈什么文化交往呢？对别国的文化差异不感兴趣或是不认可，有时可以说是害多利少，会丢掉重大的国际合同或订单。

在礼仪和礼节层面上，我们看到，文化差异对商务运作方式有巨大影响，对国际组织和国际社会中各成员之间的互动也是一样。

在很多文化中，礼仪与礼节在各地价值观和行为准则的影响下通常有各自的形式。在瑞典和德国，从商非常具体实在。商业运作清晰透明，商谈背景不会影响相互理解。然而，在其他地区，比如阿拉伯国家和亚洲部分区域，搞清事情的来龙去脉、前因后果十分重要，因为在商业运作层面很少能把事实完全解释清楚，会议通常也不太透明。

在中东，宾客在宴席上不能背对国家元首就座；交谈时，一定不要亮出鞋底，因为这是一种严重的侮辱行为。另外，在多数场合下，不要使用左手。

各地的肢体语言也不一样。每天我们都用头、用手、用胳膊表达想法。简单的点头动作可能给人以错误的印象——在有些亚洲国家，点头可能是说“我听着呢”，不一定是说“我同意”。中国人喜怒尽量不形于色，以避免引起太多的误解，因为比手画脚会让人觉得不雅。以拇指和食指作“OK”的手势，在不同国家也有很多意思，在有些国家，这甚至表达了猥亵羞辱的含意。比如，荷兰人习惯竖起拇指表示喜欢某种东西。到了中欧，这个动作则用于表示路边上的人需要搭车。然而，在地中海国家、俄罗斯、中东、非洲部分国家以及澳大利亚，同样的手势则被视为猥亵羞辱，所以还是谨慎使用为上。在大多数欧洲国家和北美，一手握拳、另一手扼腕表示愤怒。局面紧张时，如果不留神做出这个动作，就会出乱子。而在非洲，这个手势表示同意。在很多西方国家，手势“V”表示和平。可到了希腊，这等于对人说“去死吧”。在英国和澳大利亚，手背向外做同样的手势也会出问题，这比竖中指更恶劣。而在东亚诸国的照片和视频里，常见人们面带微笑打出这个手势。

国家元首间馈赠礼物的仪式通常按照国际交往礼仪和互换惯例举行，一定要考虑礼物是否适合于接受国。比如，在中东就不能送酒。在中国，不能送启信刀当礼物，也不能送钟表给老人。有些国家忌讳送白花和黄花，因为这两样花与死相关。然而，雅致的钢笔无论在哪里都是很好的礼物。

在俄罗斯联邦的商务活动中，习惯上会邀请同行吃顿便饭，但空手赴约就全然不能让人接受了。带上葡萄酒、上等威士忌、巧克力、外国水果或糕点当礼物都非常好。而送瓶伏特加就有点羞辱人的意思，就像在法国送葡萄酒一样。通常，女性会接受客人送来的鲜花，但要留意的是，在俄罗斯联邦不能送黄色的花，因为这意味着绝交。送花不能送单数，这表示死亡。第六章会详谈礼品馈赠的问题。

在问候方式上，各国也有所不同。在中东国家，当地人见面要拥抱贴颊，次数视熟悉程度而定，多至三次。阿拉伯联合酋长国的人见面要行碰鼻礼。在地中海国家，包括法国在内，见面握手是经常的事，有时还要行亲吻礼，这包括一整套的仪式，随地区不同有所变化，吻一次至五次不等，在科西嘉岛就是五次。

人与人的间距在不同文化里也不一样。比如，在拉美和中东，人们站得很近，而在英美，习惯上要站得远一些。在有些文化里，说话时注视对方是相当自然和平常的事儿，而在另一些文化里，这么做是失礼的。

最后一点，在国际交往中关乎等级地位、官衔与仪式等问题要遵循习惯规则。因此，在国际关系中施行交往礼仪是必不可少的，这些礼仪是依据国际法和日常的国际惯例形成的，主导着世界各国官方代表之间的交流互动。

在国际条约和国际交往礼仪之互惠对等原则的指导下，各种协议得以达成。我们必须坚持以之为手段，帮助我们建立良好、健康的关系，减少冲突，保持外交进程的顺利进行。首先，我们不要忽视国际交往礼仪的有效性。如果座次安排在礼仪层面上力求确切无误却毫无可行性，非但毫无裨益，反倒有碍活动的效果。别忘了，活动的初衷是为了加强潜在的关系。第三章会细致讨论座次安排问题。

与交往礼仪关系密切的一个话题是交际辞令。诚然，辞令也扮演着一个非常重要的角色——我们想实现什么目标呢？怎么实现呢？

什么是辞令？一般来说，辞令指多方为达成各方都同意的决定而进行谈判的艺术。换言之，就是达成协议的圆通得体的方式。通常，国际交往是指职业外交家就和平、战争、经济文化等问题而履行的国际关系行为。温斯顿·丘吉尔（Winston Churchill）说过："辞令就是你让人去下地狱，人家还能来向你问路的说话的艺术。"

经验告诉我们，正确运用国际交往礼仪会促进外交关系。正是借助交往礼仪，才能避免对地位级别和人际关系的冒犯和争论；前面也提到过，礼仪不应妨碍交往。

这就是为什么各个国家必须遵守国际交往礼仪，并尽可能予以正确履行。

每位国家元首和政府代表都希望按照礼仪规范受到恰当的接待。未按正确的次序悬挂国旗、挂错国旗、奏错国歌，或者把官方欢迎仪式交给一个低级别的官员，都会被解释为无礼的行为，是意在传达某种信息。因此可以说，国际交往礼仪是国际社会中的一项强有力的工具。

夏侯雅伯教授访谈录

夏侯雅伯教授，前北约秘书长

1948年4月3日，夏侯雅伯［Jakob Gijsbert (Jaap) de Hoop Scheffer］生于阿姆斯特丹。完成中学学业后，入荷兰莱顿大学主修法律，1974年毕业。随后在荷兰皇家空军服役两年，退役时为预备军官。1976—1986年任职于外交部，先后被派驻加纳、荷兰驻北约代表团，曾任荷兰外交大臣的私人秘书。1986年，他以基督教民主联盟成员身份当选为众议院议员，供职于外交、司法、欧洲事务及国防部常务委员会。他还是外交和发展合作常务委员会主席、欧盟委员会与北约议会大会成员。1997—2001年，任基督教民主联盟党主席。2002年7月22日，就任外交大臣。2003年，荷兰成为欧洲安全与合作组织的轮值主席国，他依理就任欧安会议会议长，直至2003年12月3日辞去外交大臣之职。2004年1月至2009年8月，曾任北约秘书长、北大西洋理事会主席。前不久，在其母校莱顿大学海牙校区任国际关系和外交学教授。

夏侯雅伯现任政府和议会的国际事务咨询理事会主席、阿姆斯特丹国家博物馆监事会主席，也供职于法国航空-荷兰皇家航空集团董事会、皇家腾凯特集团公司咨询委员会，并担任三边委员会成员、总部设于布鲁塞尔的欧洲世界集团的理事、外交关系欧洲理事会成员、欧洲政策研究中心董事会成员、荷兰民事荣誉咨询委员会主席、荷兰糖尿病科学研究基金监事会主席。

夏侯雅伯先生，首先，我们非常感谢您给我们机会就国际交往礼仪问题采访您。您在政界、外交界担任过很多职务，做过外交大臣，后来还做过一任北约秘书长，这是最高职位了。鉴于您目前还在莱顿大学海牙校区担任国际关系和外交学教授，您仍然在国际交往礼仪领域非常活跃。

我们来回顾一下您光彩照人的职业生涯吧！您从事对外工作的第一站是荷兰驻加纳阿克拉大使馆。您还记得您的工作在哪些方面涉及社交礼仪吗？

记得。有一点我们荷兰人很少考虑到，我们高温天里爱穿便装，而按照社交礼仪规范，绝对不能这么做。大家着装都要庄重，不管气温有多高，湿度有多大。我和夫人也会注意，无论是外交外事场合，还是国庆假日，人们都非常注重社交礼仪和适当的礼节。

后来您回到海牙，先在政界，后来又任外交大臣。任期结束前，您主持了2003年马斯特里赫特欧安组织峰会。在您看来，除了所有与会代表团所起的作用，礼仪在保障这次峰会顺利进行方面是如何发挥重要作用的呢？

在所有国际会议中，礼仪的方方面面都有重要作用。在外交部长级别上担任轮值主席，情况与在国家元首和政府首脑级别上担任此职稍有不同。后面我会再谈这个问题。那次高峰会议上，我们面对的是部长级的代表。不要让大家感觉到发言次序上有什么不妥，这一点很重要。当然，在发言人名单上，有些国家想排位靠前一些，因为有那么多国家参会，的确不想等三个小时再发言，还会让人打断。我是轮值国主席，又有工作人员协助，要尽量准备好发言名单，与参会国家商讨，从而确定发言时间的长短。我们的目标是避免会议拖得太久，造成无法收拾的局面。因为礼仪不会事先裁决次序的先后。然而，有必要考虑像美国、俄罗斯这样的国家在欧安组织占有重要的位置，在这种性质的会议上当然不应该忽视这一点。有些国家愿意在后面发言，因为他们想先听听其他国家的立场和基调。在这种情况下，俄罗斯人很可能想先听听美国人要说什么，反之亦然。在北约-俄罗斯理事会上，谁先谁后有时也让人左右为难。这里得提一下，担任主席一职的经验对确保一切顺利进行起着重要作用，尤其要非常清楚何时应该灵活、何时应该坚持原则。安排住处也会牵扯到礼仪，有时会受一个国家的实际情况影响。对于离会议地点的路程远近之类的情况，有的国家也有期待。最重要的是车队，要落实每个代表团所需的车辆数量和先后次序。这对于国家元首和政府首脑来说尤为重要，因为资历级别在抵达次序方面极为关键。有时，有些政府首脑有意推迟离开酒店，为的是最后到场，以示其更加显要。会议主办方对此也是无可奈何。

在您任职北约秘书长期间，合作伙伴由19国增加到28国，其中包括阿尔巴尼亚和克罗地亚等国。我们认为，增加合作国家总是会与仪式之类的问题相关联。在您看来，最突出的环节是什么？在这方面，您作为秘书长发挥了哪些作用？

北约峰会上，从政治绿灯即程序一开启的那一刻到会员国加入为止，仪式问题在各个环节都很突出。在这类会议上，由秘书长和现任北大西洋理事会名誉主席的部长发布庄严声明。更加突出的环节是在会场主要入口处举行升国旗仪式，正式升起加入国的国旗。这通常是最激动人心的活动。我是在铁幕外面长大的，就低估了这一点，只有在这样的时刻才意识到加入北约组织对这些国家意味着什么，代表们常常感动得热泪盈眶，尤其是当他们的国歌奏响时。秘书长自然要在这样的仪式中发挥重要作用。

升旗一般都是按英文字母顺序进行的，不过，我得提一下，北约工作时用双语，即法语和英语。遇到礼仪问题，这么做就很顺手。你随意就可以切换成法语字母顺序，从而避免可能发生的敏感问题，比如，座次安排。这类敏感问题不是小事，我经历过。有一次，某位总统明确表示不希望坐在另一位总统旁边。换种语言排序，这个问题就解决了，而且毫无争议。说到底，礼仪不是为了增加负担，而是为了尽量减少冲突和尴尬的局面。又如，会议桌设置为椭圆形，不让任何人的位置显得更重要，英语字母顺序就派上用场了。对我这个秘书长来说，就是阿尔巴尼亚在我左侧，美国在我右侧。还有一个好处，就是美国总统在峰会上紧挨着我，这有时又提供了一个机会，可以直截了当地讨论一些事情。

您提到要避免冲突。可以想象，您担任北约秘书长期间，得经常就政治敏感话题与非同盟国家沟通。您可否举一两个实例，说明在正式和非正式会议上，您如何借助礼仪，以既恰当又有效的方式来沟通这类话题呢？

我认为您提出的问题是外交的一个重要方面。实际上，从第一次交谈起，我的任务就开始了——要与对方建立联系，这种联系在一定程度上是超出职业范围的。我是说，如果要告诉某人某些不太愉快的事，就得确切了解他或她是什么样的人，有怎样的生活阅历和背景，当然还有这个国家的政治状况。按照英国人的说法就是：“这个人做事情是出于什么动机？”比如，爱好可能就是有效的突破口。我记得有位总统来自一个与北约毫无关系的国家，但我们有共同点，都养了一只拉布拉多犬。以养狗打开话题，可以表现出我对他感兴趣。我知道他跟我一样爱狗。如果有什么难以沟通的事情——不仅仅是在我任职北约期间，担任外交大臣时也一样——例如，有个荷兰公民在国外被扣为人质，我得问问该国总统，他是否愿意尽最大努力尽快释放我的同胞，这种时候，最好遵循国际交往礼仪和外交程序提出诉求，我之所以提这一点，是因为我们荷兰人有时比较直接。在这种情况下，就不是沟通困难与否，而是有求于人；两国关系既然常常有问题，就得试着关注对方个人，以此来融洽一下。我还与美国前总统乔治·W. 布什（George W. Bush）建立了非常积极的关系——不只是我，还有我夫人。她与总统夫人交换了书籍，寄送了译自荷兰语的书。她认为布什夫人可能会喜欢，布什夫人也回寄几本书，并认为我夫人也会想看看。总统肯定知道这些事，这就有助于建立良好的关系。事实上，我跟学生讲过，私交有多么重要，礼仪如何在这方面发挥良好的作用。这已经超出对文化、传统和宗教表示尊重的范畴了，比如在阿拉伯世界里，不能对人露出鞋底，也不要用左手。

您在任时走遍全世界，有过很多阅历。您能说说哪些国家的礼仪非常正式，哪些国家更随意一些吗？

差别真的很大。土耳其这样的国家非常讲究礼仪，我任北约秘书长期间，每次出访总是受到部长级的接待。也就是说，总有仪仗队。演奏土耳其国歌，还有北约盟曲，很少有人知道这首歌的存在。我是秘书长，要受邀检阅仪仗队。要在国旗前停下来，鞠躬致敬。德国总理安格拉·默克尔（Angela Merkel）在联邦总理府接待来宾，一道检阅仪仗队。这些有很多著名的照片佐证。由于流程复杂，默克尔还要指导他们。我总是要确保军事顾问给我作简要的说明。

说到这里，土耳其是个例子，但肯定不是唯一一个礼仪和军事典礼并重的国家。美国就不一样了，我在白宫接受欢迎时，没有军事典礼，至少工作访问期间没有。礼仪形式变了，礼仪负责人会根据礼仪依照资历身份安排我的代表团成员。可是，如果我访问五角大楼的话，仪式就会更隆重一些，会有仪仗队适度地表演一番。一般说来，我任秘书长一职可以见识各个国家的礼仪形式，包括在飞机舷梯上。记得有一次下飞机，红地毯铺错了门，可是仪仗队站对了地方。东欧与波罗的海诸国一般不太注重礼仪。在这方面，它们是相对年轻的独立国家，还在探索国际外交话语的最佳表现形式。像新西兰和澳大利亚这样的国家，我认为也不太关注礼仪，而日本和中国对礼仪则要重视得多。

您数次提到仪式中的升旗问题，那您见过升错旗子的吗？

噢，是啊，见过。一次是旗子挂倒了，一次是升错旗子。荷兰国旗有时会和卢森堡国旗弄混。还有一次升旗时旗子掉了下来，真令人尴尬啊。好在这种事不经常发生。这表明，国际交往礼仪的工作要仔细、再仔细。

在您看来，担任北约秘书长和荷兰外交大臣在礼仪方面有什么不同？

说实在的，差别很大。担任外交大臣要不断去做短暂的工作访问，包括会议、午餐或晚餐；而作为秘书长，要受到更高级别的接待，像政府首脑那样，所以正式的礼仪会发挥更大的作用。做部长就得在各个国家之间飞来飞去，没时间搞仪式之类的活动；只不过是工作访问，没必要。不过也有例外，比如，在欧安组织会议上，部长们依照礼仪围坐在桌子边开会，有招待会和代表团，等等。如果你是在总理或首相的职位上出访，情况也会有所区别，两个国家为了建立国际关系，会全力以赴来突出访问活动。

自2009年以来，您一直在莱顿大学海牙校区担任教授职务，教授国际关系学与外交学。您对学生在礼仪和关系管理方面最重要的建议是什么？

主要有两点。第一，与其他国家合作时，在说话办事之前，要先了解相关国家的历史、文化、传统、地理和宗教。不这么做，就显示不出理解人家的样子，远的像阿富汗，近的像比利时这样的国家。看看传统、文化。在欧洲，宗教信仰大概是个私人问题，就国际交往来看，是当今世界上宗教性质最弱的一个大陆。在其他许多国家，情况则全然不同。哪怕在美国，总统演讲结束时也会说："愿上帝保佑你们，保佑美利坚合众国。"荷兰首相如以这样的方式结束演讲，则是不可想象的。如果不知道逊尼派和什叶派为什么有冲突，就理解不了中东。第二，出访专为解决国际关系问题时，要了解将与之交谈的对象及其生活。我前面提到过，他们有什么爱好，什么东西能打动他们？他们也是人，即便处在最高的职位上，也和大家一样，都关心家里的事，像孩子上学表现好不好，等等。要想成为一个优秀的外交人员，就需要了解这类事。在我看来，这就是礼仪和关系管理的主要组成部分。我的任务就是"创造良好的氛围"。这是两个基本的原则。尊重对方，尊重他的文化。如果不理解他人，不尊重他人，就当不了成功的外交人员。

我们延伸一下"社交生活中尊重他人非常重要"这一观点：自2014年以来，您一直担任荷兰民事荣誉咨询委员会主席职务，在很多人看来，只不过是涉及一些礼仪和仪式，但这其实是一个重要的机构，很多人为荷兰社会做出过杰出的贡献，它要尽可能予以认可。您是如何看待这类礼仪和仪式的呢？

大家都知道，国王在生日当天会颁授荣誉称号，荷兰语称之为"lintjesregen"。如果被授予皇家荣誉称号，绝大多数人理所当然地感到骄傲。基本原则是，一个人必须具备无可挑剔的品格，才能获得荣誉。毕竟，这是国王钦赐的皇家荣誉啊！这事非同小可。委员会要向首相提出建议。当然，有些荣誉不需要讨论，也有些事需要考虑，包括荣誉的"等级"。咨询委员会每两个星期就与荷兰皇家骑士勋章的主理大臣见面商讨这些事宜。前面我说过，我们要向首相提出建议，我们的角色就是保护制度及程序的完整性。

您认为国事访问期间换授荣誉是加强两国纽带和相互尊重的一种方式吗?

确实如此，在国事访问期间，换授荣誉起着重要的作用。经常赠授“高品阶”荣誉有时会遭到批评，但应该记住，这就是“互惠”理念发挥作用之处，在国际外交中极其重要。如某国利用国事访问的机会向荷兰随行人员赠授相当于奥兰治–拿骚大十字勋章的荣誉，那么，互惠原则要求荷兰也这样做。有人认为，应当稍微降低回赠荣誉的级别，有些国家就是这么做的；有些国家愿意商讨此事，但需要把情况了解清楚。无论怎样，互惠仍是关键原则。

回顾一下礼仪和仪式发挥重要作用的所有任职，您是否觉得身边的人具备可借助的专业知识很重要？在您担任两个最高职位时，有得力的礼仪负责人辅助您，您感觉如何?

我在北约任职期间，一位荷兰中尉与北约礼宾部主任负责协助我。担任这个角色，要有一个熟谙军事典礼和礼仪事务的助手，这一点至关重要。赠授礼物也是一样，要让对方感到礼物是精挑细选过的。我有一个很好的例子，是美国国务卿科林·鲍威尔（Colin Powell）从北约理事会退下来的时候发生的故事。他的爱好太不寻常了，他喜欢收集老式沃尔沃车，他家车库里有很多沃尔沃老爷车，周末他就喜欢修修补补。当他这种级别的人从职位上退下来时，你要满世界搜寻一个独一无二的物件！还好我能送给他一辆。但是，你要了解这个人。你也需要有一位了解你心意的人负责礼仪。也有一些不成文的规定，比如穿着外套检阅仪仗队，我觉得不合适。有些事情礼仪负责人应该知道，检阅开始前需要提醒你，取走你的外套。即便是刮风下雨，也该脱掉外套，对向你伫立瞩目的仪仗队表示敬重。同样重要的是，礼仪负责人可以在关键时刻告诉你应该知道的事情。最后的关键信息可以帮你在会见中表现得更好。我与两个专业人士共事，我非常看重他们能做得多那么一点点。

在访谈结束之前，我们想告诉您，这次访谈要收入我们出版的一本关于国际交往礼仪的书中，本书有来自国际社会、政府、产业界以及文化和体育部门的供稿，这些稿件都强调国际交往礼仪的重要性。您觉得，应该向哪些人推荐这本书？很多国家都出版过有关本国礼仪问题的书籍，但这本书不同，视角更全面。您认为这本书的用处会更大吗?

是的，我认为这本书涵盖的方方面面对公共和私营部门的工作人员来说都很有用。近来，各位总裁都要走遍全球做生意，也要经历正式接待的场合。他们不一定要检阅仪仗队，但在很多场合下，表达敬意、遵守礼仪仍然很重要。我说过，他们还需要了解有关国家的历史、文化、传统、地理和宗教，也会面临公共部门人员所面对的那些问题和情况。因此，这样一本书对于任何活跃于国际舞台上的人都是有用的，绝不仅仅局限于在公共部门工作的人使用。我认为这本书很有用，它的价值远远超出了国界。刚才说起过波罗的海诸国，其实还有很多其他实例，人们可能仍在探索适当的礼仪形式，就像你们在书中清楚写到的那些。因此，我衷心向在国际公司和外事环境下工作的人员推荐本书，也向寻求国际交往礼仪最佳施行方式的国家推荐本书。

我夫人曾在法国给一些外交官上课，她提到过，当在家里为许多国际客人举办晚宴时，必须选择一种座次安排方式，尽可能减少社交困境。一定要了解客人所说的语言，不要让客人与邻座的人整晚都无法交流。遇到这类情况，一定要关注礼仪的可操作性。每件事都必须让每个人舒适自在。如果某位领导人的配偶不会说外语，必须要确保口译员坐在你与配偶之间，这样你们就可以交流了。同样，你也要记住客人的政治背景。在家里设宴，要尽量避免引发困局。因此，貌似不重要的“小”礼仪实际上同等重要。讲话时不要忘了提及具体客人的名字。如果十人之中只记得八位，忘了两个，那就尴尬了。

访谈快结束了，您愿意说点奇闻趣事吗？对读者来说，有意思的、有用的都行。

还真有一件有趣的事：做北约秘书长时期，不管我在干什么，始终有人保护我，这也太特殊了。当我和夫人一起旅行时，她也应当有人照顾。我坐着防弹车四下转悠，车门重逾千斤，我自己都打不开，得确保也有人照顾我的夫人。这对我的前任来说不是问题，因为他们的夫人没参与进来。我的夫人陪同我去了布鲁塞尔，这一点我很高兴。第一次出访成员国时，防弹车停在宾馆门前，右后车门打开了，我坐在那儿。顺便提一句，你可能得想，接下来是要遵守适当的礼节，在靠左行驶的车里，让配偶坐在右侧；还是按照礼仪规范，让出访的重要人物坐在右侧。这样的话，我坐在右侧，我夫人坐在左侧，可她坐在那里不可能自己打开车门。我犯了个错误——我在电视摄像机的簇拥下，下车，与人握手。我是来这个国家参加峰会的，每个人都在场。我可怜的夫人完全被忘在车里了。从那以后，我总要请人在左侧车门处服务，而我则待在车里；左后车门打开，夫人下车，从车后绕过来与我会合。这时，我再下车，一起接受欢迎。就任了新职位，学习一定要快。

这次采访很有意思，非常感谢您。

第二章

礼宾次序

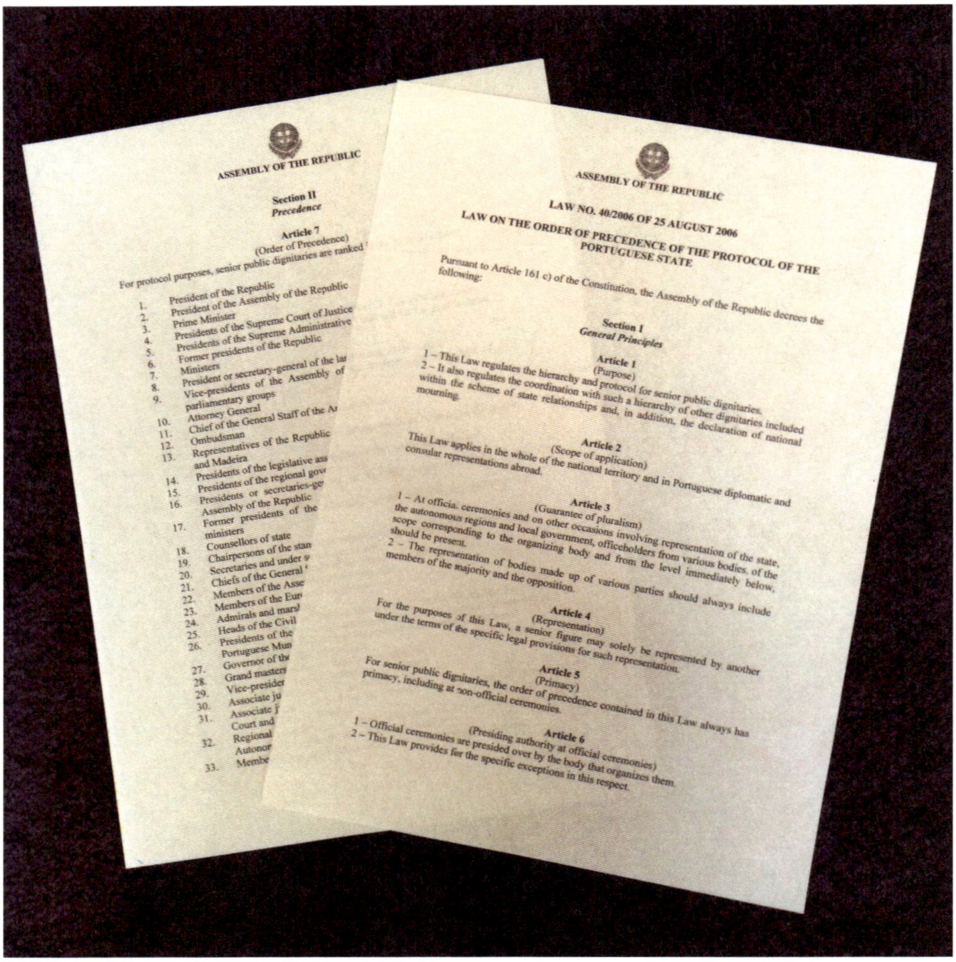

ASSEMBLY OF THE REPUBLIC

Section II
Precedence

Article 7
(Order of Precedence)
For protocol purposes, senior public dignitaries are ranked

1. President of the Republic
2. President of the Assembly of the Republic
3. Prime Minister
4. Presidents of the Supreme Court of Justice
5. Presidents of the Supreme Administrative
6. Former presidents of the Republic
7. Ministers
8. President or secretary-general of the la
9. Vice-presidents of the Assembly of parliamentary groups
10. Attorney General
11. Chief of the General Staff of the A
12. Ombudsman
13. Representatives of the Republic and Madeira
14. Presidents of the legislative ass
15. Presidents of the regional gov
16. Presidents or secretaries-ge Assembly of the Republic
17. Former presidents of the ministers
18. Counsellors of state
19. Chairpersons of the stan
20. Secretaries and under s
21. Chiefs of the General
22. Members of the Asse
23. Members of the Eur
24. Admirals and mars
25. Heads of the Civil
26. Presidents of the Portuguese Mun
27. Governor of th
28. Grand masters
29. Vice-presider
30. Associate ju
31. Associate J Court and
32. Regional Autonor
33. Membe

ASSEMBLY OF THE REPUBLIC

LAW NO. 40/2006 OF 25 AUGUST 2006
LAW ON THE ORDER OF PRECEDENCE OF THE PROTOCOL OF THE PORTUGUESE STATE

Pursuant to Article 161 c) of the Constitution, the Assembly of the Republic decrees the following:

Section I
General Principles

Article 1
(Purpose)
1 – This Law regulates the hierarchy and protocol for senior public dignitaries.
2 – It also regulates the coordination with such a hierarchy of other dignitaries included within the scheme of state relationships and, in addition, the declaration of national mourning.

Article 2
(Scope of application)
This Law applies in the whole of the national territory and in Portuguese diplomatic and consular representations abroad.

Article 3
(Guarantee of pluralism)
1 – At official ceremonies and on other occasions involving representation of the state, the autonomous regions and local government, officeholders from various bodies, of the scope corresponding to the organizing body and from the level immediately below, should be present.
2 – The representation of bodies made up of various parties should always include members of the majority and the opposition.

Article 4
(Representation)
For the purposes of this Law, a senior figure may solely be represented by another under the terms of the specific legal provisions for such representation.

Article 5
(Primacy)
For senior public dignitaries, the order of precedence contained in this Law always has primacy, including at non-official ceremonies.

Article 6
(Presiding authority at official ceremonies)
1 – Official ceremonies are presided over by the body that organizes them.
2 – This Law provides for the specific exceptions in this respect.

葡萄牙礼宾次序章程

导言

国际交往礼仪最基本的原则是尊重和认可官员的地位、勋位、职务级别及其代表的当局。礼宾次序即优先次序，用法语表达就是préséance，这个词广泛应用于外交界。数百年来，一个国家、公国或城市的实力和财富决定了其代表的地位。1456年，在海牙大教堂（Grote Kerk），有“好人菲立普”（Philip the Good）之称的勃艮第公爵和金羊毛骑士团（Golden Fleece）召开第九次全体会议。每个座位背后的柱子上都悬挂着骑士盾徽，座次取决于他们的财富和地位；财富越多、地位越高，座位就离“好人菲立普”越近。毋庸置疑，时间久了，就导致尴尬甚至暴力的局面，因为一位骑士觉得他的地位要高于另一位，反之亦然。简而言之，这种主观判断个人地位的方式不太理想。1814年和1815年，拿破仑战争之后，在战胜国普鲁士、奥地利、俄罗斯和英国的主持下召开维也纳会议，以重建欧洲的政治和制度秩序。大会期间，优先权议定委员会借用了平等观念，这比法国大革命期间提出的口号“自由、平等、博爱”中的第二个词早25年。1815年3月19日，就在自1814年12月以来召开四次会议之后，委员会决定只能根据外交官的委任日期，即该外交官向接受国元首递交国书的日期，来确定他们的优先权。换言之，在一个国家任职年限越长，其在优先次序中的地位就越高。在这种制度下，任职时间最长的大使还担任外交使团团长；盟国或大国不会获得特别的地位或特权；教皇特使或教廷大使会得到绝对的优先权。教廷大使是罗马教廷向支持天主教的东道国政府派驻的大使。有些国家承认教皇的权威且以其为国家元首，通常以教廷大使为外交使团团长，因而获得比其他大使更优先的地位。英国代表卡思卡特（Cathcart）反对这一点，他说英国出于礼貌将优先权给予教皇的代表，但这不是“法律上的”，瑞典代表对此表示支持。然而，这两个大国最终被说服，改变了观点。同时，有些人认为，人口较少国家的使节与俄罗斯或英国的大使享有平等地位是荒谬的，也有人认为共和国不应该被赋予等同于旧王国的地位。然而，最初的方案还是被采纳了，随之被采纳的还有界定国际礼仪的准则，并延续至今。1961年4月18日，《维也纳外交关系公约》在维也纳召开的联合国外交往来和豁免会议结束时发布，再次采纳了这些准则。公约第13条第2款和第16条分别规定：

> 第13条第2款
>
> 国书或国书正式副本的呈递顺序将由特派团团长抵达的日期和时间确定。
>
> 第16条
>
> 特派团团长应遵照第13条之规定，以就职日期和时间先后为序，获得各自级别

中的优先权。

特派团团长的未涉及任何级别更改之国书变动，不应影响其优先权。

本条不妨碍接受国接受的关于罗马教廷代表之优先权的任何惯例。

法国大革命之前，有的人生来就比别人的职权重要。无论是政界、学界，还是宗教界，贵族头衔比个人地位更有价值。19 世纪，人民开始反抗统治阶级，这种情况才有所改变。在当今的阶级制度中，每个人的社会地位都由其社会经济地位决定，而社会经济地位又是由其工作或收入决定的。自法国大革命以来，许多国家，特别是西方国家，人民被纳入优先顺序，是因为他们的角色，而不是出身。当然，这并不完全适用于君主政体，君主政体的存亡取决于王朝的延续。英国是一个例外，将贵族置于优先顺序的高位之上。公爵、贵族和男爵直接排在大使和王室最高级别成员之下。在这种情况下，平等观念显然没有得到应用，因此平等不能视为普遍接受的概念。本章后面会再次讨论不同国家的优先顺序。

礼宾次序一般可以定义为“关于优先权、座次安排的规则，或者根据公共利益在公共职位上建立具体等级制度的规则”。优先权的确定取决于官员在司法、军事或行政机构的职位和地位。一个国家所有公职和官衔的等级都由官方的优先次序确定。优先次序由各国政府和国际组织商定与维持。有些国家不公开这个次序，以免产生对等级制度的争论。许多国家则公之于众，使人行有所本，方便行事。有关优先次序的问题或言论通常可呈送外交部或内阁，这类政府机构是掌管优先次序明细的。

一般来说，政治职责越高、管理责任越大，优先次序上的地位就越高，但也不尽然，比如企业和非政府组织的代表。优先次序上的位置不一定表明他或她职务上的重要性，很多情况下反而是与礼仪或历史相关的。在各个国家，优先顺序可以包括皇室成员、贵族家庭、前首相和前总统遗孀等。在某些圈子里，人们非常重视优先次序，以免伤害任何人，或者破坏其他良好的关系。

国家的优先次序往往是元首的地位最高。原则上，国家元首代表全体公民，因此级别最高。在很多国家，优先权不可转让，除非是国家元首。如果国家元首委托其军事首长出席纪念仪式，那么该首长将获得特属国家元首的荣誉地位。假设是首相委派其秘书长，那么这位代表不会在仪式上与首相同席，而是按照优先次序列座于自己的位置上。

各国之间的对比

在任何一个国家，国家元首的地位都是无可置疑的。然而，对于国家元首之下的各职位，各国会依其政治、社会和文化观念，对排列次序进行调整。同样的公职人员在不同的国家拥有不同的优先次序，甚至根本就不享有优先权。为使人明晰这些差异和关系，下面将 21 个国家的优先次序并置，以资比较。按照英文字母表排序，涉及的国家如下：阿根廷、澳大利亚、比利时、巴西、加拿大、法国、德国、印度、以色列、意大利、马来西亚、荷兰、新西兰、巴基斯坦、菲律宾、南非、西班牙、瑞士、土耳其、英国和美国。联合国和欧盟委员会制定的指导准则也考虑在内。关于各类官员优先次序之间的差异，下文将予以解释。

外交使团团长

依照《维也纳外交关系公约》，罗马教廷大使担任驻阿根廷、比利时、欧盟委员会、菲律宾和瑞士的外交使团团长。多数国家的这个职位由任期最长的大使担任。在意大利，这个制度有所调整，各国大使的优先次序依该国与意大利建立外交关系的先后而定。

国际组织代表

在有些国家，优先次序中连一位国际组织的代表都没有，比如法国和英国。然而，多数国家在优先次序中包含了多位国际组织官员。总部设于海牙和平宫的国际法院作为联合国的最高司法机构，其院长在荷兰按照优先原则，地位仅次于国家元首。在德国，联合国秘书长、北约秘书长、欧洲议会主席、欧洲理事会主席和欧盟委员会主席的先后就是按优先次序排列的，欧盟委员会委员和欧洲理事会秘书长也是按优先顺序排列的，即使这些官员并不常驻德国。在比利时，欧洲议会主席紧接罗马教廷大使之后，后续是欧盟理事会主席和成员、欧盟委员会主席、北约秘书长、外国大使、海牙国际法院院长、欧盟法院院长，以及海牙国际法院的法官。菲律宾和马来西亚也有几个联合国会员国的代表需要排序。在美国，在联合国大会召开期间，国务卿之后是联合国大会主席和联合国秘书长；在大会闭会期间，秘书长排在大会主席之前。各国大使按优先次序紧随其后。接下来是联合国会员国的常驻代表以及美洲国家组织（OAS）、国际货币基金组织（IMF）、世界银行和北约等国际组织的首脑。

立法、执法、司法机关的次序

政府的三个部门——立法、执法、司法之间也有优先次序之分，关注几个不同实施方式也很重要。一些国家设有二院制立法机构，其优先次序的表达在下文中以U代表上议院，L代表下议院。在比利时（L/U）、德国（L/U）、荷兰（U/L）和土耳其（大国民议会是最高立法机构），立法先于执法，司法紧随其后。然而，绝大多数国家执法先于立法和司法，这种情况发生于阿根廷（U/L）、澳大利亚（U/L，以任命先后为序）、巴西（U/L）、法国（U/L）、以色列（议会是一院制立法机构）、意大利（U/L）、新西兰（一院制，仅设众议院）、巴基斯坦（U/L）、菲律宾（U/L）、西班牙（L/U）、英国（U/L）以及美国（U/L）。先执法、次司法、后立法的优先次序应用于加拿大（U/L）、马来西亚（U/L）和南非（L/U）。值得一提的是，上述很多国家的上议院先于下议院。

反对党领袖

在澳大利亚、加拿大、印度、以色列、新西亚、巴基斯坦、西班牙和土耳其等国家，反对党领袖在上下两院的代表中也享有特定的优先次序，通常是位于立法机关首脑与其他成员之间。

国防

在荷兰，武装部队指挥官位于国家政府代表和省代表之间，军方高层的其他人员排在后面。土耳其和阿根廷的军方高层多紧随内阁之后。法国的武装部队指挥官位列参议员和巴黎市长之间。印度、马来西亚和加拿大的军方高层紧随下议院之后，而意大利要排在下议院之前。澳大利亚的武装部队指挥官置于联邦法院首席法官和下议院之间。在巴西，军方高层位列各位部长与外国大使之间。巴基斯坦的军方高层紧随总统的顾问，排在外国大使前面。而在美国，参议员、州长、众议院代表、总统政治助理、联邦调查局局长以及中央情报局局长位居军方高层之前。在新西兰，军方高层则在优先次序里垫底，远远低于各位代表、法官、市长、前总理和前部长。

国家元首或法院院长的政治顾问

在荷兰，法院职务最高的官员位列部长与国务卿之间。阿根廷和菲律宾总统的资深顾问紧随内阁后面。在比利时，顾问要位于最高法院院长之后。美国总统的政治助理直接排在参议员、州长和众议院代表后面。巴基斯坦的总统顾问紧跟在上下两院轮值主席后面，不过，要先于军方高层。巴西总统的幕僚长与高层军官的地位不相上下。

区域和地方政府

区域主管部门（如省、州、联邦州、州县等）领导人因责任更大，总是优先于地方主管部门（如城镇）领导人。有时也有例外，首都市长通常在优先次序上占有显要的位置。

退位的政要和前国家元首的遗孀

在比利时、德国、荷兰、英国等国家，不会按照优先次序原则明确列出这类人员。在阿根廷、澳大利亚、加拿大、法国、印度、马来西亚、新西兰、巴基斯坦、菲律宾、南非、西班牙和美国，会对这两类人员或其中的一类按优先次序原则明确定义他们的位置。

贵族

英国是唯一按照优先次序原则给予贵族显要地位的国家。公爵、侯爵、伯爵、子爵和男爵之间是有区别的。在荷兰，骑士勋章大臣和高级贵族议事会主席要按优先次序原则被授予一席之地。

高级荣誉勋章获得者与国家组织首脑

澳大利亚、比利时、法国、印度、马来西亚、荷兰、新西兰和英国的最高国家荣誉获得者要依优先次序原则列于显要的位置。比如，荷兰的威廉骑士勋章获得者优先于武装部队指挥官。在英国，以下荣誉勋章获得者按优先次序原则排列如下：准男爵（英国荣誉体系中最高级别的荣誉授予人）、维多利亚十字勋章、乔治十字勋章、最高贵的嘉德勋章、最古老和最高贵的蓟花勋章、最尊贵的巴斯勋章、最卓越的圣米迦勒及圣乔治勋章、皇家维多利亚勋章和最出色的大英帝国勋章。印度国宝勋章获得者排在内阁成员和外国大使之间。

宗教代表

在阿根廷、比利时、巴西、德国、意大利和英国，只有基督教代表位列优先次序之中。在澳大利亚、加拿大、荷兰和新西兰，所有宗教团体都按优先次序原则列席，享有相同的地位。以色列也将各宗教团体列入优先次序，但犹太教大拉比的位置要高于其他宗教团体的代表。马来西亚、巴基斯坦和菲律宾将伊斯兰教团体代表排列其中。印度、法国和美国的宗教代表不进入优先次序。对印度而言，这一点尤其值得注意，因为印度教和种姓制度在印度社会中占重要地位。

社会文化机构

在荷兰、巴基斯坦和土耳其，某些重要组织机构的负责人是被纳入优先序列的，但不考虑个人机构或企业的负责人。在阿根廷，国家级博物馆的某些馆长进入优先次序。

大学

在阿根廷、巴西、马来西亚、荷兰、巴基斯坦和土耳其，大学校长被专门列入优先次序。大学之间的排序通常取决于校史长短。

企业

如前文所述，优先次序不包括企业代表。跨国公司的首席执行官并不会因其特殊和重要的社会地位而被赋予正式的位置。一般情况下，世界顶尖的首席执行官有时会在国家银行行长或国家商会主席之下的层级中占有一席之地。至于等级，企业可以自行查询有关国家证券交易所的上市名录来获取排序。

事例、细节与参考方案

国家元首的优先次序：在君主制国家中，国家元首的等级应按其登基日期来论，而在共和国制国家则按当选日期来算。很多君主制国家的君主优先于总统，在几个天主教国家中，教皇的地位最高，高于世俗的国家元首。

★ 荷兰各部的优先次序由其列入国家预算的顺序来决定。

★ 西班牙各部的优先次序则由其成立日期决定。

★ 各政党的次序取决于其规模。

★ 职务级别相同时，优先次序要以长幼来分，最年长的居先。

★ 同级官员在荷兰召开会议，荷兰官员居先，因为是东道主。例如，在荷兰举行的农业部长会议上，荷兰的农业部大臣就要居首位。

★ 1818 年举行的亚琛会议决定，各国须以字母顺序签署条约。很多国际组织依然沿用这一原则，以取代在双边外交中按呈交国书的日期先后确定优先权的做法。在实践操作上，会使用某一特定语言的字母顺序，以法语和英语最为常用。欧盟内部已经决定，字母顺序以本国语言表达的国家名称为基础。

★ 联合国更多采用字母顺序而非“入联”日期决定优先次序。联合国大会例会开幕式则以抽签方式决定哪个国家优先，这样，不同国家可轮流坐到前排。这种顺序应用于联合国大会的各届会议之中，也应用于联合国其他机构，同样应用于其他活动的常驻代表之间。联合国总部使用英语字母顺序，如果联合国机构设在法语国家，则使用法语字母顺序。至于如何被列入优先次序里，各国有不同的偏好，这会造成国家间排序上的显著差异。比如，刚果民主共和国（the Democratic Republic of Congo）置于字母 C 的顺序上，而坦桑尼亚联合共和国（the United Republic of Tanzania）则放在字母 U 的顺序上。

★ 北约常驻代表的列座顺序遵循英语或法语的字母顺序。欧洲理事会使用不同的顺序：部长会议以入会时间为序，全体会议以年龄为序，理事会正式会议以法语字母顺序为据。

★ 美国五十州的顺序以加入合众国的时间先后为准。特拉华州排第一（1787 年 12 月 7 日），夏威夷州排最后（1959 年 8 月 21 日）。

★ 美国参议员依照服务年限排序。如果同一时间进入参议院，则以本州加入合众国的日期为准，或按照姓名字母顺序。

★ 美国州长如出席本州的活动，其次序位于总统和副总统之后。否则，排在参议员之后。

★ 英联邦国家之间不会互派大使，而是互派高级专员。

★ 无任所大使在邻国代表本国，有时也在像联合国或欧盟这样的国际组织中代表本国。

★ 比利时有三种外交官：与比利时建交的双边大使、欧盟常驻代表和北约常驻代表。在比利时，大使优先于常驻代表（美国和瑞士也是如此）。自1973年以来，比利时也施行以下规定：在偶数年（9月1日至次年8月31日），北约常驻代表优先于欧盟常驻代表，奇数年反之；欧盟常驻代表以本国语言表达的本国名称的字母为序，每六个月变更一次现任欧盟主席的国家。

★ 在国家层面，元首排序最高，但遵照欧洲惯例，欧洲议会是欧盟内最高机构，先于欧洲理事会和欧盟委员会。也就是说，欧洲议会主席要优先于各国和来自欧洲议会以外其他欧盟机构的代表。

★ 外交官和处于外交职位的同事互认对方优先，这也是外交职位的责任。

★ 如果派驻欧盟的外交官接待代表团团长，比如派驻北约或欧盟的双边大使和常驻代表，则派驻欧盟的外交官优先于其他代表团团长。

★ 联合国的主要机构则以重要性为序：联合国大会、安全理事会、经济和社会理事会、托管理事会、国际法庭与秘书处（根据《联合国宪章》第七条）。

★ 联合国的优先次序：大会主席、秘书长、成员国政府首脑、大会副主席、安全理事会主席。

★ 北约优先次序：政府首脑、秘书长、外交部长、常驻代表。

★ 东南亚国家联盟（ASEAN）不设优先次序，不区分国家元首和政府首脑的先后。东盟峰会以字母顺序在成员国轮流召开。

★ 阿拉伯联盟的优先次序：各国代表按入盟日期排名。

★ 国际刑事法院的优先次序：各国代表按本国批准《国际刑事法院罗马规约》的日期排列，非成员国代表遵循英文字母顺序。

★ 奥运会中的优先次序：详见本书第七章安德烈亚·米利西亚先生的文章。

★ 阿根廷：按各代表姓氏的字母顺序排序，省长以其代表省份名称按字母顺序排列。

★ 澳大利亚：参议院议长和众议院议长按任命次序排列；如果两人同日，参议院议长优先。州长排名以各州人口总数为准。州首府市长排名也以该市人口总数为准。宗教团体领导人以任命先后排序。

★ 加拿大：宗教界领导人一律平等，以资历排名。

★ 马来西亚：国王与王后排位最高，其他统治者以加冕时间排序（例如苏丹和拉惹）。

★ 驻日内瓦和维也纳的联合国分支机构领导人作为联合国秘书长的官方代表，优先于常驻代表。

★ 驻日内瓦的专门机构和联合国组织排序：国际劳工组织、联合国粮食及农业组织、联合国教科文组织、世界卫生组织、世界银行、国际货币基金组织、国际电信联盟、世界气象组织、国际海事组织、世界知识产权组织、联合国工业发展组织、国际原子能机构、世界贸易组织。

★ 驻日内瓦的联合国基金和项目组织排序：联合国开发计划署、联合国贸易和发展会议、联合国环境规划署、联合国难民署、联合国近东巴勒斯坦难民救济和工程处、联合国儿童基金会、联合国人口活动基金会、世界粮食计划署、联合国毒品和犯罪问题办公室、联合国人权事务高级专员办事处。

★ 联合国专门机构排位靠前，其自治度高于基金和项目组织。

★ 在维也纳和日内瓦，联合国组织和专门机构以其纳入联合国约束范围的日期来定其优先次序。

★ 联合国驻日内瓦办事处将各组织的优先次序建立在该组织职责的地理覆盖范围上。

1.重要的国际组织（以联合国居先）；

2.具有政治或军事性质的地域组织；

3.具有行政、经济、社会或文化性质的重要国际组织；

4.具有非军事性质的重要区域组织；

5.具有世界或区域权力的政府间行政组织；

6.国际非政府组织。

★ 国际红十字委员会（ICRC）是日内瓦唯一在国际人道主义法中具有特殊地位的非政府组织，其主席优先于常驻代表。

★ 如果在日内瓦两个或两个以上的当事方于同一级别上参加活动，优先次序要赋予日内瓦一方的代表，因为他们是“东道国”。如果公关组织活动，会优先考虑董事长和秘书长，以示礼貌，颠倒二者的次序也可。

★ 活动举办的地点通常决定该地公关人员享有优先权，即便他们的任职时间与其他公关人员存在较大差异。比如，国际原子能机构[①]的公关人员（持有自 2016 年 1 月开始的委任书）出席维也纳联合国办事处（UNOV）举办的安全储存核废料会议，优先次序很有可能高于联合国工业发展组织的公关人员，即便后者的任命日期早于 2016 年 1 月。

★ 企业也可以按照一种优先级别为客户排序：大型客户、中型客户和常规客户，或者是老客户、普通客户和新客户。

从上文可以清楚地看到，支配优先次序的普遍规则并不存在，而是存在几种不同的方法可以作为指导方针，并且这些方法是可以变通的。这些指导方针对礼仪实操极为有用，比如座位安排、队列协调，等等。第三章会更详细地探讨这一点。

① 总部设在奥地利的维也纳。——译注

礼仪与国际法院

罗莎琳·希金斯夫人，英国高级女勋爵、英国王室法律顾问、海牙国际法院（ICJ）前院长

海牙国际法院第一位女法官，2006 年当选为院长。1959 年毕业于剑桥大学格顿学院，获文学学士学位；1962 年获法学学士学位（LL.B.），并于同年获耶鲁法学院法学博士学位（J.S.D.）。完成学业之后，希金斯夫人成为执业律师，1986 年任英王室法律顾问，现为内殿公会[①]主管。此外，她的专业职位包括国际法专家、英国皇家国际事务研究所、伦敦经济学院客座研究员、肯特大学和伦敦大学国际法教授、英国国际法和比较法协会副会长。著有几部影响广泛的国际法著作，包括《问题与过程：国际法及其应用》（1994）。2009 年 10 月，受命为英国政府调查伊拉克战争的国际法律顾问。

“礼仪”一词涵盖正式礼节与行为规范，包括流程、外交与国务问题。[②]

1946 年 2 月 13 日，联合国大会通过《联合国特权和豁免公约》。毫无疑问，国际法院隶属于“联合国”，但作为联合国的一个重要机构，国际法院从一开始就意识到，它的特权、豁免权和任何有关礼宾次序的事宜并不能按照 1946 年公约作出妥善的处理。

《国际法院规约》是《联合国宪章》的附录和组成部分，它在第 19 条中规定，

① 英国伦敦四大律师公会之一。——译注

② “礼仪”的英文是 protocol。protocol 这个单词也有“议定书”之义，即协议的备忘录或记录，通常是对协议的补充。但这里要讨论的不是这层意思！

法院成员从事法院事务时，享有外交特权和豁免权；第 42 条规定，国际法院受理各方的事务律师、辩护律师和出庭律师，应当享有独立履行职责所必需的特权和豁免权。

这样，联合国创始成员国决定，国际法院与东道国荷兰之间就特权、豁免权和礼宾次序问题达成协议。

国际法院与荷兰举行了诚挚的谈判。国际法院院长格雷罗（Guerrero）1946 年6月26日致荷兰外交大臣函（此函声明了荷兰由来已久的慷慨大度）附注规定：

一、关于荷兰籍以外的国际法院法官和工作人员在荷兰境内的特惠待遇、豁免权、便利和特权：

1. 国际法院法官一般要获得与荷兰女王陛下任命的外交使团负责人同等的待遇。关于上述特惠待遇、豁免权和便利，本条款也适用于法院书记官长以及为书记官长工作的副书记官长。

2. 法院副书记官长一般要获得与驻海牙外交使团律师同等的待遇。一般来说，法院高级官员，即第一秘书和秘书，获得与驻海牙外交使团秘书相同的待遇。

3. 法院其他官员则视同驻海牙外交使团级别相当的官员。

二、荷兰籍法院法官、书记官长和法院上级官员，以官方身份并在其职责范围内实施的行为，不向当地司法机关负责。从法院预算中分发给任何级别的荷兰国民的工资免征直接税。

三、法院法官、书记官长和法院高级官员的妻子和未婚子女，如非荷兰国籍，与之共同生活且无职业，应得到相同的待遇。内务勤杂人员（家庭教师、私人秘书、用人等）所占有的职位，与在每个情况下给予具有相同级别之外交人员的家政人员职级相同。

四、特惠待遇和豁免权是国际司法赋予的，而不是为了受益人的个人利益。关于书记官处的官员，书记官长经院长批准，可适当依据前款规定的原则，撤回其豁免权。就书记官长而言，这一职责应由法院履行。

五、法院陪审员和当事人的事务律师、辩护律师和出庭律师享有独立行使其职能可能需要的特惠待遇、豁免权和便利以及公费差旅。证人、专家享有执行任务所必需的豁免权和便利。

同日，荷兰外交大臣确认，确实已达成协议，国际法院和荷兰同意该协议不涉及礼宾次序。①

豁免权和特权的行使通常不成问题。但过去也不可避免地发生过一些不愉快

① 所有相关文件可访问 www.icj-cij.org/docket/index 查阅。

的事情。例如，有一次，国际法院院长赴国会大厦聆听女王的亲王ヨ演讲遭拒；显然，他收到的门票颜色不正确。

所幸十多年来，情况有了很大改善，国际法院与东道国之间的关系目前进展平稳，需要行使豁免权的情况并不多见，这种时候，荷兰法院均尊重了约定中所赋予的豁免权。当然，国际法院的高级工作人员即使免受荷兰法律的司法审判，也仍然不能取得荷兰法律的豁免权。因此，他们也会收到交通罚单……

二十多年前，国际法院法官被告知，按照法院的豁免规定，他们不得交付罚金。其实法官通常是愿意为偶尔的违章停车掏腰包的。后来有段时间，法官虽然可以交付罚金，但明确指出，这不应视为放弃豁免权。近来，如果国际法院官员选择交付违章停车的罚单，就只需简单支付费用即可。

荷兰政府给予的特惠待遇之一是国际法院法官可以免税购置一辆汽车（在离境前一定时间内）。多年来，这一备受赞赏的规定得到了完善。

国际法院与荷兰外交大臣在 1946 年 6 月 26 日双方的来往信函中申明，礼宾次序问题不属该协定的范围。后来，荷兰外交大臣在 1971 年 2 月 25 日给国际法院院长的一封信中也谈到了这个问题。

双方商定："国际法院院长优先于所有派驻荷兰女王陛下的外交官、大使以及各国部长，包括外交使团团长在内。"

此信还给出一个例子：国际法院院长排在首位，次接外交使团团长，后接法院副院长，再跟高级外交官、高级法官，等等，以此类推。①

自 1971 年直到最近，当海牙出现礼宾次序问题时，都依不同职位按照上述原则轻松予以解决。

从荷兰政府的角度来看，前南斯拉夫问题国际刑事法庭（ICTY）和国际刑事法院在海牙一经成立，在设立席位时这一由来已久的协定条款就不再适用了。前南斯拉夫问题国际刑事法庭是临时的，因此虽然提出过这一问题，但从未作出任何结论。对于国际刑事法院，问题就不一样了。这是一个常设法院，具有重要的法律和政治意义。

就是否考虑采用国际刑事法院院长使用第三优先权的想法，审慎地咨询了国际法院院长的意见。国际法院里有一些人或许明白，1971 年的礼宾次序协定放到今天来用是有问题的，因为荷兰到了 2006 年也担当其他法庭和国际刑事法院的东道国。但国际法院最终采取的立场是，1971 年协定仍然是一项国际协定。

根据《联合国宪章》，国际法院依然是《联合国宪章》的主要司法机构。

---

① 具体规定是，如果主席缺席，副主席应在礼宾次序中顶替他的位置。

荷兰没有提出修改1971年协定的建议。但近年来,《荷兰议定书》已经安排了诸般事宜，使得国际刑事法院院长在礼宾次序上居第三位。

要想吃透所有相关方的礼宾次序无疑是个复杂的问题，让人左支右绌，难以应对。然而，国际法院和荷兰之间的关系很友好，如同国际法院和国际刑事法院之间以及在荷兰工作的各位法官之间的关系一样。

第三章

座次与队列

荷兰礼仪商局礼宾官

导言

在深入探讨礼宾次序原则之后，本章将讲述如何将这些原则应用于座次安排与队列顺序，重点讲述桌位规划、区位分配、公众和新闻记者席位安排、队列和车辆顺序。

座次安排不仅仅是礼节问题，数百年来，它一直具有象征意义，有时会造成严重的等级争议。这就是传说中的亚瑟王与骑士围坐在圆桌旁的原因了。我们无法确定是否真的有过那么一张圆桌或者类似的桌子，但按照传统，大家围坐在圆桌旁地位平等，不分高下先后，每个人都有机会发言。中世纪，受邀参加宴会的宾客通常坐在长条桌子的一侧，另一侧则不坐人，留待清理桌面、娱乐。在法王路易十四的宫廷里，众人列座成字母 U 的形状，以便有更多机会互动。今天，由于活动地点、目的以及礼节层次的不同，座位安排广有变化。

安排座位时，绝不要盲目坚持礼宾次序原则，应当将其视为一种辅助工具，以功用为主导。遵循礼仪但不切实际的座次安排不仅于事无所补益，而且很可能有碍活动的成功举办，达不到加强双方关系的目的。尊重对方的要求很重要。例如，避免因语言不通而无法交流的人坐在一起。此外，要考虑个人喜好，或者个人的好恶和政治敏感性——后者更为重要。经过慎重考虑的座次安排能够非常切实地助推活动的全面成功。年龄和资历、职位和等级、个人成就、性别都可能影响一个人的座次。下文就座次规划的一般指导原则作基本介绍。世界各地履行职责的外交使团或多或少都要遵守这些原则。座次安排的主要目的是将客人恰当地分配到可调用的座位上。我们想提醒一下，在任何时候，主人都有责任关注客人的座次。然而，为了确保客人的位置和期望得到应有的重视，遵守下述准则将大有裨益。

桌位

西方礼仪中有两种不同的座次安排：英式和法式。英式座次中，男女主持人在桌首就座；法式座次中，男女主持人分坐于两侧中间。座中如有贵宾，则就座于主持人正对面，右手是女主持人。相反，主宾配偶坐在主持人的右手。

下页图片给出了英法的列座方式。这些示例描述了已婚夫妇的座次安排，也描述了不涉及性别只关注职务的座次安排，以及只有一个主持人的座次安排。

换言之，原则上，最重要的客人（主宾及其配偶）要列座于男女主持人的右侧。然而，如果是工作晚餐和午餐，这位客人也可以正对男主持人或女主持人就座。按照优先次序原则，主宾后面的客人要坐在男女主持人的左侧，以此类推，其后的客人要坐在主宾的右侧。然而，按照联合国规定，有些国家的主宾席也可以列于男女主持人的左侧。

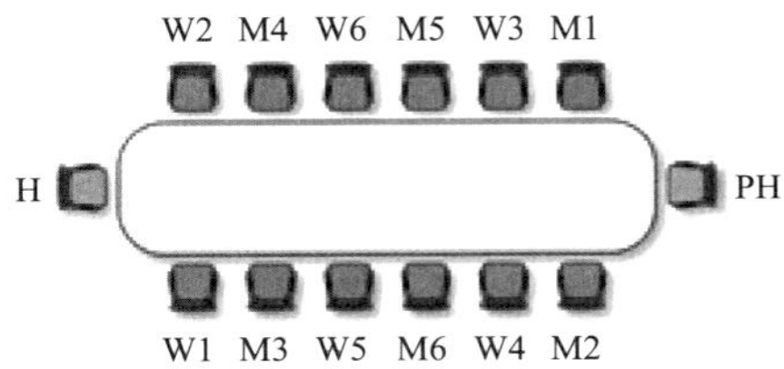

英式座次，依优先次序，男女交替

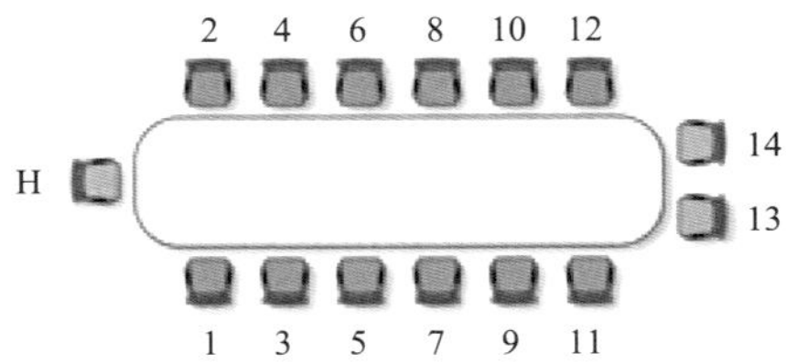

英式座次，只有一个主持人

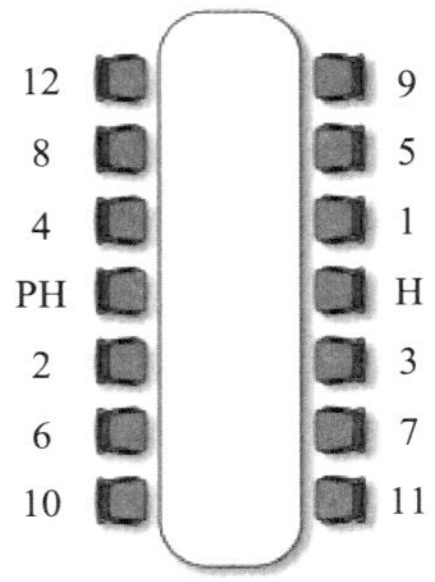

法式座次，依优先次序，不分性别

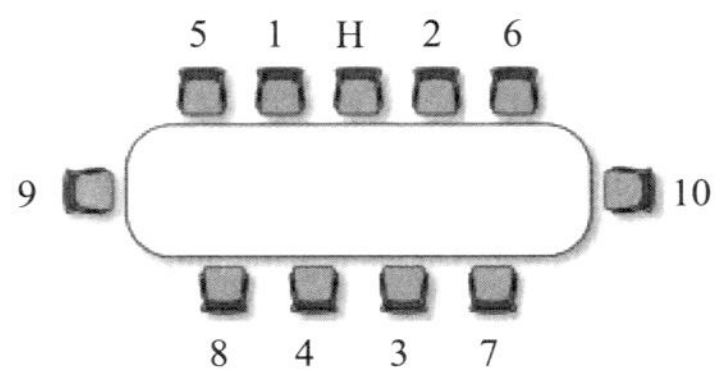

法式座次，只有一个主持人

说明：

H	主持人	HoS	国家元首
PH	主持人配偶	PHoS	国家元首配偶
CoH	联合主持人	M1	男 1
GoH	主宾	W1	女 1
PGoH	主宾配偶	D	司机

不同于上述原则的是国家元首及其配偶的座位。桌位安排涉及国家元首及其配偶时，他们坐在最显要的位置上，与男女主持人位置互换。这就使得女主持人要坐在国家元首的右侧，男主持人则坐在其配偶的右侧了。

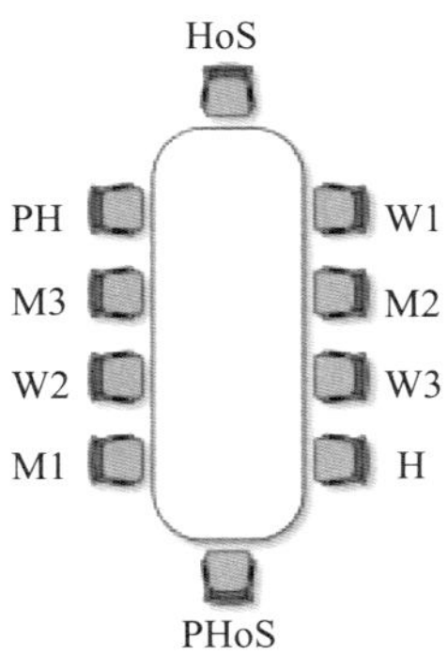

英式座次，国家元首在座

如果一场活动中只有一位男主持人或女主持人，他或她可以安排一个联合主持人坐在对面。

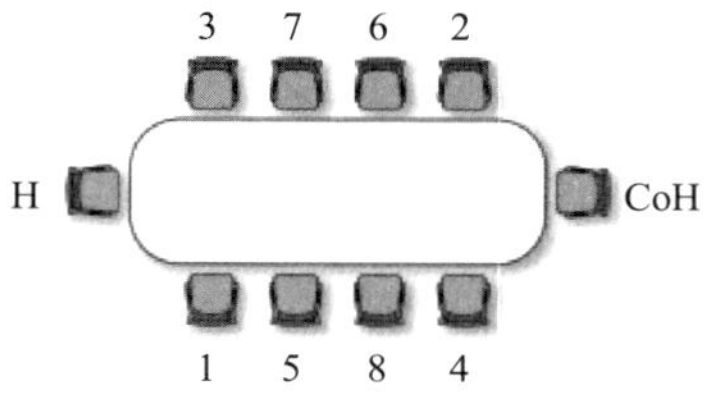

英式座次，设主持人和联合主持人

活动中只有一位男主持人或女主持人，主宾要列座于对面。

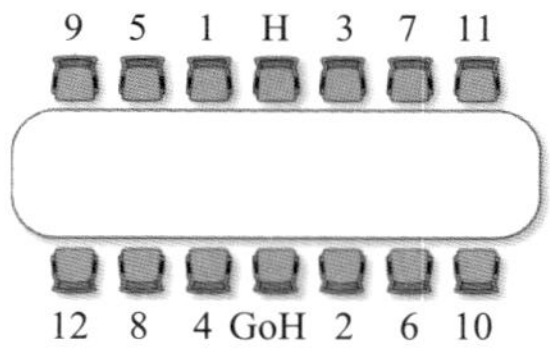

法式座次，有主持人和主宾

如果主宾就座于贵宾席，主持人就不要邀请更高级别的人。然而，当邀请了高级别客人时，主持人：

★ 可请这位客人共同主持，如果这次活动只有男性（不带配偶）的话；

★ 也可恳请这位高级客人让出优先权，转给主宾；

★ 如果级别情况有些微妙且宾客数量够多，可以分列两个或两个以上的桌子。

一般来说，夫妇不要并肩而坐，男女宾客也要混坐，包括主宾及其配偶在内。

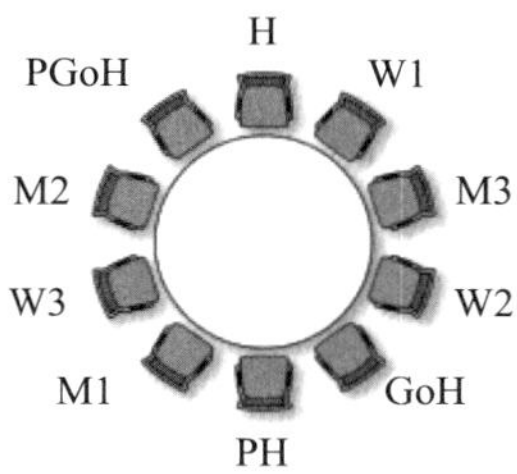

圆桌席位，夫妇列座，两两相对，包括主宾在内

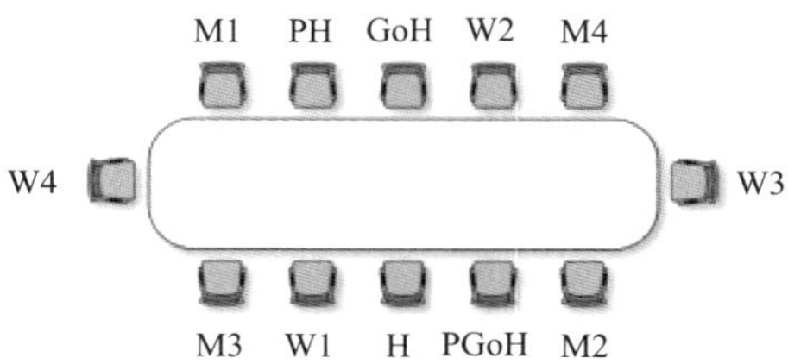

法式座次，夫妇列座，包括主宾在内

未婚或订婚夫妇可以并肩而坐，也可以间隔开。然而，在中东、中亚和远东，通常是

夫妇并坐。

如上图所示，女士随丈夫参加活动时，通常按照丈夫的级别就座。比如，男士在女主持人的右侧就座，正常情况下其夫人应在男主持人的右侧就座。如果随丈夫参加活动的女士自己就有职衔，则会以女士本人的官衔就座。如果女士无职衔，又不是随丈夫出席活动，就会以无职衔受邀宾客身份安排座位。

未婚夫妇共同参加活动时，出于礼貌，无职衔一方的座位应按有职衔一方的级别安排。

截至2015年年中，18个国家（阿根廷、比利时、巴西、加拿大、丹麦、法国、冰岛、卢森堡、荷兰、新西兰、挪威、葡萄牙、南非、西班牙、瑞典、英国、美国和乌拉圭）和某些分管辖区允许同性伴侣结婚。安排座次时，要关注这些国家，同性伴侣与男女伴侣同等对待。

有的国家允许一夫多妻制，在这样的国家举办晚宴，通常只邀请一个配偶。

活动期间如设有多张桌子，在配偶在场的情况下，丈夫和妻子（包括男女主持人在内）通常不会同桌就座。

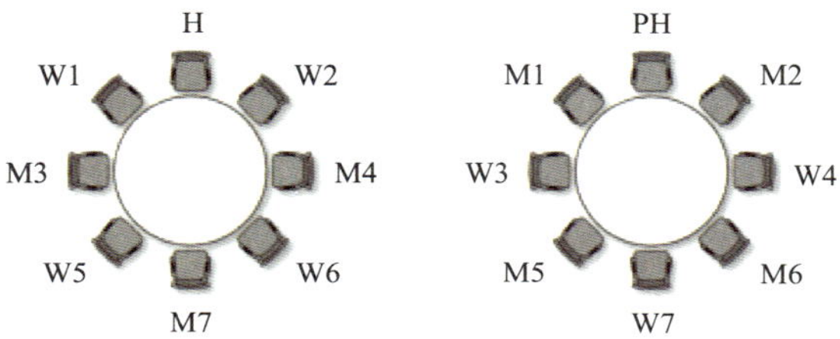

两张圆桌，夫妇分座

男女主持人分桌就座时，他们可以分别选一人共同主持场面，所选之人通常是高级别客人或同事。

安排两位男士或女士相邻就座，虽可接受，但不足取。除非迫不得已，也不要安排一位女士坐在长方桌的一端。为避免这种情况，可安排两位女士坐在一起；也就是说，将第三位和第七位女士移到一处，第五位男士移至桌子端首第七位女士处。

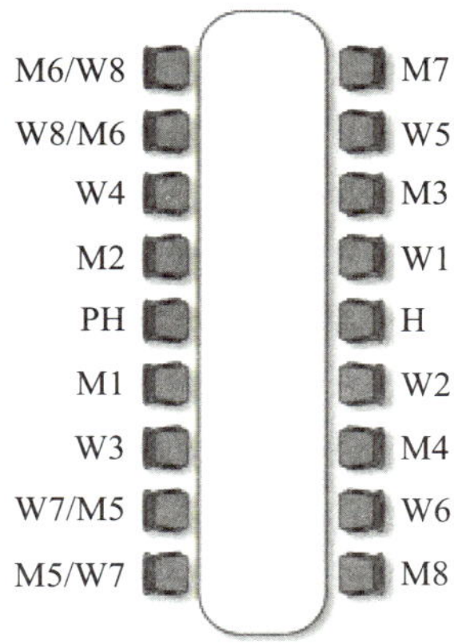

法式座次，有男女主持人，桌子两端无女士就座

当安排八、十二、十六（或者四的任何倍数）人就座时，如果不存在两位男士或者女士并坐的情况，则女主持人坐在本属于她的座位的右侧，这样一来，她便和男主宾交换了位置。

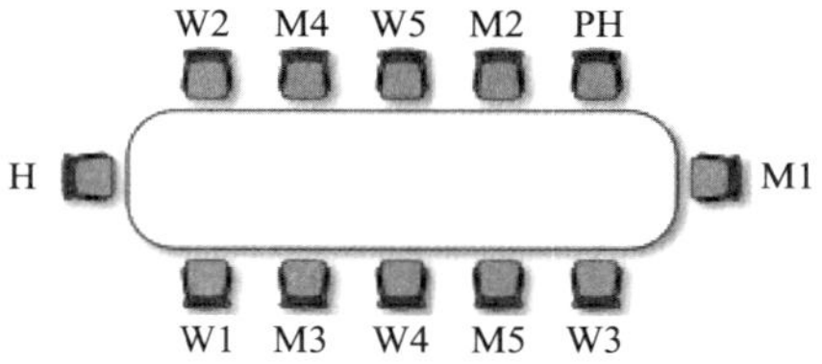

英式座次，夫妇列座，男主持人与主宾分坐于两端

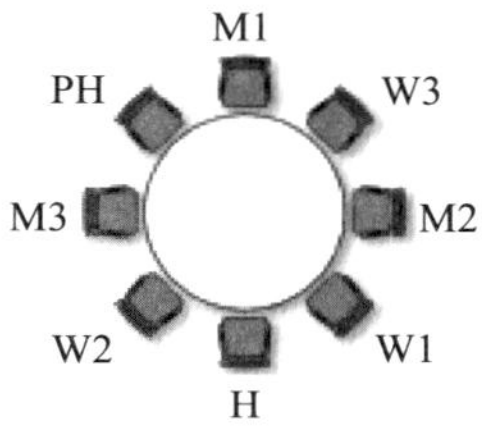

圆桌座次，夫妇列座，男主持人与主宾相对而坐

U 形或马蹄形的桌子主要用于节庆和婚礼。这类桌子比较正式。

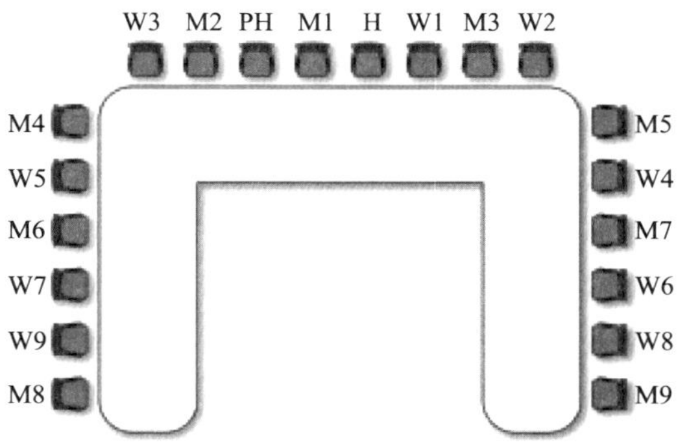

U 形桌子，夫妇仅在桌子的一侧就座

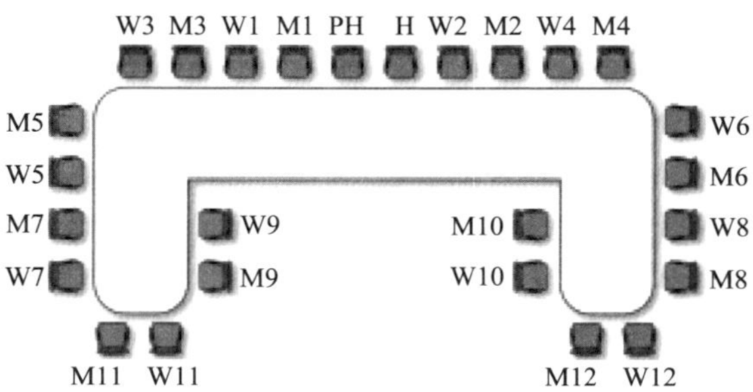

U 形桌子，夫妇并肩坐于桌子的两侧

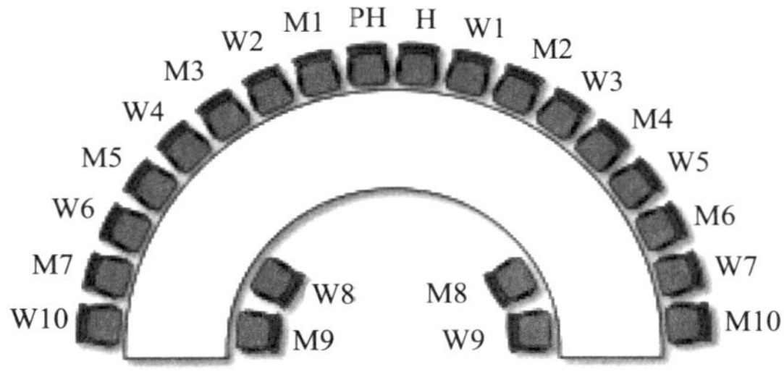

马蹄形桌，夫妇分坐

如果参加活动的客人比较多，主人可采取“梳子方案”：首桌可与数个副桌摆放成 90 度角。男女主持人可安排诸位贵宾以某种次序就座于他们之间。

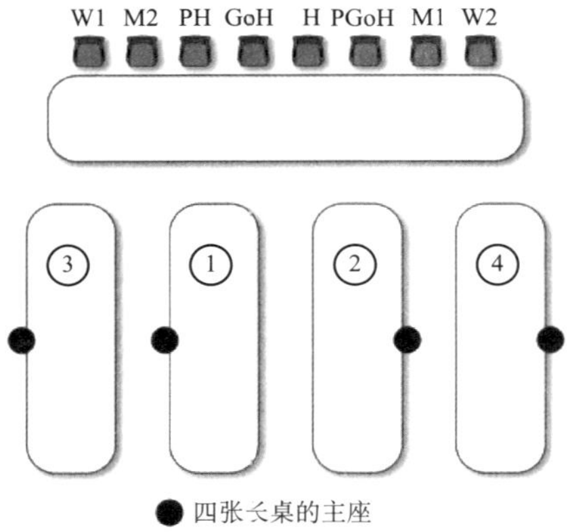

有一张主桌和四张长桌的国宴

由女士主持的活动，贵宾的座次安排如下：

主持人配偶—贵宾配偶—贵宾—主持人

或

贵宾—主持人—主持人配偶—贵宾配偶

（观察者视角）

如有外国官员参加活动，外国代表的座次通常要优先于东道国的同行。比如，在美国家庭举行的活动，外国客人的座次优先于同级别的美国人。

参加双边活动的代表团在正式宴会上通常要混坐，因为这些场合也带有很强的社交色彩。但是，在工作午餐或会见中，代表团一般要相向而坐，以强调该场合的工作性质。正常情况下，客人要面向窗口就座。主持人应面对房门而坐，以便与待客人员和其他协助人员进行目光交流。示意图见下页。

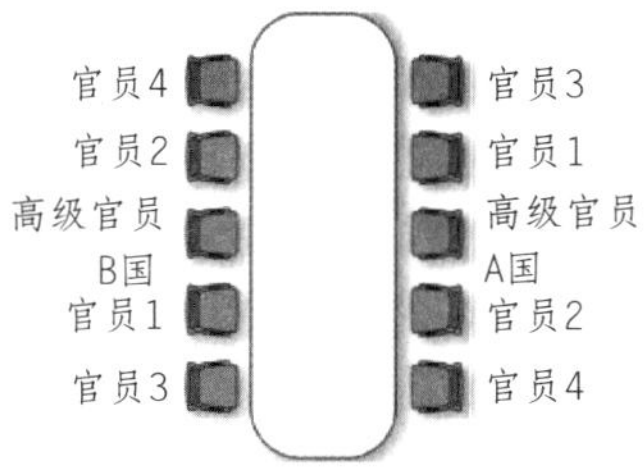

代表团正式会议，双方相对而坐

安排高级别客人就座时，主持人不仅要考虑到他们的职位，还要考虑到他们来访的目的和场合的性质。准确感悟客人的兴趣点可以使场面更加愉快。

正式宴会上如果不设礼宾等级，座次安排可以按照个人或学术成就、共同利益、社会地位、年龄和交往亲密程度来确定。如果外宾在场，语言能力可以作为座次安排的决定因素。这样，没有职衔的客人就可以就座于有职衔的客人之间，从而丰富趣味、促进交流。

第二章提到过，私营企业的所有人和 / 或首席执行官在影响排位的层级结构中没有特定的位置，也不包含于任何优先次序中。然而，为鼓励、加强商务和外事互动，首席执行官和公职人员、外交官和政府官员经常混坐在一起。

在以增进商务关系为目的的晚宴上，私营企业常常安排客户坐在指定的客户经理旁边，以加强彼此的关系。

通常，非政府组织官员也不被纳入优先次序，但在外交工作午宴或晚宴等场合，他们时常会受邀，座次安排往往依讨论的性质而定。假设所讨论的议题需要非政府组织提供重要意见，那么就有可能不严格按照礼仪规则，而是给非政府组织在座次上以更多优待。

* * *

拟定座次方案之前，主办方应给受邀名单制定一个顺序。涉及官方代表时，可以参考已有的优先次序原则。如有需要，可将出席人员分成不同的小组，比如大使小组。此后制定各组次序，再安排各组内的优先次序。如果晚餐上客人分坐于不同的桌子，主办方应首先安排好每张桌子上要坐哪些人，再按照优先次序去安排每张桌子上的座次。确定适当的座次方案是为了处理好人们的各种期待。仅就这个理由而言，很难让每个人都满意，但起码应确保无人拒绝安排给他的座次。在这方面，强烈建议不要提前公布（哪怕只是部分公布）最终的座次方案，尽管向贵宾提供宾客名单和座次安排并无不妥。

座次方案也要为每一桌指定联合主持人。一般来说，最重要的客人要坐于主持人所在的桌子上，即首桌。次桌也要依优先次序排序：离首桌越近，地位就越高。

大中型活动中，可以在入口大厅放置一张座次表，以便客人进入餐厅之后找到自己的位置。若宾客人数超过八位，通常情况下要使用座签。座签置于盘子上方，确保两侧的客人都能看到名字（如有必要，可加头衔）。因此，为方便桌子对面的客人起见，可以考虑在卡片背面也印上姓名。

房间布局示意图

除英法两种方式之外，目前的全球化进程还要求我们了解非洲、中东和亚洲的餐桌礼仪和座次安排惯例。在中东和北非，贵宾通常坐到主持人旁边。而在亚洲，一般会安排贵宾坐到主持人对面。有些国家习惯将主桌安放于高台上，主要的宾客坐于桌边，可以看到整个大厅和其他受邀客人。在另一些国家，主办方会选用长方桌为主桌，辅以一定数量的小圆桌。在中东，受邀宾客参加正式晚宴不会背对国家元首就座（见上图）。

国宴与官方宴会的座次安排示例

- ★ 在白宫，如果布置了多张桌子，总统要主持其中一张（到访国家元首坐于右侧），第一夫人主持另一张桌子（到访国家元首的配偶坐于右侧）。副总统可以主持一张桌子，其他桌子可由国务卿或高级政府官员主持。
- ★ 白金汉宫通常使用 U 形桌举行国宴。女王右侧是到访国家元首的座位。左侧是爱丁堡公爵和到访国家元首的配偶。其他皇室成员散坐于其他客人中间。
- ★ 在温莎城堡举行国宴通常使用长桌，座次排列选用法式，而不是英式。到访国家元首坐于女王右侧，对面是爱丁堡公爵，其右侧是到访国家元首的配偶。
- ★ 在世界各地，许多国宴上都置有非常多的桌子，主桌为圆桌，双方国家元首及配偶就座于主桌，顺序如下（从旁观者的角度来看）：东道主国家元首的配偶—到访国家元首—东道主国家元首—到访国家元首的配偶。示意图见下页。

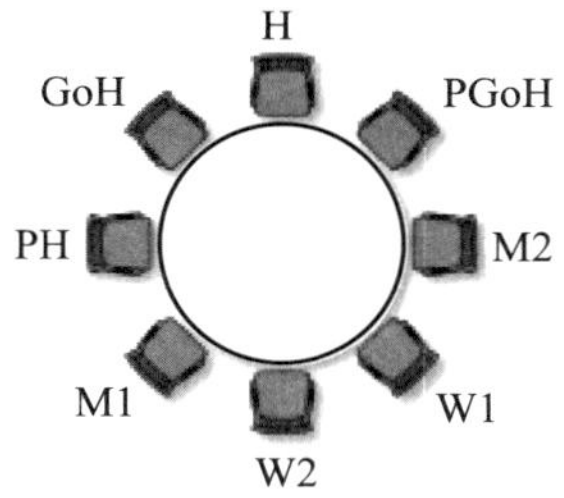

夫妇同桌，包括主宾在内

★ 在联合国大会每年一度的一般性辩论开幕当天，联合国秘书长要主持官方午宴，由各国国家元首参加，不邀请其配偶。如果当天正值斋月期间，午宴就要换作晚宴了。午宴专为国家元首和政府首脑而设，但也会向代表团团长发出邀请。除五位安理会常任理事国国家元首可由其外交部长陪同之外，每个会员国只邀请一位客人出席。当天出席的人包括联合国机构负责人、为数众多的副秘书长，还有一些特定的客人，与会者人数接近 230 人，分别就座于 23 张桌子上。美国总统作为东道国代表总是和秘书长坐在一起，每次午宴都会发表几句致辞。秘书长就座于美国总统左侧。座次安排要考虑地域分布，确保同一国家不会连续几年被安排于主桌就座，东道国除外。

会议安排

像会议、座谈、讲座、年会或者报告之类的公务活动，组织者通常会在大厅中布置几排座椅，供受邀者就座。大多数情况下，显要的客人坐在第一排，但这种惯例也可以根据会务需要有所变动。比如在阶梯式会议厅，第十排比第一排观看主席台的视线更好一些。在这种情况下，组织者可能更喜欢把主持人和贵宾安排在第十排，免得他们只能绷紧脖子。而下面的例子中，我们认为显要的座位要设定在第一排。

主持人通常坐在第一排中间：最重要的客人坐在他或她的右侧，第二重要的客人坐在主持人的左侧。第一排其余座位，也就是显要客人的左右两侧，要留给其他受邀请者。

前排会议座位安排

不担任国家元首的皇室成员也要列座于主持人的右侧。如有国家元首出席，国家元首的座位应置于一排贵宾座位的中间，主持人在其右侧。

在《礼仪的演变》一文中，戈尔茨坦（Goldstein）教授讲到，各国经常会采用创造性的礼仪方式，以应对具体的外交挑战。

随行官员通常直接坐在首长身后一排，以便在需要时与前排的主持人和贵宾商谈交流。安保人员通常安排在第二、三排的边角。其他与会者则依照优先原则在不同的分组间就座。

在较大的会议厅里，一般情况下与会者不会坐成一排，而是把大厅分成几个区位，由通道隔开。如果只有一个通道，则以两区中面向主席台的右侧区位更为显要。每排座次由中间座位起交替安排，或由中间通道向会议厅两侧依次安排。

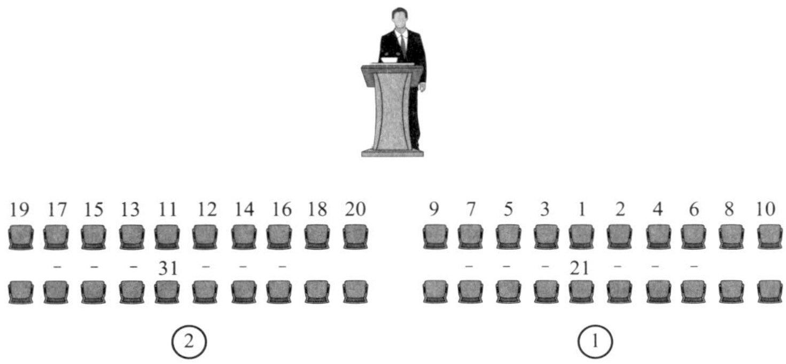

两区位会议座次，由中间座位起排方式

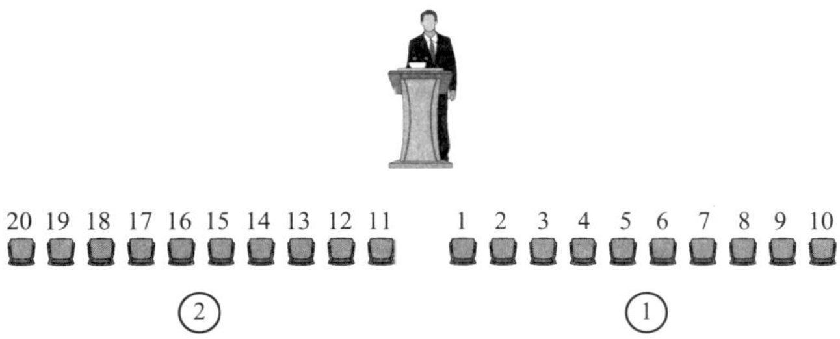

两区位会议座次，由中间通道向两侧排座方式

如果所有座位分作三个区位，有两个通道，中区最显要，面向主席台的右侧区位次之，左侧区位最后。再者，每排座次安排也有好几种方式。

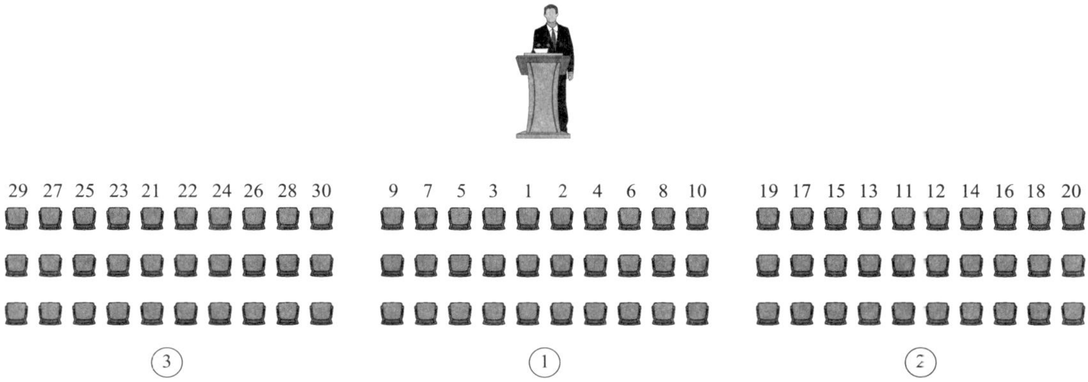

三区位座次，由中间座位起排方式

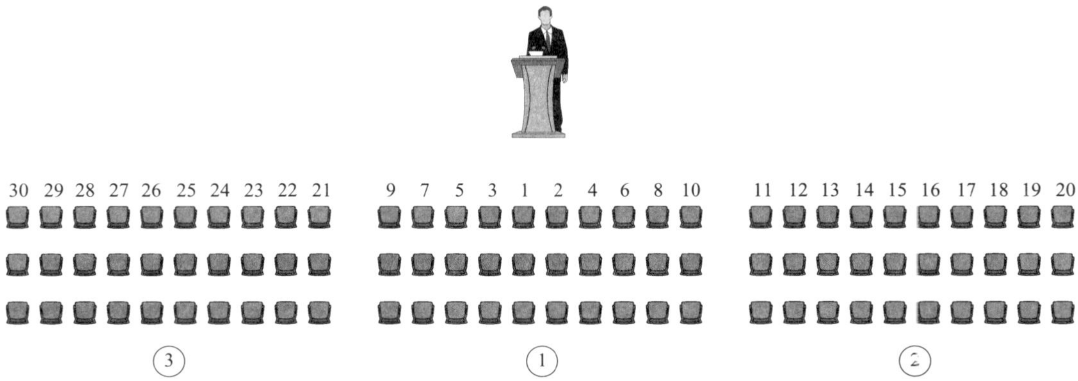

三区位座次，由中间通道向两侧排座方式

如会议大厅分作四区，有三个通道，其显要次序面向主席台由左到右，见下图：

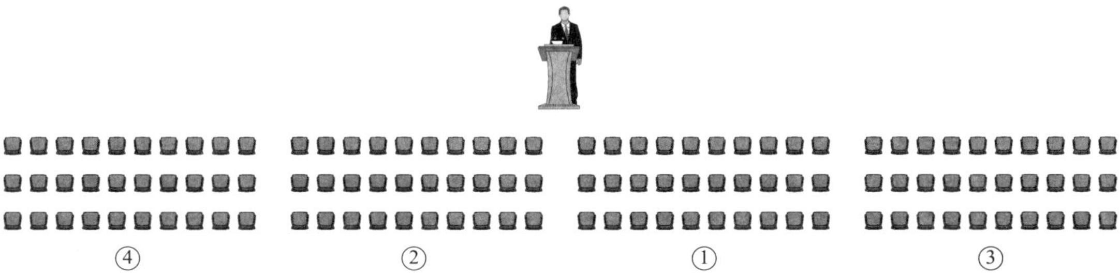

四区位座次

组织者安排区位时，可以按照身份类别将客人区分开。比如，可将一个区的座位安排给外交使团，一个区给各国代表，最后一个区给其他受邀人员。

除区位次序、每排座次、受邀者座位之外，主办方需要考虑以下原则：

★ 国家元首或皇室成员旁边的座位临时空缺——比如，主人受邀去讲话——他/她不在座位上，空座位对旁边的人来说，是可以坐的。
★ 为有配偶参加的重大庆典活动确定座次安排时，出发点应该是，原则上，东道国要员和官员的座次要优先于配偶座次。组织者往往可以将参会的配偶安排到后面的席位上。
★ 在带有鲜明社交性质的活动中——比如音乐表演——允许情侣坐在一起。
★ 通常要考虑到迟到的人，也就是说，一定要为这些人在大厅的后面或两侧预留座位，以方便他们在不干扰其他与会人员的情况下找到座位。
★ 尽量不要安排女性坐在过道旁边。

私营机构经常也出于经济利益原因遵守上述安排。比如，时装设计师会将时装展的第一排座位安排给最佳客户和潜在客户。在跨国公司的年度股东大会上，监事会一般要踞守最受尊崇的座位，因为它是公司管理结构中具有最高地位的机构。

很多国际组织在召集会议、安排座位时，都要依据1815年维也纳会议上制定的协议：国家代表出席会议要按照字母表顺序就座。一年一度，在每届联合国大会开幕之前，联合国都要采取抽签的办法。抽中的第一个国家要坐到头排居首的座位（面向主席台左侧第一个），后面所有其他国家都要按首选国家名称的字母表顺序，从左到右、从第一排到最后一排依次就座。

合影排序

一般情况下，基本的区位座次原则也适用于合影排序。主人通常位于第一排中间：最重要的客人在他或她的右侧（以主人的视角），第二重要的客人在左侧。第一排其余座位，也就是显要客人的左右两侧，要留给其他受邀请者。如果需要排成好几排，则相同的规则可适用于第二排。

听证会与新闻发布会的座次安排

同样，国际上公众听证会采取的规则是，客人通常坐在主持人的右侧（以主持人的视角，而不是以摄像头的视角），不管他们是坐椅子，还是同坐一张沙发。记者招待会上，客人也应该站在主持人的右侧。大多数国家习惯上把本国国旗挂在接受提问的人员背后。然而，在联合国，东道国国旗要挂在秘书长身后的旗杆上，联合国国旗则挂在该国政府高级官员后面。

如果配偶出席听证会，座位安排也有几种方式。可以夫妇同坐（贵宾配偶—贵宾—国家元首—国家元首配偶），也可混坐（国家元首配偶—贵宾—国家元首—贵宾配偶）；各位配偶可坐在一处（国家元首配偶—贵宾配偶—贵宾—国家元首），也可两厢对坐（一边是贵宾—贵宾配偶，对面的座次是国家元首—国家元首配偶）。

如果官方代表团成员参加听证会，他们可以坐在房间的任一侧，或者按照房间布局，坐在沙发或椅子上。

迎宾队列

如果招待会或宴会设有迎宾队列，往往按如下顺序：主人—贵宾—主人配偶—贵宾配偶。

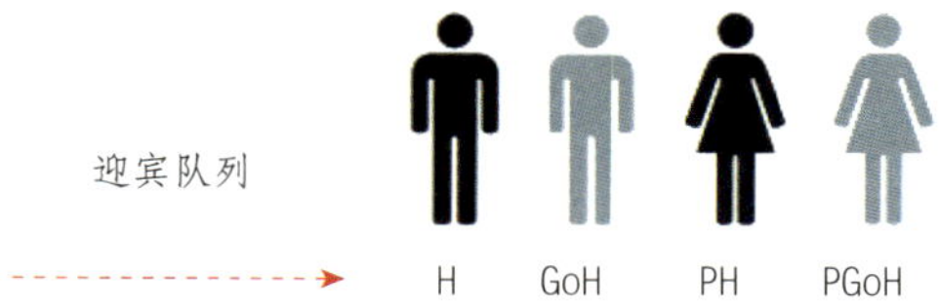

迎宾队列

这样，男女主人必要时就可以向客人介绍贵宾夫妇了。偶尔，为了让贵宾夫妇“同时出现”，队列也可以按如下方式安排：主人—贵宾—贵宾配偶—主人配偶。一般情况下，主宾负责编制宾客名单时，可以将贵宾安排到迎宾队列的第一位。这样一来，贵宾就可以向主人介绍受邀请的客人：贵宾—主人—贵宾配偶—主人配偶。

如果迎宾队列是为受邀人员可以随意来去的招待会而配备，或者是在主人的家庭宴会上，客人一般不需要以特定的正式顺序经过该队列。如果是正式晚宴、国宴，或者是外交使团出席的正式新年招待会，在许多情况下，客人抵达后会收到一张名片，随后把名片交给典礼官或礼宾人员，他们会向与会者宣读客人的姓名。然后，客人再走向主人和主宾。夫妇到场的，不论男女，受邀客人先行，配偶次之。国家元首在本国为外交使团举办的活动中，为避免冒犯来访者，迎宾队伍就要依照他们就职时间的先后安排了。最后，一切又回到了礼宾原则上。

行进队列次序

如果在官方活动中有多人需要移步至不同的区位，那么出席活动的官方代表通常要按特定的次序行走，这叫做行列（cortege）。和前面说过的一样，右侧为尊。换言之，贵宾应该在主人的右侧。再者，针对国家元首可有例外：他们被赋予中心位置，主人在他们右侧行走。行进队列的人数取决于可用空间——比如，大厅、祈祷室内的通道或街道宽度，通常每排的最大人数是五人。一排中最尊贵的位置在中间，从左到右的优先次序如下：5—3—1—2—4。队列中每排有三人时，最显要的成员要行于中间位置。每排有四人的情况下，显要的位置在右侧：4—3—2—1。

行进队列次序（主人位于 1 号位）

交通工具的座次规则

在右行交通的国家，以车辆右后侧的座位为尊。这是因为车辆的右侧最靠近人行道，是上下车的首选位置。换句话说，贵宾要坐在后排右侧。在左行交通的国家，座次自然相反。

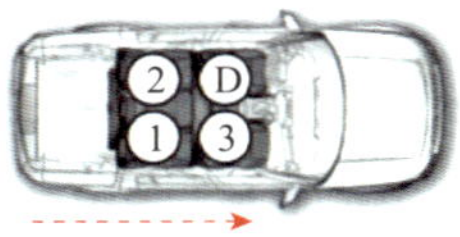

右行交通的车内座次

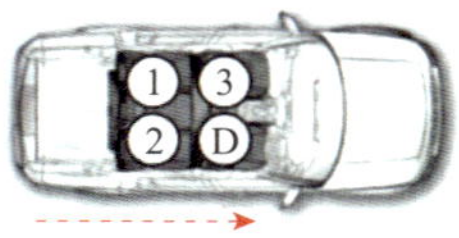

左行交通的车内座次

然而，出于礼貌，如果高职衔人员携同妻子参加社交活动，其妻通常坐在右侧，他则坐在左侧。

* * *

上述座次和队列安排原则谈不上全面周详，但在社交和官方场合能提供有用的参考。由于每个正式场合都会受全新的、独特的因素影响，如有必要，建议组织者咨询会议召开国的礼仪部门。

联合国与智库的礼仪问题之比较研究

阿比奥顿·威廉斯博士，海牙国际法研究院前主席

阿比奥顿·威廉斯博士于2012—2017年任海牙国际法研究院主席，是预防冲突、维持和平与冲突管理方面的著名学者。现任美国塔夫茨大学弗莱彻法律与外交学院国际政治实践研究方向教授，全球领导力研究所所长。2008—2012年，他供职于华盛顿美国和平研究所，初任冲突分析与预防中心副总裁，后任冲突管理中心高级副总裁。入职美国和平研究所之前，他曾担任联合国秘书长潘基文和科菲·安南的战略规划主任。1994—2000年，他曾在马其顿、海地和波斯尼亚-黑塞哥维那三次维和行动中担任联合国秘书长特别代表、政治与人道主义事务官员的特别助理。曾在乔治敦大学和罗切斯特大学任教。

导论

对缺乏经验的人来说，礼仪问题有时似乎是国际生活中无关大局或过时老套的一个方面。为行为举止制定准则和规程，在大众的想象中往往等同于毫无必要地拘泥于形式、过分关注传统而有碍于处理重大事务。鉴于联合国所作的决定都事关重大，礼仪会不会妨碍实现外交突破呢?

我在联合国和国际智库的个人经验表明，恰恰相反。事实上，有些人对礼仪问题的怀疑是因为对礼仪的宗旨缺乏基本的了解，说得再直白一点，就是根本不了解国际政治是如何运作的。外交活动是联合国工作的本质，正是奉行礼仪，才能润滑各种关系，以取得预期的政治成果，礼仪不是可有可无的。

在这个由193个成员国构成的组织中，每个国家都有其自身的担当、传统和敏感问题，礼仪给国际关系带来的可预见性在很大程度上避免了可能不利于跨文化交流甚至影响政治进步的尴尬和侮辱。

那些声称礼仪陈旧过时的人无视其固有的灵活性。礼仪不应该等同于一套僵化烦琐的规则，似乎无论帝国的兴衰存亡，这套规则都将亘古不变。现代的联合国可能与路易十四宫廷统辖其活动的既定惯例有共通之处，但是，曼哈顿联合国总部内的得体举止，与凡尔赛的社交惯例没有多大关系。礼仪应时而变，要适应特定的环境，正如本书中其他作者雄谈高论的那样。

我在这方面的优势可谓近水楼台。在完成联合国驻马其顿、海地和波斯尼亚的维和使命之后，又在联合国秘书长的行政办公室工作了七年，先后担任科菲·安南和潘基文的战略规划主任。联合国总部大厦第38层是秘书长及其工作人员办公的地方，从这个视角来看，礼仪是不可或缺的。从秘书长日常工作安排中，可以看到他要会见到访的国家元首或政府首脑、与出席联合国大会或安全理事会的外交官通信或会谈、向真正意义上的全球听众就有争议的问题发表演讲。

这些工作如果经过精心安排，就有助于秘书长有效履行职责，能最大限度地发挥联合国在预防冲突、促进可持续发展和保护人权方面的潜力。反之，礼仪上的失误可能会破坏秘书长与重要国家的关系，导致宝贵的时间消耗于修补有碍交流的围墙，而不是建立沟通的桥梁。

2007年，我离开联合国，入职两家国际性智库——美国和平研究所和海牙国际法研究院。我在这些创新机构中的工作为我探究现代外交的“网络化”本质提供了全新的视角，同时也为梳理礼仪的延展性提供了新颖的见解，启发我去思考如何在不如联合国正式的环境下实现政治目的。正是这种比较研究的视角，让人们关注当代国际关系的流动性与“多角色”性质，本篇小文讲的就是这一点。

联合国礼仪问题的两种情况

联合国礼仪规则有助于管理其机构之间与各会员国之间的关系。对任何到访联合国的人来说，自申请国书的那一刻起，礼仪的日常重要性就显而易见了。

联合国有两项年度活动证明了礼仪的重要性：一是联合国大会（缩写为“UNGA”，简称“联大”）的一般性辩论，每年9月召开，届时有许多国家元首和政府首脑齐聚纽约；后者是安理会每年一度的务虚会，鲜有人知，是由秘书长办公厅（EOSG）的战略规划股组织的。

联合国大会一般性辩论

每年秋天，纽约的联合国总部都要举办最大规模的国家元首和政府首脑年度聚会（2015 年，大约有 150 位世界领导人出席）。对于联合国秘书处、纽约市和美国政府来说，这是一项庞大的组织工作，不仅要做好后勤保障，而且要讲究礼仪。

对于主办城市及其配合响应的市民来说，年会本身就是摆在面前的一道难题。联合国秘书办公厅礼宾处必须与地方当局和私营企业密切合作，处理各种各样的问题，如酒店预订（即使在像纽约这样富裕繁华的城市，总统套房的数目也是有限的）、车队管理和安全。

关于联合国大会的发言权问题，必须要确定发言顺序（首先发言的荣誉于 1947 年被永久赋予巴西，其次就是作为东道国的美国），并且必须考虑代表层次、偏好和地域平衡之类的其他标准。理论上，一般性辩论的发言时间限定在 15 分钟之内，但往往会超时，这表明礼仪在实际运用中具有灵活性。发言者要言简意赅，为的是世界各国都有发言机会，因此，虽然在国家元首发言时叫停有失礼节，但这种做法还是颇受赞赏的。

礼宾负责人的职责就是把每位发言人从接待室引领到著名的大会讲台上（在这一方面，这个角色要对全球政治有无与伦比的洞察力，担当此要职的人应知晓世界领导人在哪些时刻容易分神）。另外一个挑战就是在一般性辩论开幕后组织午餐。届时会有 150 位国家元首和政府首脑共同进餐，这种场合真是难得一见的。

在联合国秘书长的办公室里，还有其他问题需要考虑。在有限的时间内，必须要确定以下事宜：哪些世界领导人能有机会亲自会见秘书长？会见要持续多长时间？议事日程怎么安排？秘书长办公厅必须处理这些棘手的问题，安排与大约 80 个代表团的会见，准备要点提示以引导秘书长与每位政要的商谈（同时切记确保向秘书长提供某一会见的正确发言笔录！）。这些文件是在联合国各个部门的协助下共同准备的，尤其是政治事务部（DPA）与维持和平行动部（DPKO)。

统辖礼宾次序和规程的各种原则固然重要，但礼仪绝不仅仅是刊发于广为传阅的手册中[①]的一套准则。在一般性辩论中，往往会在正式会议间隙召集会议，便于认真讨论关键性的全球问题。从这个意义上讲，正是联合国正式会议的形式和流程，包括联合国大会讲台上有时极为枯燥的演讲，创造了一个看似随机的互动环境。当然，礼宾处要想办法使这类潜在的机会成为可能，比如准备精心布局的隔间，促成高级别的密谈。

① 参见 https://www.un.int/protocol/pm/manual-protocol。

联合国安理会务虚会

安理会每年一度的务虚会，虽不如一般性辩论有名，却有潜在的影响力。务虚会由联合国秘书长主持，由秘书长办公厅战略规划股组织。秘书长与安理会之间的关系微妙而复杂，必须在走上新路的同时遵守久而有之的传统。[①] 秘书长必须考虑如何处理与五个常任理事国之间的关系，在他的第一个任期内，任何一个常任理事国都可以利用否决权毁掉其再次当选的机会；也要处理好与十个当选理事国的关系，它们对安理会内的层级问题都很敏感。

秘书长与安理会之间的关系一般按正式规则处理，比如有关信函的部分。比方说，秘书长应向理事会主席（理事会成员国每月轮流担任的角色）发送函件，理事会主席将与其他代表团磋商，并代表全体成员国返回报告。

每年一度的务虚会是非正式活动，在纽约市附近的格林特利（Greentree）或波坎蒂科（Pocantico）举行，其双重目标是建立融洽关系，处理棘手问题，这在总部不甚灵活的环境下是做不到的。为了营造一种更为轻松的氛围，理事会常驻代表受邀携配偶参加务虚会。经验表明，即使最高级别的外交官也会表现出最佳的行止。辅以更加随意的着装规范，这就形成了一种非正式的氛围，事实证明，这有助于讨论取得成效。

然而，如果认定在非正式的环境下缺乏礼仪的制约，难以处理“正事”，那就错了。像安理会这样的机构组织务虚会，联合国工作人员还必须要考虑与会者在工作会议或晚宴上坐在哪里、谁应该住在离秘书长最近的地方。有时，实际因素应高于礼宾次序原则。例如，如果一位重要国家的大使身材魁伟，靠近秘书长的房间没有相应的大床能住下，怎么办？人们习惯上误以为礼仪规则要严格执行；实际上，礼仪同样意味着以合理的名义适时打破既定的规则。在这种情况下，那位大使会很乐意住进附近的乡间小屋。

联合国秘书长与安理会的交流沿袭传统，而年度务虚会则不拘礼节，更为随意。两相比较，可以看出现代外交惯例是如何演变的，也证明了礼仪的一个关键特征：可预见性。无论正式还是非正式，有了一套可预见的行为准则，便能避免纠纷和尴尬，得以开展重大的讨论。

智库的礼仪问题

像联合国这样的国际组织有其既定程序，相比之下，智库则能够自行制定规

① 参见 Manuel Frohlich and Abi Williams (eds.), *The UN Secretary-General and the Security Council: A Dynamic Relationship* (Oxford: 2018)。

则。作为国际舞台上的新成员，智库和其他非政府组织通过开展创新研究、召集专家、培训从业人员服务于决策者，在国际政治中扮演着越来越重要的角色。

智库不需要采用定型组织的礼仪惯例，然而，了解如何适时应用传统的礼仪规则、在什么情况下创造性地放弃这些规则，以达到革新的目的，智库会得到更好的服务。本文讨论了礼仪的实用性，鉴于智库发挥的召集作用并非全然异于联合国，那么，将礼仪抛在一边就有些轻率了。

但创新是必要的。通常，智库需要召集各色各样的行为主体参与其中，比如政府官员、学者、民间团体代表和商人。联合国对礼仪的理解基本上取决于外交官之间的互动，尽管他们的文化背景差异很大；而智库需要在行业背景完全不同的代理人之间建立对话，因此面临额外的挑战。这是有风险的。政策推行的许多障碍正是源于公务人员和私营部门的立约人未能“讲同一种语言”。

考虑到多数当代政策问题的多维性，跨部门合作往往是必要的。通常，正是智库才能为此类讨论提供中立的空间，同时必须相应地借力于明确的行为准则来推进讨论，比如英国皇家国际事务研究所守则（又称“查塔姆宫守则”），该守则允许与会人员重述他人在特定会议上的意见，而不必指明出处。[①]

智库通常要致力于开拓新渠道，推动外交互动受阻的成员之间进行交流。外交策略“守则 1”涉及官方成员之间正式谈判，而“守则 2”则涉及召集民间社团或宗教团体领导人等非官方成员，建立关系和信任。“守则 1 第 5 款”旨在促进官方与非官方成员的相互融合。[②] 可以推想，与由联合国负责召集工作的那类传统程序相比，此类举措从根本上来说就不太正式。其实，无论召集哪类与会人员，都需要有一套可预见的行为准则，以促进有意义的讨论。

最近发生在海牙国际法研究院里的对话就说明了这一情况。在技术层面对冲突双方进行调解仍然需要细致考虑代表团的人员组成、发言时间及其他此类因素。同样，卢旺达和斯雷布雷尼察种族屠杀事件发生后，召开了两次具有里程碑意义的会议，当代决策者聚集一堂，思考应当汲取的经验教训；从着装上看，这两次会议可能应归为“非正式”类别，但仍必须遵守与议程和发言权相关的预定流程。

但凡智库与既定规章制度相互作用，就一定可以促进革新。同时，既定的礼宾规则不应忽视，比如，对于可能要在智库讲台上发言的来访高官，应给予迎候。智库面临的挑战是展示其附加的价值和灵活性，同时又适应国际政治固有的要求。

当今世界是一个网络化的世界，不同的参与者通力合作，以达到预期的结果。

① 参见 https://www.chathamhouse.org/about/chatham-house-rule?gclid=CID0sJKEnMgCFUrpwgodGtcKZQ。

② 参见 http://glossary.usip.org/resource/tracks-diplomacy。

这些参与者要跨越国界横向交流，通常情况下，律师、外交官、救济工作者等团体似乎比不同部门，甚至是本国内的团体有更多的共同点，这些联系在文献中被认为是“与认识相关的”。[①]

智库的作用就是将这些参与者汇聚在一起，帮助他们相互理解。“讲同一种语言”曾是联合国口译员的工作，但今天这同样是关乎不同组织的代表之间达成相互理解的要务。

结论

国际关系的多元化和分权化给负责施行礼仪的人提出了新的挑战，但是也为揭示礼仪固有的灵活性提供了契机。外交活动越来越多地由不同部门和团体代表参与践行，但这并不意味着他们的互动不需要一套可预见的礼仪规范。如果说有什么不同的话，那就是，个人之间的互动对明细“游戏规则”的需求从未显得如此强烈。

如果你认为世界舞台的新参与者是创新力量，而传统规章制度因其严苛僵化而无关紧要，那么你错了。安理会务虚会表明，旧的组织可以发展新的途径来实现其目标，正如智库和非政府创造性地运用传统外交礼仪中的成功经验一样。

国际政治的传统规则没有被抛弃，这一事实突出表明，人们所倡导的行为准则并不是为了坚持传统本身，恰恰相反，而是为了让外交官相互致敬，并预知他人的行为方式。礼仪并不妨碍富有成效的对话，它促进对话。

① 参见 Anne-Marie Slaughter, *A New World Order* (Princeton: 2004)。

第四章

旗帜礼仪

海牙国际区联合国成员国国旗

导言

在世界范围内，旗帜在一个国家、一座城市、一个组织或一家公司里象征团结的符号中占有重要地位——它是一种认知的象征。国旗代表身份认同，在人类历史上往往扮演着重要的角色。它是独立和权威的外在标志，是民族特征的符号。比如，荷兰国旗就曾是最早的“革命”旌旗之一。

在深入探讨国旗的使用细节之前，有必要概述一下旗帜的悠久历史和随之产生的旗帜研究。对旗帜的研究就是旗帜学。

旗帜学就是“对旗帜历史、象征及用途的科学研究，或者广而言之，是对旗帜所表现出的任何形式的兴趣”。旗帜学的英文 vexillology 由拉丁文单词 vexillum（旗子）和希腊文后缀-logia（研究）构成，前者指古罗马军团使用的徽章旗。

旗帜学专注于一切与国旗、旌旗、徽章旗和三角旗相关的问题。早期，人们凭直觉就知道，他们需要以特定的方式标出属于他们或其部落的领土，以便警示他人：未经允许，不得进入。某些标识的用途就是这样，像动物头骨或者画有图案的兽皮。在战争中，人们早在用弓箭、长矛作战的年代就已经知道，采用识别标志是防止意外攻击到友军的好办法。他们在盾牌和盔甲上刻制纹章标记和武器图案。后来，人们发现，凸显指挥官在战场上的位置也很重要。最初，指挥官用上文提到的头骨、马尾和宗教符号就是出于这个目的。后来，改用纹章进行标识。事实上，是古罗马人第一个用旗帜显示其军事实力的。古罗马军队的每个军部都有专属的旗杆，顶端绑有金属（通常是青铜）鹰。通常以彩带为饰物，或者用无纹章的单色布料挂在十字杆头。这类标识称作旗子。现存唯一的古罗马旗子产生于公元前 3 世纪，目前悬挂在俄罗斯普希金博物馆。

古罗马皇帝君士坦丁（Constantine）用过这样的军旗，紫底上饰有基督教徽章（凯乐符号，即希腊文“耶稣基督”前两个字母 X 和 P 的组合）。不仅是罗马人使用军事标识，古代的凯尔特和日耳曼部落也有专用于战争的旗帜。

大约 300 年前，旗帜及相关的法律和规则便与纹章一起分门别类了。纹章学术语未经推敲就应用在旗帜上。因此，纹章学在今天使用的很多旗帜的基本设计上都发挥了重要作用。

第二次世界大战（1939—1945）以后，人们对旗帜产生了更浓厚的兴趣，这主要是由于建立了许多新的国家和国际组织。当时，有很多徽章用在旗帜上，而又没有纹章学意义上的起源。越来越多的现代符号出现在旗帜上。

但是怎么界定旗帜呢？又如何描述旗帜呢？《牛津英语词典》这样界定旗帜：“一块

布料或者类似的材料，通常为长方形或方形，一边可连在杆子或绳子上，用作国家或机构的符号或标识，或是在公众庆典期间用作装饰。”

旗帜设计师常提到旗子的高度（沿旗杆的一侧）与长度（旗子摆动的部分）之比。最常用的比例是 2∶3，但某些情况下也有不同，比如瑞士国旗，设定的长宽比例是 1∶1。英国的军备学院建议的替代比例有 12∶15、12∶16、12∶18、12∶20 和 12∶24。要认识到，比例纯粹是出于明晰和美学的考虑，这一点很重要。

皇室个人旗帜或皇室 / 总统徽章旗也在旗帜学中有所讨论。这些独特的旗帜与诸如国家元首、州长、王子或公主之类的个人相关，有着特殊的设计，通常与他们的徽章或国家身份有关。这些旗帜从官方意义上与某个个人相关联，因此只能由被授予的那个人使用。这就是皇室或总统徽章旗的意义之所在。君主的皇家旗是一种纹章旗，只有当王室成员在其住所时才能悬挂，到达时升起，离开后降下。在英国，皇家徽章旗优先于包括英国国旗在内的所有旗帜。

英国女王伊丽莎白二世的皇家徽章旗[①]

美国总统徽章旗

旌旗 / 徽章旗

从前，旌旗是方形的，通常打上结，系在立杆和横杆上，用以标识拥有者的职衔或立场，通常饰以纹章符号和颜色，与纹章、制服纽扣和装饰物上的相似。

旌旗是指：

★ 一块布料，一边附系在一根杆子上，由一位首领（如君主或封建领主）用作旌旗，有时旗子一端呈燕尾形，燕尾点缀有两个或两个以上的点；[②]

★ 带有独特或象征性图案或文字的旗帜，尤指为表彰荣誉或功绩而授予的勋旗；

★ 画有符号的长条布。

① 本书使用的所有旗帜图片仅呈现旗帜的图案、式样和颜色，并不代表旗帜实际的尺寸和长宽比例。

② 这类旗子称作“旆”，悬垂的饰物称作“旒”，即流苏。——译注

中世纪旌旗

一面用厚重面料制成的旌旗，挂在杆子上，并且能飘起来，就叫做旗。从前，它飘扬在长矛上，或是长矛的顶端。这块布的末端大多是圆的，边缘缀有流苏。旗子上的符号通常是刺绣、烫金或描画上的，还有以不同颜色为象征符号的。在荷兰，国徽旗视同国家的象征。

荷兰国徽旗

荷兰的国徽旗由波纹布料制成，悬挂在镀金长矛上，上面绘有 1815 年 8 月 24 日颁布的国徽。国徽虽有所改变，但国徽旗上的图案没有变化。国徽是由巴托洛梅乌斯·约翰内斯·范霍夫（Bartholomeus Johannes van Hove，1790—1880）绘制的。

在部队，旌旗和徽章旗用于表彰非凡的功勋授予军事单位，称作“锦旗”。

长条旗

最后要讨论一下长条旗。

长条旗具有非常特殊的功能，原用于海上。在具体的场合下，是一面长条布，有时呈燕尾形，悬挂在主桅杆上。长条旗比普通旗子要狭长得多，末端要么是尖角，要么是燕尾形。

在陆地上，长条旗已演变成一种表达人们为谁而升旗的方式。在荷兰王国，为不让旗杆“空”立，会升挂一面细长的红、白、蓝三色长条旗。在与荷兰王室有关的特殊场合，比如王室生日，通常要把一面橙色长条旗挂于荷兰国旗上方（见第 63 页）。在王室治丧期间，王宫里要把黑色长条旗挂在皇家旗旁边（见第 76 页）。

图案与颜色

我们研究了世界上许多旗帜的演变，发现对应旗帜的不同部位有一个复杂的词汇体系。

下图标出了旗帜上可能存在的几个不同元素。

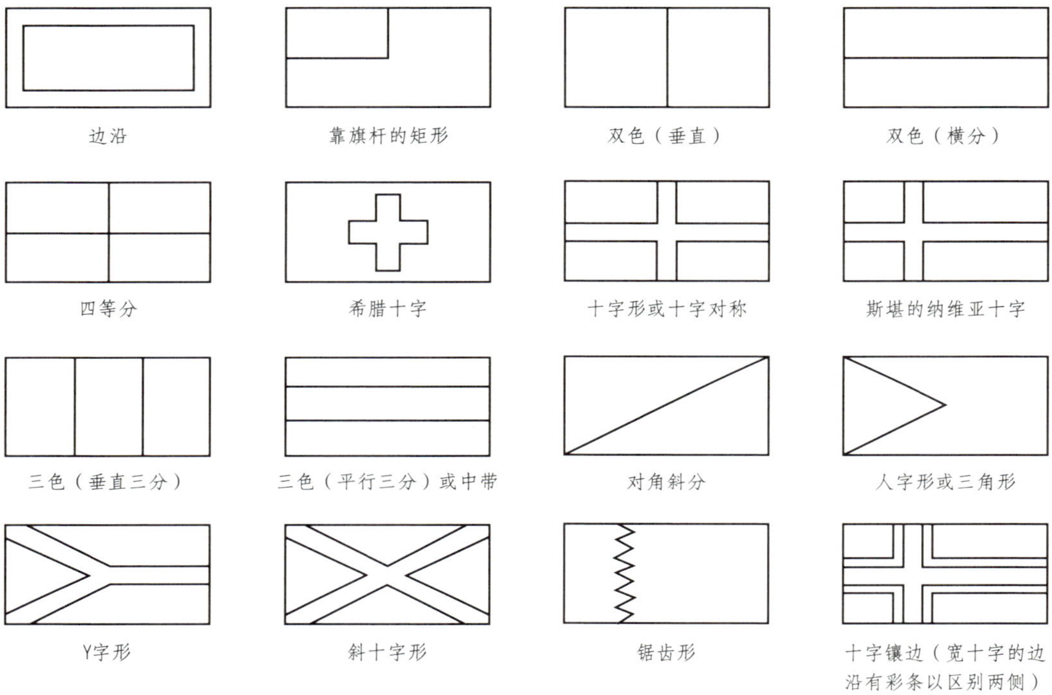

旗帜元素

德克威廉·菲瑟（Derkwillem Visser）在《荷兰的国旗》一书中是这样描述旗帜颜色的：

> 旗子上的颜色五彩缤纷，似乎是用来装饰的。事实上，这些颜色并不是为了美观，而是出于其他原因。这些原因可能关乎历史、象征或者政治。正因为如此，每个国家的国旗都源于其国民的历史和民族特性。有些国家的国旗颜色源自独立斗争的那段过往。然而，在西班牙、瑞士等国家，国旗的颜色显然取自其过去的徽章。在非洲，红、黄、绿之类的旗色代表该地区前殖民地的自由与统一。

下面讨论泛非、泛阿拉伯、泛斯拉夫的旗帜颜色。在这些地区，有几种特定的颜色被用作旗帜的首选色。

泛非旗帜采用红、黄、绿三色。这几种颜色来自埃塞俄比亚国旗。非殖民化时期，埃塞俄比亚激发了非洲殖民地获取独立的愿望，因为这个国家除被意大利短期占据外，从来就不是殖民地。因此，很多非洲国家的国旗采用了红、黄、绿三色。黑色有时也被视为泛非色系，在非洲那些肤色更深的人口占大多数的国家尤其如此。

埃塞俄比亚国旗

泛阿拉伯旗帜的颜色则偏好黑、红、白、绿等色。这些颜色通常用于阿拉伯国家的国旗上，可以追溯到1916年阿拉伯起义义旗，以及当时高举的其他阿拉伯旗帜。

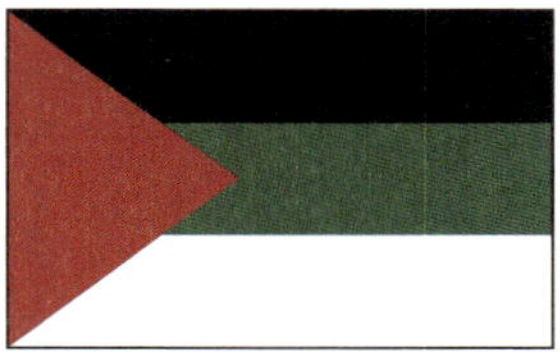

阿拉伯起义义旗

黑色和白色是先知穆罕默德（意为“和平降临在他身上”）的旗色。绿色是他最喜爱的颜色，代表伊斯兰信仰。在阿拉伯革命的旗帜上，颜色分别代表几个哈里发王朝，比如，阿巴斯（黑）、乌玛亚（白）、法蒂玛（绿）和哈希姆（红）。

以阿拉伯起义义旗为基础，阿拉伯解放运动的旗帜出现于1952年。红、白、黑三色旗自阿拉伯联合共和国成立以来被很多国家使用。

阿拉伯解放运动旗帜

埃及国旗

泛斯拉夫旗帜的颜色红、蓝、白用在大多数斯拉夫民族和国家的旗帜上。

捷克共和国国旗

对有些读者来说，可能会引出一个问题——荷兰国旗是什么时候开始使用红、白、蓝三色的呢?

D.G. 米勒（Muller）的研究表明，捷克国旗起源于维特尔斯巴赫家族的巴伐利亚公国治下的荷兰（1354—1433）。旗子的颜色来自荷兰伯爵的纹章，那是巴伐利亚公国与荷兰郡纹章的结合。

这个纹章最早由威廉五世（Willem V）使用，现在在南北荷兰省和泽兰省的硬币上还能见得到。

P.C. 盖约特（Guyot）的研究证明，1409—1410 年，荷兰伯爵的财务大臣为荷兰伯爵威廉六世购买了一件“含红、白、蓝三色的毛皮衬里无袖外套”。

因此可以说，那个时候红、白、蓝三色旗已经引入荷兰。然而，红、白、蓝三色旗也有可能来自奥兰治亲王徽章上的蓝色军号，军号的喇叭口是银色，喇叭嘴儿是红色。另外一种解释是，荷兰国旗以泽兰省旗为基础——金底或黄底上一头传统的红狮子浮出海面，大海由蓝白相间的波浪状条纹代表。荷兰独立战争期间，西班牙与尼德兰北部断断续续打了 80 年，荷兰海上丐军（主要是荷兰贵族加尔文教徒）使用了橙、白、蓝三色军旗。这面旗子成为荷兰抗争的象征，在占领布里勒之后得名亲王旗（prinsenvlag）。这个名字是为了向奥兰治亲王威廉（Prince William of Orange，1533—1584）致敬，他在战争中确定了海上丐军守护人的地位。最终，西班牙将主权还给尼德兰联省共和国，从而使旗子上的橙色演变成了红色。这背后可能有政治原因。最早确定使用红、白、蓝三色旗的时间可以追溯到 1596 年。

1810 年，尼德兰王国并入法兰西第一帝国，丢掉了主权和国旗。法兰西第一帝国的国旗叫做三色旗（drapeau tricolore），是第一面竖条三色国旗。

法国统治结束之后，荷兰重获主权，再立国旗。然而，直到 1937 年 2 月 19 日，三色国旗才完全确定下来，当时荷兰女王威廉米娜（HM Queen Wilhelmina of the Netherlands）颁布了史上最短的皇家法令："荷兰王国国旗颜色为红、白、蓝。"至今，荷兰国旗依然是三色，即明朱红、纯白和钴蓝。

红、白、蓝三色也用于其他国家的国旗，包括但不限于美国、卢森堡（与荷兰国旗相同，但蓝色部分较浅）、挪威、冰岛和英国，虽然颜色所象征的意义有所不同。

荷兰国旗

国旗颜色的象征意义

黄色	象征慷慨
白色	象征和平、平等和善行，但也象征服从
红色	象征坚韧、勇气、力量和刀剑
蓝色	象征警惕、真理、忠诚、忍耐和正义
绿色	象征希望、欢乐和爱，很多国家还赋予其宗教含义，也能象征土地
黑色	象征决心、斗争，通常反映了国家的民族构成

旗典

国旗应该受到尊重和敬畏。关于国旗如何升降、存放，是有传统可依的。正因为此，每个国家都自己的旗典。

旗典通常是政府制定的一部法律或一套政令，规定国旗正确的使用方法。这类典章指明必须以何种方式升旗、何时升旗、何人可以用旗、可以或必须使用何种样式的旗帜。旗典还会规定，当有区域旗、市政旗或外国国旗在旁时，国旗如何悬挂，以及在国丧期间国旗如何悬挂（通常是降半旗志哀）。

关于此类政令的规章制度，各国之间大不相同。其差别之大，以至于一个国家的要求到了另一个国家就可能行不通。此外，旗典的权威性也因国家而异。在有些国家，旗典只是对政府组织的建议，在其他国家则适用于每位居民。对违反旗典的处罚也有所不同：可能是不予处罚、小额罚款、监禁，甚或是判处死刑。

踩踏或焚烧敌国的国旗是一种具有政治象征意义的举动。

荷兰国旗法

荷兰国旗法由政府制定并在全国施行。国旗法明确了何时升旗、以何种方式升旗。

1980 年 12 月 22 日签发的首相令规定，政府办公大楼必须升挂荷兰国旗。要求个人、企业和机构尽可能遵守这些规定，但事实上并不是强制性的。这些政令修改过几次，最近一次是在 2013 年 5 月 17 日。国旗政令摘引如下：

> 悬挂荷兰国旗时，有普遍和限定之分。“普遍”是指所有办公大楼都要悬挂国旗，比如在国王节（Koningsdag）。“限定”是指只要求在政府各部及非属各部下辖的事业单位的主要建筑物上悬挂。这些部门是国会、国务院、审计院、国王内阁与国家最高委员会。

荷兰悬挂国旗的固定日期

下表列举了政府办公大楼必须升挂国旗的几个日期，分为两种情况。如果是“普遍性升挂”，则相关部门都应统一升挂；如果是“限定性升挂”，则只有核心部门需要升挂。如果这一天是星期天或广为接受的公休假日，则以括注中的日期为准悬挂国旗。在王室成员的生日和国王节上，国旗上方要挂橙色长条旗。

王室特殊成员指国家元首及其配偶、王位继承人（奥兰治王储或女王储）和前任国家元首，但不包括其他王室成员。因此，王位继承人阿马利娅公主（Princess Amalia）被列入这一名单，但她的姐妹亚历克西娅公主和阿里亚纳公主（Princesses Alexia and Ariane）不包括在内。

荷兰悬挂国旗的固定日期

1 月 31 日（2 月 1 日）	贝娅特丽克丝王太后（Princess Beatrix）生日——限定，同挂橙色长条旗
4 月 27 日（4 月 26 日）	国王日（Koningsdag）/ 威廉·亚历山大国王生日——普遍，同挂橙色长条旗
5 月 4 日（5 月 4 日）	全国阵亡将士纪念日——普遍，从 18：00 到日落（夏令时 21：10）降半旗
5 月 5 日（5 月 5 日）	民族解放日——普遍
5 月 17 日（5 月 18 日）	王后马克西玛（Queen Máxima）生日——限定，同挂橙色长条旗
6 月最后一个星期六	荷兰退伍军人节——普遍
8 月 15 日（8 月 16 日）	第二次世界大战正式结束——普遍
9 月第三个星期二	议会联席会议——普遍，仅限海牙
12 月 7 日（12 月 8 日）	阿马利娅公主生日——限定，同挂橙色长条旗
12 月 15 日（12 月 16 日）	王国日（Koninkrijksdag）——限定

荷兰国旗和橙色长条旗

国旗使用原则

前文提到过，国旗应该受到尊重和敬畏，因为旗帜代表国家、州、省、市、组织、公司，或者个人。

出于这些原因，国际上有几条原则：

★ 国旗要挂在旗杆上，或挂在房屋或大楼的小旗杆上。如有两根旗杆，则必须用从街道上看最左侧的那根旗杆升挂国旗。

★ 国旗应当始终有效升挂，不得触地。当旗子破损或褪色、不适宜使用时，应将其庄严地销毁，例如私下焚烧，或撕成、剪成不再与原旗相似的条状。

★ 通常，从日出到日落之间方可升挂旗帜。夜间也可以升挂，只要一直有适当的光照，最好是用聚光灯。

★ 国旗决不可用作装饰、桌布或者衣服。

★ 国旗上面不可签名，也不得有类似的东西。

★ 同时升挂不同国家的国旗时，每面旗子应当宽度相同（从上到下测量），都应挂在单独的旗杆上，升挂高度也应相同。

★ 根据国际交往礼仪，一面国旗高于同组的其他国旗（体育赛事的颁奖仪式除外）是不妥的。因为高挂的旗子会造成不必要的特权地位印象。

★ 组织机构的旗帜，譬如联合国旗，可以在联合国总部升挂于较高的位置，而且要位于所有国旗的中心。

★ 如果国旗与在礼仪原则中级别较低的联邦州旗、省旗、市旗等一并悬挂，国旗可升至较高的位置，并升挂在中间位置。

★ 多面国旗同挂，东道国国旗最先升起，最后降下，除非是所有国旗同时升降。

★ 在英国，通常国旗升挂要快速、有力，而降旗要更加正式。英国另外一个升旗传统是国旗卷起，再用一根绳子展开，这叫做“展旗”。这种礼仪常用于活动或重要客人的到访。

旗帜礼仪与旗帜顺序

升挂数面国际旗帜时，必须遵循旗帜礼仪，应按照适当的礼仪有次序地升挂，从街上看去必须醒目。

我们再来更细致地探讨一下。当数面旗帜共同升挂时，基本规则是什么呢？首先，必须根据礼仪原则，确定多种旗帜以何种顺序升挂。该种顺序的优先原则是什么？

很多国家都采用以下旗帜次序：

★ 国旗

★ 外国国旗

★ 省旗

★ 市旗

★ 组织机构旗（在有些国家，联合国旗或欧盟盟旗排于外国国旗之后）

★ 公司旗

★ 军旗，如四星上将旗

★ 个人旗帜（皇家个人旗或军旗）

★ 其他旗帜

皇家个人旗 / 军旗要么与其他旗帜分开升挂，要么只能与国旗一并升挂，并置于次要位置。在英国，英王或英女王的皇家个人旗可以例外，它可以始终享有优于国旗的位置。此外，英国的旗帜次序是，国旗居先，英格兰、苏格兰和威尔士的旗帜次之。

在英国，联合国旗和欧盟盟旗排在所有外国国旗之后。不同的是，其他欧洲国家把这两面旗帜置于市旗后面。

外国国旗的次序是怎样的呢？大多数国家采用字母表顺序。显然，说法语的国家采用法语字母顺序。英国、美国以及其他许多国家都采用英语字母顺序。然而，在中东，海湾阿拉伯国家合作委员会（简称“海合会”）采用阿拉伯语字母顺序，俄罗斯联邦则使用俄语字母顺序。在欧盟，字母顺序通常由各国的本国语言名称确定。比如，荷兰是用“Nederland”的“N”排序，芬兰用“Suomi”的“S”，希腊则是用“Hellas”的“H”。

国际组织通常选用英语字母顺序。这样做有一个缺点，尽管所有国家一律平等，但有些国家的旗帜总是优先升挂。为解决这个问题，联合国采用的方法是，每年首先升挂一个不同国家的国旗，由抽签决定。第一面旗帜升起后，其他国家的旗帜逐次依英语字母顺序升起。有些国际组织则以某个周期（例如每周或每月）轮换旗帜顺序。

国际组织也有可能按照以下原则确定旗帜顺序：

★ 加入该组织的日期（如阿拉伯联盟）。

★ 批准日期（但也存在例外，例如海牙国际刑事法院采用英语字母顺序排列各国国旗，以批准日期排列会议的优先顺序）。

在奥运会上，各个旗帜以奥林匹克会旗居首，其次是希腊国旗，接下来是其他所有参赛国旗帜，以主办国语言的字母顺序排列。主办国旗帜排在最后。

在国际组织总部，也可以首先升挂该组织的旗帜。按照惯例，成员旗阵以组织旗帜起首，也以该组织旗帜结尾。比如，位于布鲁塞尔的欧盟总部就采用这种方法。

在联合国，联合国旗位于旗阵中间，升挂在最高的旗杆上。很多国际组织都使用这种升挂旗帜的方式。

旗帜礼仪的应用

既然按照礼仪原则已经确定了升挂旗帜的方式，剩下的问题就是如何实施这个原则。最重要的旗帜位置在哪里，尊贵的位置又在哪里呢?

两面旗帜

同时升挂两面旗帜时，原则上，尊贵的位置是从建筑物向外看的右侧，从街道角度看的左侧。大多数国家会把尊贵的位置赋予本国国旗。美国法律对此作了明文规定。从建筑物向外看，第二面旗帜在美国国旗的左侧。这面旗帜可以是外国国旗，或者是一个组织的旗帜，比如美洲国家组织。

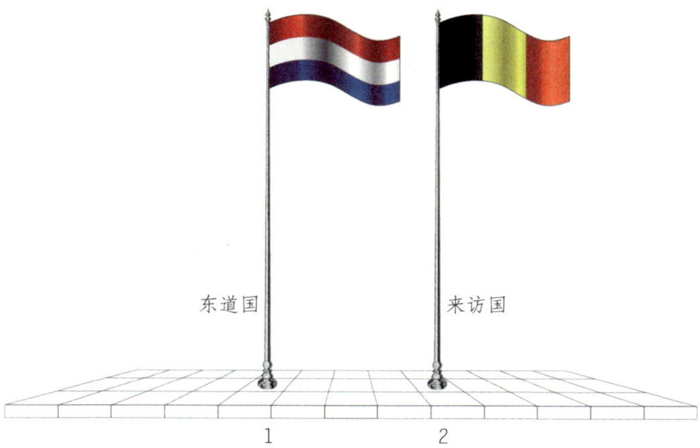

东道国荷兰的国旗与来访国比利时的国旗（街道视角）

有些情况下，国际上并不总是遵循这一原则。在摄影留念的场合下，贵宾通常要在主人的右侧，国旗往往也要这样升挂。

另一种选择是，两位政要的身后要放置两组国旗。这种情况下，仍有可能把国旗竖立在尊贵的位置上（从媒体角度看是左侧）。拍照时，从镜头的角度看，双方政要站在本国国旗前方。在美国是这样履行的，很多国家也是这样。

两组国旗（媒体图片）

大多数欧盟国家把欧盟盟旗挂在第二个位置上——从街道上望去是国旗的右侧。

荷兰国旗和欧盟盟旗（街道视角）

然而近年来，这种情况有所变化。现在法德两国把欧盟盟旗升挂在从大街上看是左侧、从建筑向外看是右侧的尊贵位置上。

在多数中东国家，尊贵的位置要赋予来访国。在下图中，东道国国旗（阿拉伯联合酋长国）挂在来访国国旗（加拿大）左侧，从街道的视角来看则是右侧。

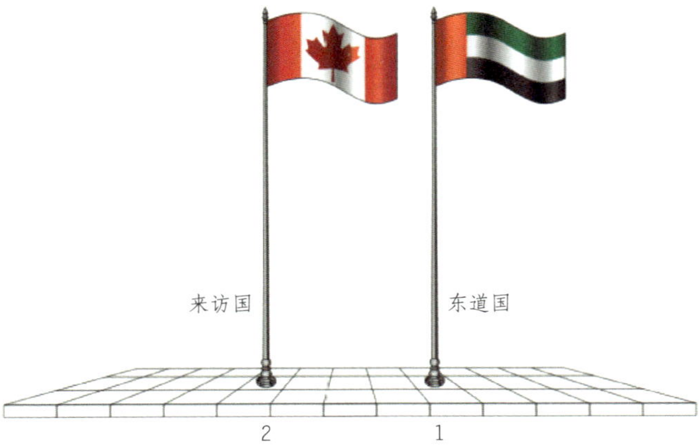

来访国加拿大国旗和东道国阿拉伯联合酋长国国旗（街道视角）

这种做法还可以深入讨论。它向来访国表达了更多的尊重，遵循了座次安排上表示尊重的原则，即贵宾总是靠右侧就座。

两面旗帜交叉升挂时，最重要的旗帜（即东道国西班牙国旗）置于观察者视角的左侧，第二面旗帜（来访国葡萄牙国旗）在右侧。最重要的国旗旗杆也要放在其他旗杆的上面。

二旗交叉：西班牙与葡萄牙国旗（观察者视角）

三面旗帜

升挂三面旗帜时，本国国旗（旗帜 1）挂在正中间的旗杆上。遵照礼仪原则，第二面旗帜挂在国旗右侧（从建筑物向外观看），第三面旗帜在左侧。以街道的视角望去，旗帜 2（比利时国旗）在左侧，旗帜 1（荷兰国旗）在中间，旗帜 3（西班牙国旗）在右侧。

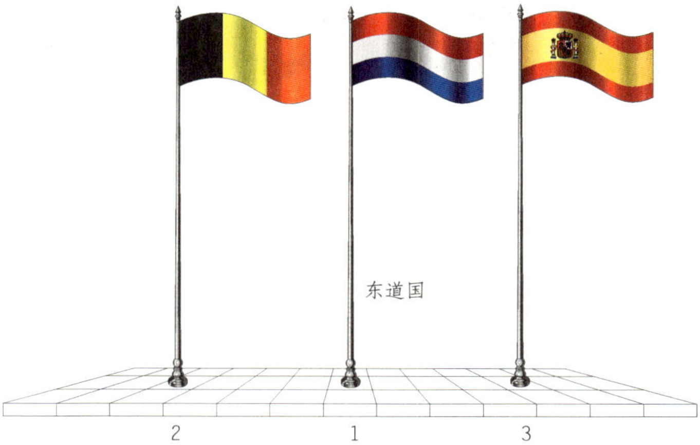

三面旗帜：东道国荷兰国旗，第二是比利时国旗，第三是西班牙国旗（街道视角）

英美等国采用另一种礼仪原则。图中，从建筑物的视角向外看，东道国国旗（旗帜 1）在右侧升挂（用美国礼仪原则的话说：从国旗的角度看，居右），随之是左侧的旗帜 2 居第一位（法国国旗），接着是旗帜 3（德国国旗）。从街道的角度来看，那么，美国国旗在左侧，旗帜 2（法国国旗）在右侧，旗帜 3（德国国旗）随之。

第二、三面旗帜也可以是其他类型的旗帜，比如省旗、市旗，或宾馆的旗帜。

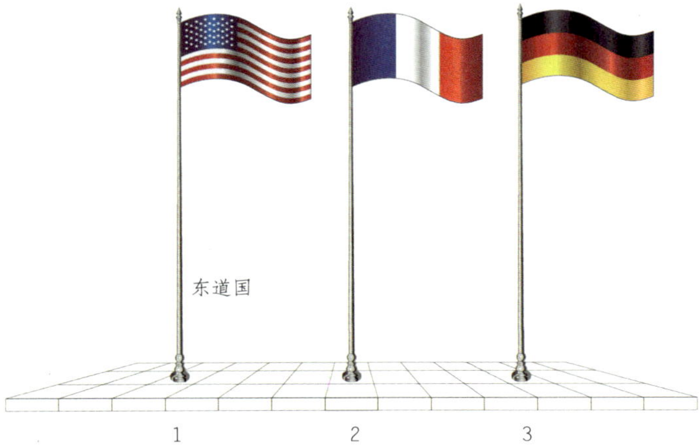

三面旗帜：东道国美国国旗，法、德国旗随后（街道视角）

升挂多于三面且为奇数的旗帜

当有多于三面且为奇数的旗帜共同升挂时，本国国旗应位于中心位置。其他旗帜要按礼仪原则规定的顺序，起于从建筑物视角来看的国旗右侧，然后是左侧，再次右侧、左侧，以此类推。

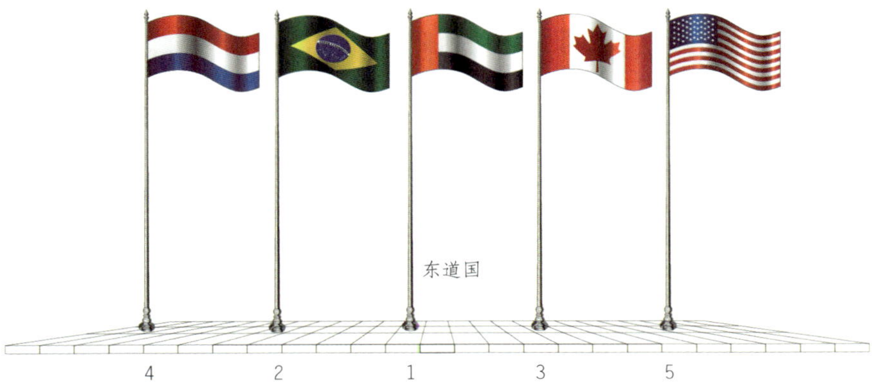

多于三面且为奇数的旗帜共同升挂，东道国阿联酋国旗居中，其他国旗以字母顺序左右交替安排（街道视角）

以街道视角来看，旗帜 2（巴西国旗）在阿联酋国旗左侧，旗帜 3（加拿大国旗）在右侧。旗帜 4（荷兰国旗）在旗帜 2 左侧，旗帜 5（美国国旗）在旗帜 3 右侧。

有时，在英美等国，旗帜次序以本国国旗升挂于最右侧旗杆（从建筑物的视角来看）为始，依照礼仪原则依序排列。这种做法在其他东道国也会遵从。见下图。

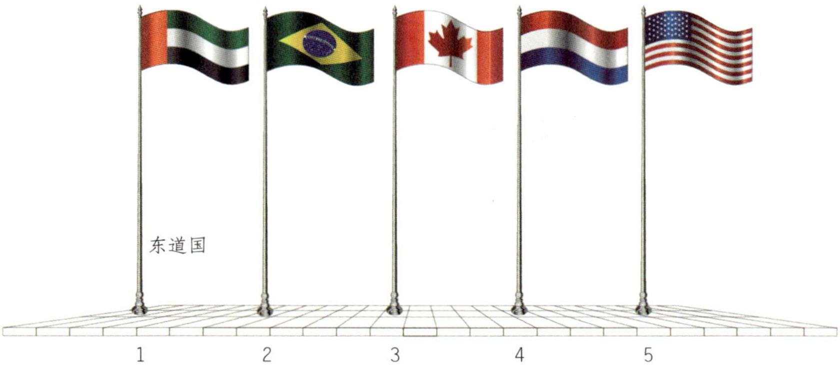

多于三面且为奇数的旗帜共同升挂，东道国阿联酋国旗起首，其他国旗以字母顺序依次排列（街道视角）

在美国，国旗与各州旗同时升挂时，国旗居正中，升于最高位置。各州旗依照礼仪规定的顺序，以该州成立或批准宪法的日期先后为准。

升挂多于三面且为偶数的旗帜

有多于三面且为偶数的旗帜同时升挂时，一般来讲，本国国旗从建筑物的角度看是升挂于右外侧，从街道的角度看在左外侧。其他国（德国、意大利和挪威）的国旗依照礼仪原则的顺序紧随本国国旗之后。前文说过，当旗帜数量为奇数时，英美等国也愿意采用这种升挂国旗的方法。

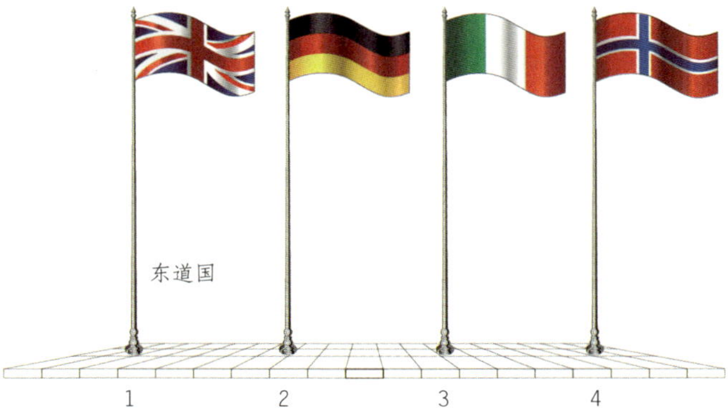

升挂多于三面且为偶数的旗帜时，东道国英国国旗起首，其他国旗以字母顺序依次排列（街道视角）

在建筑物前庭广场与正门形成一定角度悬挂两面以上的旗帜

在建筑物前庭广场升挂两面以上的旗帜，并且与正门形成一定角度时，本国国旗应挂于正门左首最外侧或正门右首最内侧的旗杆上。

在建筑物前庭广场左侧与正门形成一定角度悬挂两面以上的旗帜（街道视角）

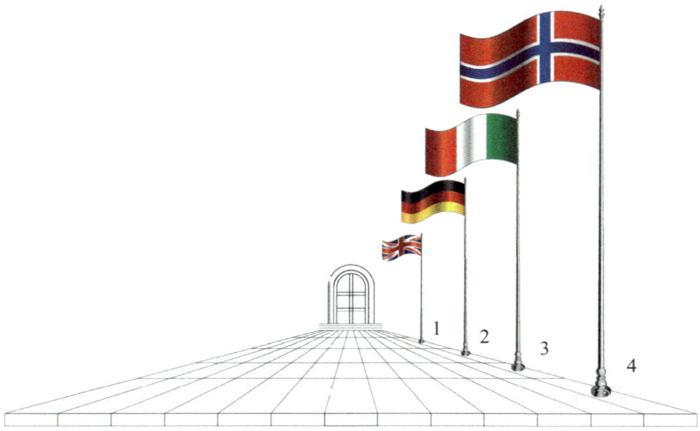

在建筑物前庭广场右侧与正门形成一定角度悬挂两面以上的旗帜（街道视角）

如果仅一面旗帜要升挂而有两根旗杆，则应挂于从街道视角来看的左侧。如有两根以上的旗杆，则应尽可能在靠近中间的旗杆上升挂。这只适用于其他旗杆上没有旗帜的情况。

如果有一根旗杆高于其他旗杆，在其他旗杆没挂国旗的情况下，本国国旗可挂在此处。其他旗杆还可以用于级别较低的旗帜，比如县旗和市旗。或者，高旗杆可以空着，当作不存在，只用其余的旗杆。一般来说，竖立旗杆时最好保持同样的高度，以避免出现礼仪问题。

半圆形旗阵

当多个外国国旗以半圆形队列升挂时，本国国旗必须挂在中间位置。从街道视角来看，其余旗帜中第一重要的（如果所有国旗同等重要，以字母表顺序排第一位的）应挂在中间旗帜的左侧，第二重要的在中间旗帜的右侧，下一个则又在左侧，以此类推。

半圆形旗阵（街道视角）

圆形旗阵

当各国旗帜以圆形列队升挂，诸如围绕体育场升挂时，东道国国旗要悬挂于正对正门入口的旗杆上；在没有正门入口的情况下，要在皇家 / 贵宾席的上方悬挂。其他国家的旗帜要按照前文所述半圆旗阵的方式，以礼仪原则所规定的顺序排列，或者按字母顺序顺时针排列。

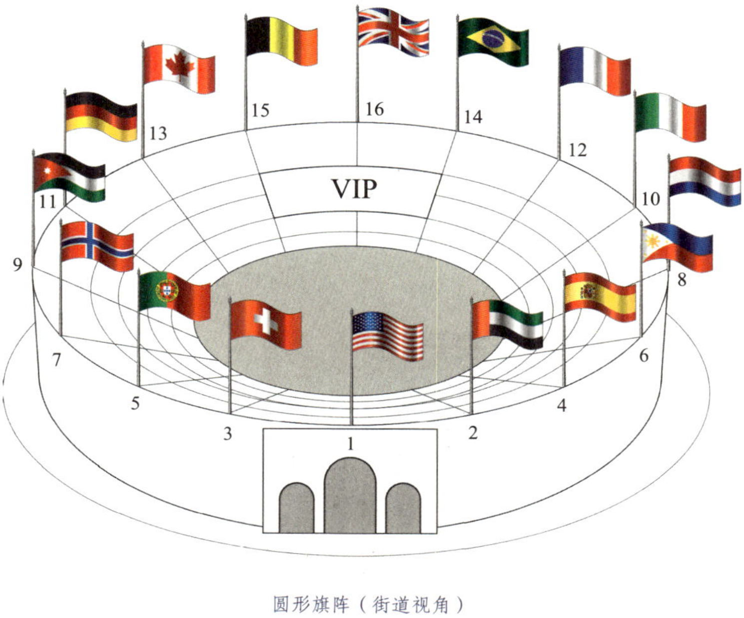

圆形旗阵（街道视角）

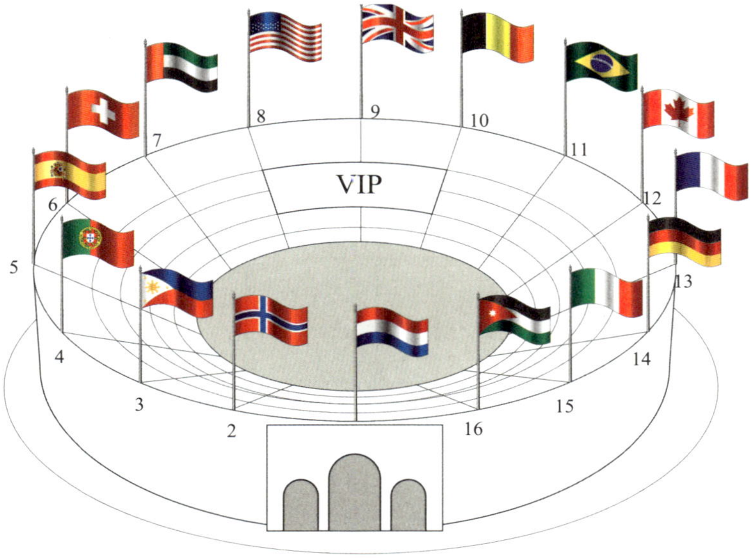

圆形旗阵，按字母顺序顺时针排列（街道视角）

行进队列或游行队伍中的旗帜

最重要的旗帜在队列中居于第一的位置，其他旗帜以礼宾顺序紧随其后。在有很多面旗帜升挂、持旗手并列行走的情况下，最重要的一面旗子排在队列的最外右侧。在由国家元首或其他高级政要检阅的游行队列中，国旗要在政要及其他显赫人士面前水平摊开，再护送到正常的位置。在奥运会开幕式上，游行队伍中的持旗手按主办国语言的字母顺序带领本国的奥林匹克代表团入场。依照传统，游行队伍总是由希腊起首、东道国收尾。

旗帜垂直挂在墙上

旗帜也能垂直挂在墙上。例如，荷兰国旗垂直挂在墙上，由室内向墙上看去，红色部分在左侧，蓝色部分在右侧。至于美国国旗："星区在最上面，以旗子的视角看，在右上角；以观察者的视角看，在旗子的左上角。"星区象征联邦。

美国国旗垂挂在墙上

对于英国国旗："如果水平展开或垂直升挂，最上面的宽白色对角线在左侧。悬挂其他英联邦成员国旗（比如澳大利亚国旗）时，应将旗帜上的英国国旗图案置于左上角。"

英国国旗垂挂在墙上

有些国旗，比如沙特阿拉伯国旗，不得垂直挂在墙上，因为国旗上的符号有宗教性质。沙特阿拉伯国旗上写有清真言（Shahada）："万物非主，唯有真主，穆罕默德是安拉的使者。"

发言讲台上的旗帜

在讲台旁有多面国旗升挂的情况下，发言者本国国旗应该悬挂于发言者的右侧，从观众的角度来看是左侧。第二面国旗应该悬挂于发言者的左侧，或者发言者右侧发言者本国国旗的左侧。这样，观众看过去发言者国旗在其左侧，第二面国旗在该旗的右侧。如有三面旗帜，发言者国旗挂在发言者的右侧，其余两面旗帜在左侧，或者所有旗帜都可挂在发言者背后的中间位置。三面旗帜有两种不同的挂法。第一，发言者国旗在中间，第二面旗帜在右侧（观众看来是左侧），第三面旗帜在左侧（观众看来是右侧）；另一种方法是英美做法，发言人国旗在右侧（观众看来是左侧），其他旗帜按照礼仪原则在该国旗左侧（观众看来是右侧）依序挂起。

发言讲台上的旗帜，例 1（观众席视角）

发言讲台上的旗帜，例 2（观众席视角）

一杆双旗

有时也出现只有一个旗杆可用的情况。若两面旗帜来自同一个国家，则可以在同一根旗杆上悬挂。国旗应挂在顶部，间隔 30 厘米，再挂第二面旗帜，比如联邦州旗或市旗。

葬礼或典礼上的旗帜

在葬礼或国丧上，棺材上常常要覆盖国旗。英美两国的礼仪原则是国旗放在逝者左肩一侧的左上角。这种做法背离了旗帜垂挂在墙上的原则。然而，荷兰的礼仪原则是将国旗的红色条纹置于逝者的右肩上方，白色条纹置于胸部上方，蓝色条纹置于左肩上方。这样就遵循了垂直升挂国旗的做法，从旁观者的角度来看，就是红色在左侧。

悼念仪式、火葬、土葬结束时，通常要将旗帜从棺材上取下，并立即以适当的方式折起来。在美国，取下后应将国旗递交给逝者深爱的人。

汽车、公交车或飞机上的国旗或标识旗

下面解释一下如何在汽车、飞机和公共汽车上使用皇室旗、总统旗、国旗或标识旗。在汽车上，旗帜通常应置于要人或贵宾就座的那一侧：左行交通的，置于车身左侧；右行交通的，置于车身右侧。在两位国家元首并坐于车内的情况下，客人的旗帜通常置于贵宾所在的座位那一侧。东道主的国旗在另一侧，即右行交通的左侧。不同于这个原则的是美国国旗和俄联邦旗，通常要置于汽车右侧。

美国总统独自出访时，国旗在汽车的右侧，总统标识旗在左侧。

在英国，旗杆一般安装在汽车顶的前中部。

美国总统座驾，上挂美国国旗与总统旗

英国女王伊丽莎白二世座驾，车顶挂有皇家徽章旗

两位国家元首乘大型汽车出行，来访国国家元首的个人旗或标识旗在车身右侧，东道国国家元首的旗帜在左侧。如果有多于两位国家元首乘车出行，车身不挂任何旗帜。

如果国家元首乘飞机到访，其个人旗帜或标识旗在飞机降落后置于驾驶舱左舷窗醒目的位置，即乘客下机的那一侧。

英国女王伊丽莎白二世的皇家徽章旗置于驾驶舱左舷窗

美国总统专机“空军一号”在机尾左侧饰有美国国旗，另一侧相同。总统直升机“海军一号”的情况一样。

降半旗

如果国旗没有升至旗杆顶，而是大致在旗杆的中间到三分之二处悬挂，就叫做“降半旗”，表示哀悼，象征着逝者无形的旗帜飘扬在国旗上方。皇家徽章旗不能挂半旗。在荷兰，黑色长条旗与徽章旗同挂以示哀悼。

荷兰前女王贝娅特丽克丝的皇家徽章旗与黑色长条旗同挂

1997 年，戴安娜王妃去世后，这一做法在英国引发了一场辩论。英女王伊丽莎白二世坚持皇家徽章旗不降半旗，遭到很多英国人的批评。女王当时住在苏格兰的巴尔莫勒尔城堡（Balmoral Castle），白金汉宫没有升挂任何旗帜，因此没有任何哀悼的迹象。皇家徽章旗在巴尔莫勒尔城堡升至杆顶，但作为一种妥协，在英国民众和（国际）媒体的抗议下，经与政府磋商，最终白金汉宫升挂英国国旗并降至半旗，直至葬礼结束。

皇家徽章旗从不降半旗。任何“个人”纹章旗帜都不适于降半旗。依照徽章法，通常情况下，授予私人的徽章在徽章持有人死亡时可以传给继承人。因此，徽章和旗子、旌旗或徽章旗上的图案将直接传给逝者的继承人。

对于国际组织的旗帜，降半旗也有特殊的规定。一般情况下，只有该组织的旗帜降半旗，而周围的其他旗帜则被取下。比如在联合国，如果一位国家元首逝世，联合国旗从日出到日落都要降半旗，此间所有成员国国旗在这一天都要取下移走。如果当天旗帜已经升挂，这一程序将于翌日执行。

在极端情况下，如极端天气或自然灾害，也可以选择在葬礼或出殡的当天执行降半旗仪式。

沙特阿拉伯的国旗绝不可降半旗志哀，因为国旗上的符号有宗教性质。

在联合纪念活动上，所有参与国的国旗均可降半旗。

国旗降半旗应按下列规定执行：

★ 国旗首先应升至旗杆顶端，再降至旗杆的大约中间至2/3处，然后固定国旗。
★ 降国旗时，应先升至旗杆顶端，再降下。

在荷兰，三色国旗降半旗应符合下列情况：

★ 哀悼皇室成员逝世，在其逝世日和葬礼日之间降半旗，星期天除外。
★ 国家纪念日，比如5月4日（即全国阵亡将士纪念日，为缅怀受难于战争与和平使命的人而设）。对于这类纪念日里国旗降半旗的时段，有特别的规定：在全国阵亡将士纪念日，国旗降半旗可以直至日落（5月4日通常是在21：10），并且在18：00后才可升挂出来。
★ 首相在特殊的日子（比如国家哀悼日）发布命令。

轶闻趣事

提几件趣事：

★ 丹麦国旗是至今仍在使用的最古老的国旗。其图案出现在1397年的一枚图章上。据传说，丹麦人在1219年的林达尼塞（Lyndanisse）战役中首次使月了这面旗帜。丹麦在爱沙尼亚的战场上不断失败，祷告之后，一面旗子从天而降。尔后，丹麦国王瓦尔德马尔二世（Valdemar II）击败了爱沙尼亚。这面旗帜第一次有文字记载的使用是在一百年之后。
  这种十字架图案代表基督教，随后也被其他北欧国家采用。
★ 在匈牙利的全国哀悼日，国旗降半旗，旁边的公共建筑上升挂黑旗。
★ 世界上最高的旗杆位于沙特阿拉伯的吉达市，高达171米。
★ 世界上最大的旗帜在卡塔尔，面积达10.1万平方米。2013年12月18日，在阿联酋国庆日上，这面由白栗两色组成的旗帜升起于多哈以北的工业区卢塞尔。
★ 此前，世界上最大的旗帜是巴西国旗，在巴西利亚升起，面积为3 380平方米。这面旗帜自1960年以来一直飘扬至今。
★ 自20世纪70年代以来，荷兰出现了一个新传统，即在家门外悬挂国旗和背包，表示孩子已完成中学学业——他们已通过期末考试，可以开始下一个阶段的学习或工作了。显然，这是告诉邻居这户人家的孩子已通过考试，并邀请邻居前来祝贺。荷兰人的俗语“以国旗和奖旗完成学业”就是源自这一传统。

荷兰国旗和背包

简述欧洲议会的礼仪

弗朗索瓦·布鲁纳格尔先生，欧洲议会前礼仪负责人

弗朗索瓦·约瑟夫·布鲁纳格尔（François Joseph Brunagel），生于法国斯特拉斯堡市，现为驻欧洲委员会大使、马耳他骑士团代表。1972年，他开始在经济及社会委员会担任欧洲官员，担任秘书长办公厅主任的副手。1984年，因曾任各种利益集团的秘书而就职为欧洲议会议长皮埃尔·弗林姆兰（Pierre Pflimlin）的发言人。1987年，任欧洲议会议长、普拉姆勋爵（Lord Plumb）的顾问；1989年，任出版和活动部负责人；2001年，受命为欧洲议会议长妮科尔·方丹夫人（Mrs Nicole Fontaine）的内阁部长，随后于2004年被任命为礼宾部负责人，直到2014年退休。他还获得过下列国家荣誉：法国荣誉军团勋章、法国国家功勋军官勋位、欧洲功勋基金会（卢森堡）金质奖章和指挥官级圣格列高利大帝勋章。

像所有公共机构一样，欧洲联盟有一套发展演变多年的礼仪。随着欧盟下属的新机构不断创立，其能力和地位各有变化，欧盟在世界上的整体地位也变得至关重要。

1972年年底，我入职于欧盟前身——欧洲经济共同体（European Economic Community），当时只有六个成员国，即所谓的“创始六国”。当时，唯一有声望的机构是欧盟委员会，类似于政府构想。其他机构不算是常设机构：理事会召集各成员国部长；议事大会则召集各国议会的代表，还不足以称作“议会”。

在43年之后、2014年年底我离开该组织时，欧盟已有28个成员国，创建了几个新机构，像欧洲审计院（1977）、欧洲中央银行（1998）、欧洲理事会（国家元首与政府首脑参加的会议)(2009)。最重要的是欧洲议会，自 1979 年直选以来，它与欧盟理事会在立法、预算等各个层面发挥职能，此外还执掌行政管理的职能。2014 年，欧洲人民党候选人容克赢得欧洲大选，由欧洲议会选为欧盟委员会主席，至今在任。欧洲议会成为欧洲政坛的重要角色，是各机构中的关键因素。

在此工作的四十年间，尤其是担任欧洲议会官员的后三十年间，我有幸获得了令人神往的经历。事实上，自从任职于各部门，或者说负责交流沟通工作以来，我从未远离过礼仪事务，所有工作都与迎送各类人物或组织各类仪式和活动相关。比如，1973 年，我作为欧洲议会办公厅的一员，负责筹备欧洲经济和社会委员会创立 15 周年活动。1985 年，在当选为欧洲议会主席的法国前总理皮埃尔·弗林姆兰的办公厅里，我参与接待了美国前总统罗纳德·里根的正式访问，还接待了很多其他国家元首。1988 年，教皇约翰·保罗二世(Pope John Paul II)正式访问欧洲议会，来到法国的斯特拉斯堡。由于我是普拉姆勋爵办公厅唯一的法国人，也是唯一的天主教教徒，便负责了接待访问筹备工作，联系法国政要和当地天主教会。这项任务非常有挑战性，给我留下了深刻的印象。

一旦你完成过一项艰巨的任务，便会经常受命应对其他的挑战。接待巴勒斯坦领导人亚瑟·阿拉法特(Yasser Arafat)就是这样的情况：阿拉法特在 20 世纪 80 年代被视为危险的恐怖分子。他曾接受欧洲议会社会党邀请，访问斯特拉斯堡。后来，我再次领命，代表欧洲议会议长办公室担任法国政要联络官，不得不考虑采取重大的安全措施。多年之后，我担任法籍欧洲议会议长妮科尔·方丹夫人的办公厅主任时，我们接待了亚瑟·阿拉法特以巴勒斯坦权力机构主席身份的访问，还授予他特属国家元首的荣誉……政治真是充满相对而言的事啊!

丰富的阅历可能是 2004 年授命我为欧洲议会礼仪负责人的根源。正式上任时，我接受了“火的洗礼”，2004 年 5 月，筹备接受东欧和中欧十个新成员国的欢迎仪式。在斯特拉斯堡的欧洲议会上，很少有这么多贵宾共同出席：各国议会议长、部长、各欧盟机构主席。感谢上帝，天气很好，仪式可以在议会大楼前的广场上举行。在仪式的高潮部分，欧盟部队合唱队高唱欧盟盟歌，仪仗队手持即将加入欧盟的十个成员国的国旗，列队行进于其他成员国国旗周围，等待与欧盟会旗一道升起。

2004 年，欧盟礼宾部门配备了一位管理人员和六位助理；所有同事都具有丰富的经验。我离职时，团队已有 20 人。礼仪服务涉及的范围很广，包括筹备和接待应受礼宾待遇的客人的访问、筹备和接待应邀出席欧洲议会全体会议的国家元首的正式访问、筹备和接待议会间代表团的访问、礼品管理、组织仪式和纪念活动、筹备和陪同欧洲议会主席外访，等等。

欧洲议会礼仪是以惯例和一些规则为基础的，最初是以几个成员国（尤其是其议会）的礼仪惯例为基础。在六个创始成员国中，有三个王国（比利时、卢森堡和荷兰）和三个共和国（法国、德国和意大利）。它们都有强大的礼仪传统，可以界定为皇家传统和拉丁传统。其大部分礼仪已被取代，比如招待人员要身穿配有金链或银链的燕尾服，戴白手套。有的礼仪必须放弃，比如议会议长进入议院的队列要佩饰军事勋章，因为欧盟不设武装警卫！

在内部，优先权原则主要是依据选举情况。例如，14 位欧议会副议长的排序要按照选举得票数的多少决定，在票数相同的情况下，优先权要给年长者。跟很多国家的议会不一样，在欧洲议会里，资深官员没有任何优先权，每届任期都视为议会的一个新开端。

当然，一个重要的问题是机构间关系的礼仪。欧洲议会议长、欧洲理事会主席和欧盟委员会主席之间遵从怎样的优先次序？在任何一个国家，按照国家规定，国家元首都会排第一位，其次是议会议长或总理。欧盟成员国一致同意，确定优先权的法律基础是《里斯本条约》第 9 条，各机构排列如下：欧洲议会、欧洲理事会、欧盟理事会、欧盟委员会、欧盟法院、欧洲中央银行、审计法院。没人会称这种操作很容易，因为所有这些政要都代表着自以为最重要的机构。有趣的是，在国际交往礼仪中，习俗的差异大有用处。我们举一个事例吧。两个强势的人物聚在一起，他们的随行人员都认为自己的上司应有优先权。英德传统礼仪认为，最重要的人应首先发言；而拉丁－罗马传统正相反，最重要的人最后发言。恰好使我得以结合这两种礼仪，让每位发言人都能感受到自己的重要性，一位要先发言，另一位正好要后发言！

应该注意的是，这种优先次序只有在欧盟“内部”才能奏效。“对外”时，在非欧盟成员国中，按照条约，优先权赋予欧洲理事会主席；对某些职能而言，优先权则归欧盟委员会主席所有。有时欧洲议会议长、欧洲理事会主席和欧盟委员会主席会共同出席某一场合。2012 年 12 月 10 日，奥斯陆诺贝尔和平奖颁发仪式上首次出现了这种现象，这时礼仪原则就派上了用场。三人都站在主席台上，由挪威诺贝尔奖委员会主席把他们总称为“各位尊敬的欧盟主席”，却只有欧洲理事会和欧盟委员会主席代表欧盟登台发言。法律条文最无情，欧洲议会主席接受了这个游戏规则。

随着时间的推移，国际范围内都接受这一点：这种“三位一体”的做法可在重大场合上“对外”代表欧盟。2013 年 3 月 19 日，在梵蒂冈教皇方济各的登基典礼上，欧盟获得了三个席位。

显然，《里斯本条约》提供了明确有益的规定，我与来自欧洲理事会和欧盟委员会的同行得以非常平和地应对这些特殊的场合，而且……还成了朋友。

欧洲议会的礼宾工作必须展现出专业品质。行政部门里很多从事礼宾服务的同行对此都有过疑虑：议会里的事往往是不可预测的，况且，如果这还是在欧洲……他们认为情况会更加糟糕！国家元首或政府首脑受欧洲议会所邀一次又一次访问，在此过程中，我们展现了施行专业礼仪服务的能力。一般情况下，先遣队到访后，便让大家鼓足信心，吃下定心丸。

事实上，筹备和管理受邀在欧洲议会全会上发言的国家元首的访问，是欧洲议会礼仪服务最令人兴奋的任务之一。我有幸招待过几乎所有欧盟成员国的国家元首，他们通常在本国担任欧盟轮值主席国期间都会正式访问欧洲议会。但是，非欧盟国家元首也会定期选择欧洲议会通过其选定的代表向欧洲传递信息。欧洲议会为此感到非常自豪，而且以重大礼仪的形式对待以下各种访问：机场正式欢迎仪式、送往欧洲议会场所的车队、警察护送、升国旗奏国歌的欢迎仪式、与总统的双边会谈、正式会议和公开演讲、新闻发布会、正式午餐……十年来，我作为礼仪服务部门的负责人，迎接了大约 55 位国家元首，包括荷兰女王贝娅特丽克丝、卡塔尔国埃米尔谢赫·哈迈德·本·哈利法·阿勒萨尼、联合国秘书长潘基文、中国国家主席习近平，最后在 2014 年 11 月，接待了梵蒂冈教皇方济各。我也迎接和陪同过很多位政府首脑，比如安吉拉·默克尔夫人，或者其他要人，比如查尔斯王子和希拉里·克林顿夫人。在不同场合下，必须灵活调整礼仪原则，给予来访客人最高品质的礼遇，以服务于机构的形象，即欧盟的形象。

在欧洲层面上，礼仪在某些方面尚待建设，这一点或许比在国家层面上更为明显。但是，与所有礼仪服务一样，必须把礼貌和礼节中的优良传统与国际关系的现代性、快速性和频发性结合起来，既要追求效率，又要保证质量，还必须处理好与安全服务部门和媒体的关系。随着在公共活动中扮演日益重要的角色，礼仪服务比以往任何时候都更需要专业技能和创造性。

在这个意义上，我相信礼仪不是一项普普通通的工作，而是一门艺术。

第五章

活动邀请与着装礼仪

The Mayor of The Hague
has the honour to invite you
to a reception on the occasion of the
the Organisation for
Invitation
VREDE DOOR RECHT
INHULDIGING
VREDESPALEIS
1913

邀请函

邀请函的历史与简介

卡蓬博士（Dr Carbone）在2004年著有一篇文章，介绍了社交邀请函的长远历史。

> 英法两国贵族在社交活动中使用邀请函，最早或可追溯至18世纪初。从那时再往前一二百年左右，或许就是邀请函传统的起源时代。国王、王后、勋爵、勋爵夫人、公爵、公爵夫人——或者用今天的话来说，那些“上流人士”——会邀请他们的朋友参加社交活动，并手写活动通知。当时，这类通知会由他们的妻子、管家或秘书执笔。书面写作能力代表着他们的受教育程度。即便是在印刷机普及后，贵族们还是会亲手书写邀请函，因为他们认为“大规模生产”会降低格调。
>
> 尽管印刷机早在13世纪就在欧洲出现，但直到20世纪初，才出现打印的社交邀请函。当时，一些对工业化着迷的精英人士开始批量印制邀请函，不过或许只是追求新潮，也或许只是另类的炫富形式。
>
> 而打印版邀请函真正开始投入商业生产，则始于“二战”后的美国。民主制度与工业化结合的一大特点，就是让普通民众也得以模仿社会精英的生活方式与物质用度。几乎同时，埃米·范德比尔特（Amy Vanderbilt）与埃米莉·波斯特（Emily Post）站了出来，从礼仪角度提出要纠正人们社交邀请函的乱用。第一次应用印刷邀请函的大型活动，大概由那些富有的工业家主办，他们都希望能从印刷这种“新技术”中获利。
>
> 当你我这样的普通人都能买得起打印版邀请函，社会精英人士便开始感觉自己需要远离这种低端货了。他们选择把邀请函“刻”下来。雕版邀请函还有另外一个好处：这种形式可以体现出亲手制作的感觉，因为雕版需要手工雕制。雕版邀请函，顾名思义，是需要一位工匠使用刻刀，把邀请函“手工”刻制到雕版上。直到今天，最高级的邀请函都为雕版制作。

至今的确仍有很多正式或官方活动采用雕版邀请函，但如今其他各种形式的邀请函也很常见，从五颜六色的折叠卡片，到精心设计的电子邀请函。然而，不管使用哪种形式，都必须考虑邀请函的几项基本元素。在本章中，将介绍正式邀请函中应涵盖的必要内容与措辞，以及发送邀请函的惯例做法，还有相关的着装礼仪。关于客人名单的内容，可参见本书第九章。

发送邀请函的时间，在很大程度上取决于活动所在的国家、城市、活动内容以及客人身份。在世界各地的外交活动中，接待活动的邀请函一般会提前两至三周发送。若活动规模较大，则提前三至四周发送比较合适。在西欧，以及澳大利亚、新西兰等地，正式活动的邀请函应提前四至六周发送，否则会被很多人拒绝，因为他们可能已经有了其他活动计划。在中东地区，则可以在活动前一周内发送邀请。而那种活动前的备忘性（pour mémoire 或 To Remind）邀请函，则可以选择稍晚一些发送。因为发送这类邀请函时，受邀者已经通过电话或其他方式接到通知，并已经接受邀请。在这类邀请函上，发出邀请者可注明“请答复”（RSVP，法语 répondez s'il vous plaît 的缩写），附上电话号码，并在下方写上“备忘（To Remind）”；或是将“备忘（To Remind）”二字打印在邀请函上，位于“请答复”（RSVP）几个字通常所在的位置。在某些情况下，最好在活动日期和时间确定后立即发送一份预告性通知，提前将活动信息告知受邀者。此类通知可以通过非正式信函、卡片或电子邮件发送。其中不需要包含活动的全部细节，因为随后还会发送正式邀请函。例如，可以在预告通知中注明：“活动前将提前呈送正式邀请。”

答复邀请时，一般可以采用电话回复、电子邮件回复或发送回执卡的形式，一般应在收到邀请后两至三天内为宜。邀请函中通常还会注明答复的截止时间。一定要仔细查看邀请函上的各项要求。若注明“因故不能出席请答复（Regrets only）”，则说明你只需在无法应邀参与时回复即可。若注明“请答复”（RSVP），意味着你需要在回执中说明自己是否参加活动。正式邀请函通常需要将回执发送至礼宾部门或外联秘书的地址。若邀请函中在“收到请回复”字样旁未注明回复地址，则可以将回复发送至主人地址。

作为一份文件，邀请函应向受邀者提供活动的基本细节信息。每一份邀请函的内容都应涵盖以下八大问题：

★ 是谁发出的邀请？
★ 发起邀请的原因为何？
★ 这是一次什么性质的聚会？
★ 活动地点在哪里？
★ 活动何时举办？
★ 活动的着装规范是什么？
★ 联系人是谁？
★ 有无其他相关信息？

撰写邀请函的基本准则

★ 正式邀请函应以第三人称口吻撰写（回执也同样应为第三人称口吻）。
★ 在官方活动的邀请函中，应注明主人的职务，并在写明姓名的情况下，在名字后加上主人的完整头衔与等级。但诸如陛下（His Grace）、阁下（His Excellency 或 the

Honourable)、大人(His Worship)、先生(Esquire)这类尊称，则几乎不会使用。

★ 在正式活动的邀请函中，邀请方一般只会根据受邀人的职位头衔来区分受邀者，而非依据个人姓名。这是因为职务头衔一般不会混淆，这样在发出邀请时不会弄错受邀人。

★ 由大使等高级官员发出的邀请，或向大使等高级官员发出的请柬中，“恭请莅临”以及“恭请光临”是最常用的敬语，也是最合适的措辞。

★ 在外交活动中的印刷版请柬上，一般会在卡片顶端附一条横带，上面会注明活动的具体时间。

★ 时间的表示有以下几种形式：

· 于六点整

· 于下午 6 时

· 于 18 时

★ 请确认活动举行地的社交时间观念是否与你的观念一致。在一些国家，若邀请函上注明下午 6 点开始活动，那你需要在六点整准时到达，而在另一些国家，你则需要在七点半后再到场。为了避免尴尬，可以向知情人士询问活动当地的社交惯例。

★ 若招待会在白天举行，例如节庆午餐会、下午茶会或鸡尾酒会，则邀请函一般会注明具体的活动起止时间。

★ 正式邀请函一般使用 A5 尺寸的卡片横向打印。在大使馆为庆祝国庆日而举办的招待活动中，一般使用稍微小一些的卡片制作邀请函。

★ 如今，在各类公私活动中，A4 尺寸的上下翻折式邀请函越来越常见，上面可以将活动信息用照片或图片的形式呈现。

★ 在翻折式邀请函上，应将最重要的信息文本写在翻开后的右手侧，或者说，要把邀请函文字内容写在邀请函内侧右页。其他相关活动细节，包括活动中的节目信息，则可印在左页。标志、徽章等元素，包括活动赞助者的标志图案，则可以印制在邀请函背面。

★ 若邀请函为双语制作，则活动所用主语言版文本应印制在右侧，第二种语言版文本则印在左侧。

★ 在大多数英文邀请函中，会先说明活动地点，然后说明活动日期与时间。联合国也同样应用这一顺序(PDT 顺序，即 place，date，time)，按序标明地点、日期、时间，并采用英式英语书写。

★ 一些常用的法文缩写，则会写在邀请函的左侧或右侧下方，这一点在其他语种的邀请函中也同样适用。常用缩写有：

p.c. pour condoler(谨寄哀思)

p.f. pour féliciter(恭祝敬贺)

p.m. pour mémoire（谨以此备忘）

p.p. pour présenter（谨在此介绍）

p.p.c. pour prendre congé（告别再会）

p.r. pour remercier（谨呈谢意）

r.s.v.p. répondez s'il vous plaît（请答复）

★ 以下邀请函范例展示了邀请函底部可能包含的注释性内容，即上文提及的“回复时应联系谁？”这一信息：

· 若确认参加，您可于（日期）前将确认邮件发送至（电子邮箱）。

· 请在（日期）前告知您是否参加。

· 您可以在（网址）网站输入以下登记码进行登记：……

· 请在（日期）前答复，可将本函所附的回执卡装入本函信封寄回，或通过电子邮件联系我们。

· 因故不能出席请答复。

· 谨以此备忘。

· 若您希望出席，则请将回执卡填写完毕后，于（日期）前寄回。入场卡片将在活动前寄送。

· 活动开始一周前，您将收到一封确认函，进一步介绍晚间活动细节。

★ 以下邀请函范例展示了邀请函底部可能包含的注释性内容，即上文提及的“还有哪些相关信息？”这一信息：

· 请在活动入口处出示本邀请函。

· 请您到达现场后出示本邀请函。

· 本邀请函仅供一人使用。

· 本邀请函可供两人使用，可由您确定一名陪同成员。

· 本邀请函也是您的准入卡，请务必随身携带。

· 本邀请函仅供本人使用，不可转借他人。

· 请务必妥善保存本请柬。在您正式接受邀请后，需持本卡及有效身份证件，才可获准进入活动现场。

· 您或将需要出示身份证件。

· 演出将于 20 点整开始。由于安保所需，大门将于 19 点整关闭。

· 来宾需在（时间）前入座。

· 音乐会后将举行接待会。

· 在神圣的斋月后，开斋宴将于 21 点 30 分开始。

· 如有饮食禁忌，请告知。

· 活动将提供法语同声传译。

· 若需了解更多信息与要求，请联系礼宾部门，联系电话：（电话号码）。

★ 邀请函下方所注的着装礼仪相关内容，将在本章后半部分介绍。

自 20 世纪以来，外交活动变得日益灵活随意。由于礼仪不可能脱离现实生活存在，其内容也开始有所变化，以适应逐渐发展的社交规范。外交界通过电子邮件进行的数字化交流就是例证之一，展示了技术创新如何提升沟通效率，并让沟通变得更加安全可靠。因此，今天的邀请函也可以用电子邮件发送，尽管一份书面邀请函还是会显得更有格调，也更加专业。然而，不可以用手机短信、脸书（Facebook）、推特（Twitter）或任何社交媒体发送邀请。尽管电子邀请函不如纸质版正式，但也必须遵循纸质版的内容准则，使用同样的语言风格。还有一点需要注意，在使用电子邮件发送请柬时，出于保护隐私的原则，不要将全部收件人的地址堆放到“收件人”一栏，而应放置于“密送”一栏。

头衔称谓格式

一些世界性公约中对头衔称谓的通用格式作了规定，但各国都有自己的格式。一般来说，如何称呼对方取决于对方的身份，以及说话人或执笔人与对方的关系。对于这一话题，很多书籍手册都有过介绍，笔者无意在此重复各种不同的格式风格，特推荐以下参考书——在与全球各国元首、政府首脑，宗教、法律、外交界官员以及皇室与政府官员有关的场合中，应当如何称呼他们？罗伯特·希基（Robert Hickey）所著的《尊贵与尊严：姓名、头衔与称谓格式之官方指南》一书对此提供了参考。

在希基这本书的前言部分，华盛顿礼仪学院院长及所有人帕梅拉·艾林（Pamela Eyring）强调了正确使用姓名、头衔及称谓格式的重要性：

> 这些问题非常复杂，但必须由专业的高端活动策划人士负责。每一位官员，以及每一名活动参与者，都希望听到与自己职务等级相匹配的称呼。当贵宾们见到对方正确写明了自己的头衔，他们会感受到这份礼遇既专属一人，又足够温暖。

对于法语官方外交通信往来，让·塞尔（Jean Serres）所著的《礼仪实践手册》一书可以提供有价值的参考。

最后，还有一份“联合国通信手册”（*www.archive.unu.edu/hq/library/resource/UN-correspondence-manual.pdf*），其中包含了撰写正式与非正式信函、外交文书和其他官方信函的指导说明。

若不确定某官员或其他人士的头衔或职级，可以咨询相关国家礼宾部门进行确认。

请注意，个人所偏好的称呼形式，有时会与正式应用格式有所不同。由于女权解放运动的发展，斯堪的纳维亚和西欧各国的很多职业女性开始更多地使用自己的本姓，虽然从正式层面来说，她们已经继承了丈夫的姓氏。

邀请函内文范例

呈递国书典礼的接待会：

（主人姓名）

（国家名）大使

恭请（客人姓名）

光临现场

星期三 7 月 1 日 13：00-14：30

左上角处装饰有一条横带，注明"国书呈递仪式专用"。

大使送别招待会：

（国家名）大使以及 ×× 夫人

恭请（客人名）光临

临别薄宴，不成敬意

2015 年 7 月 1 日星期三 17：00-19：00

国庆日庆典招待会：

为纪念（国家名）国庆日

（国家名）大使

恭请（客人姓名）

光临招待会

2015 年 7 月 1 日 星期三 12：30-14：30

主办单位内部招待会：

（主人姓名及职位）诚邀（客人姓名）

前来参加（单位组织名）的内部招待会

以庆祝（活动名）

举办时间：2015 年 7 月 1 日 星期三 下午 5 时至 7 时

两国双边访问期间的午餐会（美国）：

尊敬的

西班牙国王胡安·卡洛斯一世陛下与索菲娅王后陛下

国务卿诚邀二位前来参加午餐会

2000 年 2 月 23 日 星期三 12：30

The President
requests the pleasure of your company
at a reception in celebration of
LGBT Pride Month
to be held at
The White House
on Tuesday, June 22, 2010
at five o'clock

Southeast Entrance

一份美国招待会邀请函（2010），此招待会由奥巴马总统主持

两国双边访问期间的晚宴（美国）：

克林顿总统及夫人
诚邀礼宾司司长
前来白宫参加晚宴
2000 年 2 月 23 日 星期三 下午 7：30
请着黑领结正装

第一张外层卡片上写：

为迎接
西班牙国王胡安·卡洛斯一世陛下与索菲娅王后陛下到访

第二张外层卡片上写：

请尽快将回执寄送至白宫社交秘书处
并附上您的姓名、出生日期以及社会保障号码

两国双边访问期间的正式晚宴（新西兰）：

为迎接 ×× 王子殿下与 ×× 王妃殿下
尊敬的新西兰总督阁下 ×× 及（配偶姓名）
荣幸地诚邀
（客人姓名）

前来参加晚宴

地点位于惠灵顿政府大楼

于（日期）下午 7：30 开宴

在努儿登堡宫举行的国宴（荷兰）：

为欢迎尊敬的（国家名）总统

（姓名）先生及（配偶姓名）夫人

对荷兰的国事访问

皇室总管谨以国王与王后陛下的名义

诚邀（客人姓名）前来努儿登堡宫参加国宴

时间为（日期）

参宴宾客请在 19：30 前到场

国宴（英国）：

皇室总管

谨奉女王陛下诏令 诚邀（客人姓名）

前来白金汉宫参加国宴

国宴以女王与爱丁堡公爵的名义

招待（国家名）总统及夫人（配偶名）

国宴定于（年月日）晚 8：30 举行

请着晚礼服（白领结级）配勋出席

勤务人员请着典礼服

也可着本民族服装出席

白金汉宫午宴（英国）：

皇室总管

谨奉女王陛下诏令

诚邀（客人姓名）

前来白金汉宫

参加女王及爱丁堡公爵举办的午宴

午宴定于（日期）

午后 1：00 开宴

请于午后 12：50 赴宴

斯德哥尔摩皇宫午宴（瑞典）：

官廷首席典礼官

谨奉国王陛下诏令 诚邀（客人姓名）

参加晚宴

晚宴由瑞典国王及王后陛下在皇宫（东侧）举行

时间定于（日期）下午 1：00

国家元首招待午宴，在联合国纽约总部举行（美国）：

联合国秘书长诚邀（客人名）

前来参加招待午宴

款待出席第 ×× 届联合国大会的国家与政府元首

午宴定于（日期）下午 1：15

在联合国代表休息北大厅举行

某国际组织大会招待会，由大会主办城市市长组织（捷克共和国）：

布拉格市长托马斯·胡德塞克（Tomas Hudecek）

诚邀您前来参加招待餐会

以迎接

欧洲市政和地区理事会（C.E.M.R.）政策委员会大会的召开

餐会将于市长府邸举行

地址：布拉格市 1 区玛丽安斯基广场 1 号

时间：2013 年 12 月 2 日星期一 下午 7 点

为某新国际组织在海牙举办的欢迎招待会（荷兰）：

海牙市长

恭请您

前来参加招待会

以庆祝国际发展法律组织海牙分部的成立

招待会将于海牙城市大厅中庭举办

时间：2014 年 4 月 1 日星期二 下午 5：30 至 7：00

国际纪念日活动，于海牙和平宫举行（荷兰）：

自 2002 年 9 月 21 日起，每年的这一天被定为国际和平日，即全球停火和非暴力日，以此纪念并维护全人类的和平理想。

为纪念此日

海牙市长及市政官诚邀您前来参加

早午餐会及和平长跑开幕式

地点：和平宫

时间：2013年9月21日星期六上午10：30

知名人士交际活动（荷兰）：

（城市名）市长

荣幸地诚邀（客人姓名）

前来参加于（场馆名）举行的（交际活动名）

时间：2015年 7月1 日 星期三下午6时至8时

届时，各级政府高层人士及各国际机构代表、商界代表与文化界代表都将出席活动现场。

为答谢某大型国际会议的参会人员而举行的招待会（荷兰）：

为答谢贵司在核安全峰会期间的大力合作

海牙市长诚邀您前来

海牙现代博物馆参加招待会

时间：2014年 4月29日星期二下午5：30至7：30

英国女王伊丽莎白二世的花园餐会邀请函（2011）

Der Bundespräsident und Frau Daniela Schadt
bitten
Herrn Georg Wild
und Begleitung
zu einem Bürgerfest in den Park von Schloss Bellevue
am Samstag, dem 8. September 2012, um 17.00 Uhr.

德国总统及夫人夏迪特的花园餐会邀请函（2012）

某国际组织20周年纪念餐会（荷兰）：

（姓名）大使
欧安组织少数民族事务高级专员诚邀您
前来参加招待会
共同纪念欧安组织少数民族事务高级专员设立20周年

活动于2013年3月7日15：30
在海牙市白色社会广场24号举行

莱顿大学建校周年纪念活动（荷兰）：

莱顿大学校委会
诚邀您前来庆祝
本校建校（年份数）周年纪念
时间为（日期）15：00
纪念典礼将于彼得教堂1A彼得厅举行

Monsieur Emmanuel Macron
Président de la République
prie Monsieur Henripierre Jung
de bien vouloir venir à la réception qu'il offrira
à l'occasion du Nouvel An lunaire,
au Palais de l'Elysée, le vendredi 16 février 2018 à 17 heures.
Tenue de ville

法国总统马克龙的招待会邀请函（2018）

EIIR
The Lord Chamberlain is commanded by
The Queen to invite

to the Marriage of
His Royal Highness Prince William of Wales, K.G.
with
Miss Catherine Middleton
at Westminster Abbey
on Friday, 29th April, 2011 at 11.00 a.m.

A reply is requested to:
State Invitations Secretary, Lord Chamberlain's Office,
Buckingham Palace, London SW1A 1AA

Dress: Uniform, Morning Coat
or Lounge Suit

英国威尔士威廉王子殿下与凯特·米德尔顿王妃的婚礼邀请函（2011）

某跨国公司联欢音乐会（荷兰）：

（公司名）董事会诚邀
（客人名）
携配偶参加（公司名）的联欢音乐会
音乐会将于 2015 年 12 月 16 日 星期三
在海牙新教堂 水闸区 175 号举行

欢迎您于 19：15 至 20：00 到场
音乐会后
将于 21：45 至 00：00 举办庆典接待餐会
请着黑领结正装

（有关音乐会交响乐队及流程的详细信息，
请参见请柬左侧折页）

回执卡与准入卡

回执卡
本人 / 本人携伴 可以 / 无法到场参加
姓名：……
地址：……
电话号码：……
敬请联系或将此卡寄送至

（组织名称与地址）
（电话—传真—电邮地址）

准入卡
本卡用于
（客人名）
受邀参加（国家名）总统及夫人
尊敬的（姓名）先生与（姓名）夫人所举办的晚宴
请在（场馆、城市）出示本卡与有效身份证件
时间：（年、月、日）

着装礼仪

纵观历史，服饰影响着人们的生活方式。我们都知道，对一个人的第一印象是在初遇后的 20 秒内形成的，而影响第一印象的主要因素，就是一个人的外貌打扮。请谨记，各地的本土服装习俗或许会与本书所介绍的着装礼仪有差异，但总体而言，以下描述的服饰礼仪大多是在正式邀请函上使用的服饰礼仪要求。在很多着装保守的国家，女士尤其需要注意一些细节，例如，裙子长度、领口高度，以及是否需要遮挡手臂。若不确定服饰术语所指的意思，最好在活动前及时沟通确认。例如，“传统服饰”“民族服饰”具体指什么，对此各国都有自己的解释。

以下列举了一些与着装礼仪相关的术语。

正装：白领结、白领带、全套晚礼服、燕尾服、弗拉克礼服

白领结着装

白领结级着装是当代社会最正式的晚礼服装。

一般搭配：

★ 黑色燕尾服配丝质内衬，尖角型前下摆，单排扣。

★ 黑色西裤，搭配黑色双饰带（美国习惯搭配黑色单饰带），裤脚不翻边。

★ 白色纯棉凸纹布硬质前翼领，银质或珠母材质衬衫扣，单袖口处用袖扣固定。

★ 白色纯棉凸纹布材质领结。

★ 白色纯棉凸纹布材质低腰背心，配镶嵌工艺或珠母材质纽扣（在南欧和拉丁美洲地区，背心也可采用黑色款）。

★ 黑色长袜，应提至小腿中段（坐姿下不可露出腿部）。

★ 黑色漆皮浅口鞋或皮鞋。

★ 应佩戴全套勋章，视场合需要，有时会预先通知：请佩戴勋章出席（plaques et cordon），腰带应收于背心下。若现场有皇室成员出席，则应将腰带置于背心之上。

★ 不可佩戴腕表。

★ 穿着时间不可早于下午6时。

舞会礼服

舞会礼服

舞会礼服是社交场合中最正式的女性着装。根据礼仪规范，若邀请函中明确要求“着白领结级礼服”或“着晚礼服”时，需要穿舞会礼服出席现场。传统意义上的舞会礼服指全包围式长裙，长度至少应至脚踝，并使用高级面料织造。大多数款式设计为露肩长裙，并带有低胸领口。这类长裙一般会搭配披肩、珠宝首饰以及女式长手套。当活动需要佩戴国家荣誉勋章时，则可将勋章固定在蝴蝶结上，并将蝴蝶结佩戴于胸前。皇室成员可佩戴头冠。

一般搭配：

★ 舞会礼服——舞裙（至脚踝）或曳地长裙。

★ 可搭配紧身裤袜。

★ 舞会鞋——正式浅口鞋、高跟鞋。

★ 珠宝首饰——耳环、项链、戒指与手镯。除珠宝表外，最好不要佩戴腕表。

★ 手套——穿着无袖晚礼服时可搭配过肘手套，短手套则可与长袖礼服搭配穿戴。若佩戴手套，则在双方寒暄或跳舞时无须摘下，但应在用餐或饮用饮品前取下手套。

★ 披肩、披风或斗篷，或可搭配晚礼服。

★ 手包——搭扣式小型晚宴手包。

半正式着装：黑领结、黑领带、无尾晚礼服、晚宴礼服、晚间着装

黑领结着装

一般搭配：

- ★ 短款或中款黑色外套，带粗纹或缎面翻领，单排扣（单纽扣）或双排扣，左口袋可放入白色手帕。
- ★ 黑色西裤，搭配单条黑色丝质饰带（在美国有时不含黑色饰带），饰带材质应与翻领材质相配。裤脚不翻边。
- ★ 长袖棉质或丝质白衬衫，前领采用凹凸纹或褶皱设计，领口采用日常款。袖口处常用装饰性衬衫纽扣或法式袖口。翼领衬衫即可。
- ★ 黑色丝质领结（在一些不太正式的场合，也可佩戴其他颜色的领结）。
- ★ 黑色低腰背心或黑色腹带——视情况可选（在一些不太正式的场合，也可穿戴其他颜色）。
- ★ 黑色长袜，应提至小腿中段（坐姿下不可露出腿部）。
- ★ 黑色漆皮浅口鞋或皮鞋。
- ★ 某些场合或需要佩戴勋章。
- ★ 不可佩戴腕表。
- ★ 穿着时间不可早于下午 6 时。

一些国家的本土风俗：

- ★ 在某些国家，可以在露天晚宴上、游轮上穿白色晚礼服出席活动。一些热带国家还允许在特定的官方场合穿白色礼服，礼服颜色除白色外还可选择浅米色。白色晚礼服应配黑色西裤。
- ★ “红海部队着装（Red Sea Rig）”或“海湾部队着装（Gulf Rig）”指无外套式晚礼服。

晚礼长裙

晚礼长裙既包括晚宴长礼服，也包括丝质或其他高级织造裙——及踝长裙或曳地长裙，搭配一件高档材质的短款上衣。

一般搭配：

- ★ 正式及踝芭蕾舞裙或曳地长裙，配短上衣。
- ★ 可搭配紧身裤袜。
- ★ 舞会鞋——正式浅口鞋、高跟鞋。
- ★ 珠宝首饰——耳环、项链、戒指与手镯。除珠宝表外，最好不要佩戴腕表。
- ★ 衣饰颜色随意，视情况需求即可。
- ★ 搭扣式小型晚宴手包。

晚礼短裙

晚礼短裙

如今，在黑领结级着装场合，常用晚礼短裙代替晚礼长裙。

一般搭配：

★ 正式款及膝裙或短裙配上衣。

★ 应搭配高跟鞋或正式浅口鞋。

★ 可搭配紧身裤袜。

★ 珠宝首饰——耳环、项链、戒指与手镯。除珠宝表外，最好不要佩戴腕表。

★ 衣饰颜色随意，视情况需求即可。

★ 小型晚宴手包。

礼仪小贴士：

★ 若邀请函中仅要求“黑领结级着装”，则女士可选择着晚礼长裙或晚礼短裙出席。若活动主人希望女宾着晚礼长裙，则会在邀请函中注明。

晨礼服、早礼服、大礼服、常礼服

晨礼服是男士在白天穿的一种正式着装，可用于正式场合，如婚礼、葬礼、国书呈递或皇室赛马会等。尽管名为晨礼服，但也适用于在下午6时前举办的正式或社交活动。

晨礼服、早礼服、大礼服、常礼服

一般搭配：

★ 黑色晨礼服外套/常礼服，后摆长度及膝（皇家赛马会上常选择浅灰色外套）。礼服选择单排扣款式。
★ 黑色（用于较为正式的场合）或灰色双排扣或单排扣西服背心。单排扣西服背心最下端的扣子不系。
★ 白色双层袖口衬衫（法式袖口）。
★ 灰色/黑色正装西裤配饰带。裤脚不翻边。
★ 正式款灰色或黑色领带（在婚礼场合或皇家赛马会期间，可选择翼领搭配领巾），也可选择其他颜色合适的领带，视具体场合而定。
★ 深灰色长袜，应提至小腿中段。
★ 黑色正装皮鞋。
★ 正式款灰色或黑色手套与帽子（视情况可选）。

日间正装、日礼裙、午后礼服

日间正装、日礼裙、午后礼服

此类服装用于婚礼、皇室赛马会以及其他正式活动的日间穿着。

日礼裙一般搭配：

★ 高级礼服或两件套。
★ 不可露肩。
★ 中跟鞋。
★ 可搭配紧身裤袜。
★ 颜色与衣料材质可视情况选择。
★ 珠宝首饰——耳环、项链、戒指与手镯（可视情况选择）。
★ 参加正式活动与皇家赛马会时，建议戴帽子与手套。
★ 搭配面纱，常用白色丝质薄纱（可视情况选择）。
★ 小型手提包。

非正式着装：黑西装、商务装、日常西装、正装

双排扣西装外套应始终系住纽扣。若需要系牢的纽扣不止一粒（如传统的双排六扣二设计），则只系最上端的纽扣。不过，这也需要视外套的具体设计而定。

对于双扣式西装而言，最底部的纽扣通常不系。如今流行将三扣式西装的最顶端与最底端扣子解开，只系最中间的一粒。

非正式着装：黑西装、商务装、日常西装、正装

一般搭配：

★ 同材质的正装外套与西裤，以深蓝或深灰色最为适宜，可选择是否搭配饰带。大部分正装外套有两或三颗前扣。

★ 高品质领带（丝质亦可），不配领带别针。

★ 长袖正装衬衫（最好选法式袖口），夏季同样需穿长袖。在外套袖口处应露出至少 1 厘米衬衫袖口。

★ 背心，可视情况选择穿或不穿。

★ 深色长袜（应提至小腿中段）。

★ 黑色或深棕色皮鞋（有无鞋带均可）。

★ 腰带（可视情况选择是否佩戴）应与皮鞋搭配。

酒会晚礼服、长裙服

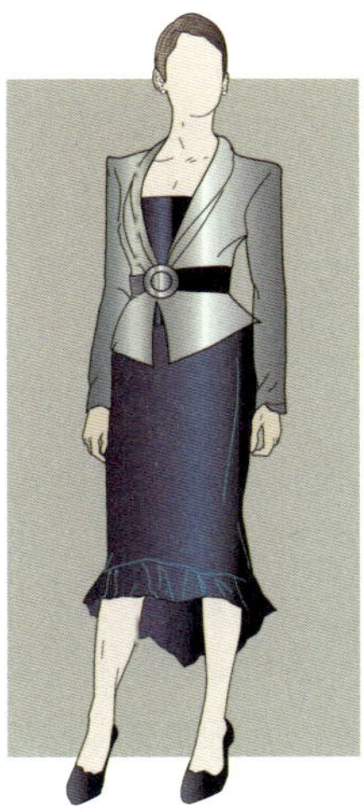

酒会晚礼服、长裙服

酒会晚礼服可在鸡尾酒会或其他下午开场的准正式场合上穿着。

一般搭配：

★ 正式裙装，长度可视时尚流行与当地风俗而定。从膝上裙到过膝裙均可。

★ 可选择多种衣料材质、风格、配饰：丝质、缎质与雪纺材质都是流行款。

★ 衣饰颜色随意，视情况需求即可。

★ 中跟鞋或高跟鞋。

★ 可搭配紧身裤袜。

★ 珠宝首饰——耳环、项链、戒指与手镯（可视情况选择）。

★ 小型手提包。

女士商务装

女士商务装

20 世纪 70 年代，一些希望晋升至管理层的女性创造了“成功人士着装”的概念，即模仿男性人士的着装风格，以期能在商界取得成功。商务女装既适用于办公室，也适用于全天各时段的正式场合与社交场合。

一般搭配：

★ 正装两件套，可选西裤或西装裙（颜色常为深蓝、深灰、深棕与黑色）。

★ 定制款长裤套装亦可。

★ 裙子长度应确保坐姿时可覆盖大腿。

★ 可适当搭配紧身裤袜。

★ 可适当搭配首饰。

★ 鞋子可选择皮质、布质或超纤材质，鞋尖不应开口，确保不会露出脚趾。

★ 手包或提包应选择小型简约款式，做到与服饰相搭配。

商务休闲装、公务休闲装

商务休闲装、公务休闲装

商务 / 公务休闲装或许是最难理解的着装风格之一。在不同性质的场合下，人们会对这类着装作出很多不同的解读。

一般搭配：

★ 制服上装或运动外套，可搭配时尚款毛衣。

★ 马球衫、带领衫。

★ 衬衫可视情况搭配领带。

★ 适当搭配鞋子（不可选择运动鞋或色彩鲜艳的跑鞋，但可选择休闲鞋）。

★ 棉质或灯芯绒长裤，灰色、卡其色或其他合适的颜色均可（也可选择质地较新的休闲或时尚款牛仔裤）。

礼仪小贴士：

★ 请注意，“非正式着装”虽然听名字很像休闲装，但其传统含义实为“商务正装”。女士应选择合适的服饰。

★ 任何情况下都不应选择休闲装或便装。

★ 即使对方的邀请函上写着“便宴薄酒”，也应选择商务休闲装出席！

一些国家的本地风俗：

★ “林地衬衫（Bush shirt）”是一种长袖或短袖衬衫，但穿着时要把下摆露出，而非塞进裤腰，也可以指长袖或短袖的刺绣男士衬衫。

★ “蜡染衬衫（Batik shirt）”是印度、印度尼西亚、马来西亚、菲律宾、新加坡与斯里兰卡等国的本地服装。受不同文化的影响，衬衫的花纹与颜色各有不同。

★ “海岛休闲风（Island casual）”指夏威夷风格衬衫配长裤（多为卡其色）。

★ “领地风（Territory Rig）”意为澳大利亚北领地的休闲着装风格。

女士商务休闲装、公务休闲装

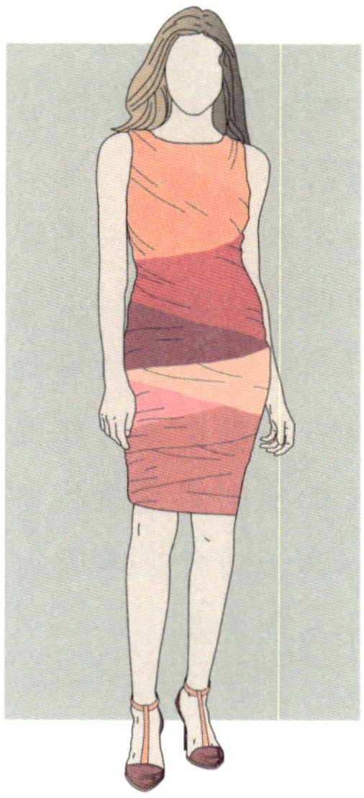

女士商务休闲装、公务休闲装

商务休闲装需要展现出运动休闲风，但不可以搭配运动鞋或运动衫。

一般搭配：

★ 休闲连衣裙。

★ 运动夹克。

★ 短裙或裤子。

★ 衬衫、翻领套头衫或毛衣。

★ 可适当搭配饰品。

★ 低跟或平底鞋，也可选择时尚款靴子。

外交语言与正式用语：双重意义

奥利维尔·阿里封教授，布鲁塞尔自由大学教授，执掌传播学教席

奥利维尔·阿里封（Olivier Arifon），生于巴黎，执掌布鲁塞尔自由大学传播学教席。他从欧洲视角讲授影响力、游说、沟通交际、竞争情报以及公共外交，其教学内容涵盖了专家观点、案例研究与理论阐述。1997—2011年，他在法国斯特拉斯堡大学任副教授，讲授以上课程内容。除学术活动外，他还在一家通信公司担任负责人五年之久，曾作为专家在波兰、克罗地亚、法国和新加坡培训外交官和经理人，并曾以法国外交部高级教育助理的身份，在德国工作两年。他以布鲁塞尔市为研究范本，考察了商企与公共组织如何正确制定发展战略。他从欧亚（印度）比较的视角出发，提出了欧洲与印度在参与公共活动时应遵循的方法论与交往策略。他著有论文、专著，在各主流学术杂志刊文共计五十余篇。

在法国以及20世纪初以前的其他各国王室的官邸政府，外交活动中采用的语言都发源于宫廷用语，更确切地说，源于路易十四时期的法国宫廷。由此不难看出，法国在世界外交语言发展历程中占有重要地位（Fumaroli, 2003）。本文试图从历史学与人类学的视角，阐述外交人员所用的语言表达形式。笔者将介绍外交辞令的正式性与必要性，以及外交辞令的一些特点，正是这些特点使其听起来模棱两可，似是而非（Delporte, 2009）。本文将探讨歧义、语境、情感与价值观等概念。笔者还会介绍理解外交话语时所用解码技巧的重要性，介绍解码技巧如何让我们更好地理解话语背后的意义、利益相关与策略。实际上，外交活动在很大程度上是基于活动所用的语言，以及从活动对话与讨论中所接收或观察到的信息。

外交话语分为两大维度：对内话语在外交人员内部使用，对外话语对公众与媒体使用。本文内容基于笔者本人担任法国外交部高级教育助理的经历、培训法国和新加坡外交官的经历，以及与外交人士的谈话讨论内容。最后，本文以法语为研究中心有两大原因：首先，法语用作外交语言由来已久；其次，法语是我的母语。在这里我们可以说，就算我们认为英文与盎格鲁–撒克逊相关语言应用于更简单、更直接的外交关系语境，其他语言中也存在本文谈及的话语结构限制与话语形式。

外交与表征

公众倾向于把外交活动视为一种通过使用语言、特定编码或官方话语进行伪装的艺术，同时为了当权者的利益而自带保密性。从学术研究的角度来看，对外交实践中各类变量的研究让我们可以对边界、豁免、关系持久性、待遇互惠性、信息的位置与编码乃至保密性进行界定。对外交研究，特别是国际关系研究的回顾表明，无法将外交语言的形式归于某一具体类别，况且对这一问题还没有人做过案例研究。换言之，除将其视为政治语言的一种变体之外，几乎无人曾谈及外交中使用的语言，而外交语言也的确是政治话语的一种，下文也将对此有所提及。通常，这些研究会将谈判流程、战略与实地经验作为理解外交政策的元素。在本文所参考的唯一的法语文献（Villar, 2006）中，文章作者利用语言学理论分析国际外交活动理论，围绕外交语篇的四个方面，提出了符号学的研究方法：

真诚	对	欺骗
真话	对	谎言
真相	对	假象
透明性	对	保密性

在此基础上，结合话语分析研究，可以将外交中使用的语言看作一种普通语言，而非技术性话语（特殊情况除外，如引起2015年伊朗核交易事件的外交谈判）。

在我们的研究中，“双言巧语”（doublespeak）被定义为一种由固定话语构成的语言模式，与政治话语相关。在日常语言中，这一概念指一种拐弯抹角的表达方式，通常带有贬义。

双言巧语的研究者着重指出，双言巧语中缺乏准确的信息，这种缺失侵入语言空间，使得任何真诚的情感交际都无法实现，遇到敏感话题就予以回避。当对话无力改变世界时，讲话者会使用语言——或者双言巧语——按照给定的权力等级来表达世界的现状。此时，语言是受约束的，其价值成了意义的替代品。正如托马斯·勒格朗（Thomas Legrand）所言，此时，语言与行动之间开始出现混乱和扭曲："这更像是在一个人的欲望面前，对其言语的力量以及现实的力量进行了不恰当的评估！"（Legrand, 2010:27）最后，双言巧语并不同于行政辞令；前者旨在说服对方，后者旨在激励人们在特定领域采取某些行动。

对于极权主义政权所用的语言来说，作为一种极端化的语言模式，其自身对听众的强势压制，有助于降低听众的批判性思考能力。维克托·克伦佩雷尔（Victor Klemperer）是一位生活在纳粹统治下的语言学者，曾研究过极权主义所采用的语言，他写道："……听众的情绪（戈培尔的拥护者中永远不乏他的听众，包括那些只在报纸上读到这位博士的文章的人）永远不会重新清零。这些听众一而再、再而三地被他的话吸引，再被他的话否定。在这样持续地被吸引、被否定之下，他们根本没有时间进行批判性的理性思考。"（Klemperer, 1996: 327）语言从理性思考的工具，变成了以情绪为中心的话语。在《1984》一书中，作者乔治·奥威尔（George Orwell）引入了"新语"（Newspeak）这一概念，在这种语言中，词汇量受到限制，因此，它所表达的意义也非常有限。

外交交流与写作中使用的语言与上文所述的极端语言相去甚远。在正式用语的框架中，我们建议采用较为模糊的逻辑分析，而非某一套固定的语言或情感逻辑。因此，令人感到矛盾的一点是，外交活动中会采用很多积极的语言表达，这体现了外交的特征，也成为政治话语的一部分，构成了在外交谈判这一不稳定的、短暂的语境下说服对方的艺术。当然，其目的在于阐明一些持久的信念。但由于外交语言自带政治色彩，因此它也具备政治话语的一些特征，如回避性、（意义的）模棱两可、（对立场的）理解甚至于掩饰。在公众以及国际关系观察家的眼中，正是这些特征让外交语言看起来更像是双言巧语。

普世智慧与话语的艺术

当现代外交作为一种职业在欧洲宫廷中逐渐走向专业化，并开始扩大规模、变得更有组织时，一些外交官曾写下一名优秀外交官所必备的素养，而精通语言无疑是其中的一项。在17至18世纪欧洲各君主国外交关系的重要影响下，这些素养也是一个人是否受到良好教养的首要标志。

让·奥特芒·德·维利耶（Jean Hotman de Villiers）1604年著有《大使的责任与尊严（*De la charge et dignité de l'ambassadeur*）》一书，这是一部经典著作。在这本内容务实的作品中，作者尝试界定一名大使所应具备的素养。一名大使需要熟知历史与文化，懂得如何表达自己，可以促进"与他人的沟通，学习能力强，能够将实践与理论相结合、将过去与如今的经验相结合、将自己的发现与实际应用相结合，还要将自己过去的课堂所学与自己的反思相结合。”（Hotman de Villiers, 2003: 20）

类似地，西班牙耶稣会士巴尔塔萨·格拉西安（Baltasar Gracian）1647 年著有《普世智慧的艺术》一书。这本书描写了男主从朝臣到外交官的蜕变。霍尔巴赫男爵（Baron d’Holbach）曾在一篇短文中对君主身边的朝臣进行了辛辣的讽刺：“在友谊的掩护下，他知道如何安抚他的敌人，向那些他最憎恶的人展现一张坦诚、和蔼可亲的脸，温柔地拥抱那些他恨不得掐死的敌人。到最后，再无耻的谎言也不会让他的面容有任何改变。”（D’Holbach, 2010: 18）

相比之下，诺贝特·埃利亚斯（Norbert Elias）的作品距离我们的时代更近，从而能够将源于宫廷的品质纳入自我控制和战略关系管理的机制中去考量（Elias, 1985）。诺贝特·埃利亚斯将礼仪与皇室成员的根本行为动机——即保持皇室的尊严与名望联系起来。因此，“从礼仪的角度来说，宫内社会的表征在于，宫中每个人都将自己与他人区别开来，而作为一个共同体，又将宫廷群体与其他群体区别开来，在个人和群体两个层面上管理自己存在的绝对价值。”（Elias, 1985: 97）理想状态下，一名古典时期的好大使应当是这样一个人——他必须拥有传统意识，在欧洲各大宫廷的耳濡目染下，继承或获得了类似于本能的社交技巧。有教养、口才好，对自我价值有清晰的认知，懂得如何取悦他人，并熟知公民礼仪。

实际上，众多大使都曾在回忆录中强调此类社交技巧和举止规范，而这些内容与良好的教养很相似。他们很少提及语言方面；相反，他们关注的重点都放在行为举止，以及一名在职外交官所享有的个人自由上面。这一现象表明，在外交官这一职业中，语境、形式与结构对口头与非口头表达方式的限制作用，正如梅雷迪思·金斯顿·德·勒斯（Meredith Kingston de Leusse）（1998: 86）指出的那样：“从上任的那一刻起，大使就会置身于一个封闭的环境中，而他的举止、穿着、手势与社交形式都呈现出某种特质，成为实现礼貌和平外交的制度化的推动力。”大使需要抹除自己作为个人的特质；他要精心筹备自己的观点，审慎地选择用词，而这一切都反映了他的社交技巧，及其祖国的政治立场。

在欧洲宫廷以及后来的各大国际组织中，控制好自己的肢体语言以及态度是至关重要的。不管是帝王君主、高级官员，还是普通官员和外交官，都需要对自己的情绪与肢体保持良好的控制，不管是受具体活动的要求，还是受社交与文化惯例的限制，都是如此。外交圈往往会过度解读各类行为符号，在这种圈子里参加活动，外交官必须考虑对自己言行、情感的控制，以便正确地描述自己所处的环境，以及外交活动中的各项条款。措辞至关重要。而在语言的选择控制之外，外交官在交往中表达自身情感的形式，反过来又能在交往对象心中唤起类似的感受，换句话说，我们所处理的语域富有说服的魅力。尽管对于一名情感外露的人来说，显露内心也存在相当的危险性："为了在宫中生活，必须能自如控制自己的面部肌肉，眼见厌恶之事而面不改色。一个动不动噘嘴生气、喜怒形于色的感性之人，无法在宫中立足。"（D'Holbach, 2010: 17）

而思想和情感的表达也受到语言不完整性的限制，这一研究维度由语言学家（Goldschmidt, 2009）和民族方法学家（Lecerf & Parker, 1987）所提出。这些学者不谋而合地得出这样的结论，语言常常有碍于思想和情感的完全表达。的确，一句话在说话者看来得体恰当，在听话者看来却很有可能存在误解、偏差以及意义的错位、空白与障碍。这会在讲话双方之间制造距离，而双方的相距空间，则构建了双方的关系。

外交的本质在于将日常用语和特定的准则相结合，这个准则指的是各国间的国际关系准则，以及受托进行谈判的个人之间的人际交往准则。在此准则之外，正如杜邦（Dupont, 1992）提出的谈判原则中所言，外交参与者应尽量保守地控制自己的言语和情感。

此举背后的原因很多，如：

- ★ 外交人员应在保持自身地位的同时展现出自制力，在表达异议时保持微笑，这就是以上结论最完美的例证。
- ★ 外交人员也不应该冒犯交往中的对方人员，因为任何一方的怒火，都会干扰甚至中断双方的对话乃至全部谈判。
- ★ 谨慎是外交活动的关键词，其原因有二：双方都应避免冒犯对方，或是过多强调自我立场；说得太多也会妨碍谈判的顺利进行。
- ★ 最后，外交人员应避免暴露自己的弱点。所谓弱点，可以分为两个方面：一是由于客观原因，未能获得足够信息；二是急于展现自身的权势地位（在这种情况下，某一方暴露出的弱点，在另一方看来即是实现自身利益的优势）。

总而言之，外交活动中所用的表达方式，反映出对一个国家代表的尊重。表达方式与情感态度的类型有助于维系人际关系与政治关系。

话语和修辞、语境

一名外交官的经验与他的实践经历和所掌握的资源有关，包括：他曾面对过的类似状况、他所掌握的信息质量、他曾接受过的培训水平以及他本人的文化水平。这样的经验可以帮助他适应不同的环境，同时保持高效工作的能力，因为对外交官这一职业来说，其工作内容就是要解读并适应新生状况。做到这一切的关键在于要具备足够的认知能力、文化水平以及信息交流资源。外交官一方面要将这些能力与资源应用到实践之中，另一方面要学会接受环境中那些难以理解与不确定之处，接受构成外交活动的社交、政治与沟通交流因素。我们认为，这类经验框架（Goffmann, 1996）会限制外交官所用的语言。而在公众的眼中，他们的语言与双言巧语没什么区别。

外交语言是政治语言的一个子集，因此两者依赖于相同的元素，如修辞、说服力、控制性，以及对能指和所指的关注。历史上，西方世界很早便孕育发展了演讲的艺术。修辞学诞生于公元前 5 世纪初的古希腊，在当时是民主制、法治以及贸易体系的一部分。直到今天，这门学科仍被视为一种通过演讲来表达观点、情感与决策的艺术。

外交官的一大特点，是善于解读含糊其词、模棱两可的元素，从而为自己留出回旋的余地。这种模糊性在书面和口头对话中均有体现，并且有多种命名。我们可以说它们是“委婉语”（euphemism）。同样，法语中有“litote”一词，这是一种修辞方式，指故意轻描淡写，减少对真实想法的表达，从而让讲话者在只言片语中暗示出比字面表达更多的内容。

在这里，需要重点谈一谈外交话语中人们很少去探讨的一个特征——歧义性。语义歧义与战略性歧义之间有明显的区别：语义歧义指某单一陈述具有多个可能的意义，而战略性歧义指沟通双方在提出陈述后，双方自愿采取的一类举动。歧义性这一概念对于分析外交行为与沟通来说必不可少，因为只有这样才能解读外交行为中各方的立场与行为。法语中充满了同义词和各种相关的表达，可以让我们一窥歧义所蕴含的深意：旁敲侧击、引经据典、暗示、隐藏议程、隐藏意义、含沙射影、别有用心。每个外交官都应当把控好语言的使用过程，对理解语言的方式了然于胸，简而言之，就是要能够就对话的语境、对话中的沉默以及提出的观点作出分析。事实上，在外交人员中，文化素养和价值体系之间常常存在着不确定性。这一点充分体现在谈判人员的策略与技能上。“使用模棱两可的沟通方式，有助于让谈话对象始终保持怀疑的心态。当然，在情况明显对某一方有利时，双方的沟通会更清晰明朗一些，但在更多的情况下，双方会让沟通处于模棱两可的状态，借此让对方始终处于怀疑之中。这也可以让讲话者控制各类暗示性信号的最终影响，让他可以更好地掌控自己在别人眼中的形象。”（Villar, 2006: 175）

然而，模棱两可的用语风格并非总是为了牵制对方，或是为了给对方留下深刻印象。官方语言在外交活动中自有其价值：一些用语可以让其表达内容显得更加中立，态度没那么强硬。我们可以举几个例子来一探究竟。比如，当一位外交官说他对某事感到“惊讶”时，他实际上是在表达自己对形势的不满或异议。当他表示“谴责”时，说明局势正在恶化。当他表示“强烈谴责”时，表明形势已经非常严峻。

类似地，当他说“很遗憾，不能为这一请求给出积极的答复”，则是在用优雅（且经典的）方式拒绝对方。

“双方进行了坦率的交谈，并将继续进行交流和谈判”是在暗示双方未达成任何实质性成果，但决定继续会谈，以免中断关系。

在这方面，笔者曾采访过的一位人士讲述过一则有趣的事例。[①]2000 年 4 月 1 日，法国外交部秘书长（其职级仅次于外交部长）撰写了一封外交电报。在这封电报中，作者用上了外交官所用的一切辞令语句，借着当天是愚人节的机会，用模棱两可的外交用语开了个有趣的玩笑。遗憾的是，笔者未能取得该电报的复印件。

最后，马塞尔·普鲁斯特（Marcel Proust）也曾用他独特的文风表述过同样的观点。他曾描写过一位名为诺瓦布侯爵（Marquis de Norpois）的外交官：“在遣词用句时要保持谨慎，这不仅是出于外交官的专业素养，也是因为词语本身具备很大的价值，它们的定义十分微妙，而对于那些为两国间能达成共识而努力数十年的人们来说，这一点十分重要。在他们的眼中，各类演讲或协议中的词语虽已经被浓缩、重构，看上去风格单一、苍白，但其中却蕴含着无限的意义。”（Proust, 1993: 91）

这段话中包含了外交活动的核心真谛。一名外交官既是良好仪态的守护者，也是深明谈判双方交往历史的沟通者，因此，他有时不得不保持模棱两可的态度立场。事实上，政治话语的真谛在于创造空间，其作用能通过多种形式随时发挥。它可以维护关系，维持谈判，并且最终得以维系权力。政治话语所创造出的空间，为交往双方的两名个体腾出了间隔余地，让他们得以对话，而对话恰恰是互动与调节进程的核心。

既“对内”又“对外”的语言

外交语言的诸多变化及其表现形式，只会让公众更加将外交官当成一种遥远而死板的职业，这样的印象更让大家觉得外交语言是双言巧语。的确，大使只有在官方活动的框架中才会发挥其外交职能。有一次，一位与我共事的外交官说了这样的话：“这位同事（来自另一个国家）是真正的朋友。我可以跟他谈论任何话题。”这意味着他可以把外交辞令放到一边了。而这种语言的角色代表性正是外交活动的一个重要组成部分。

接下来，笔者想引用查尔斯·科根（Charles Cogan）对于法国人外交风格的

① 此处案例写于笔者在慕尼黑担任高级教育助理期间，基于所见所闻而记。

一段评述作为总结。这位大使列举了法国外交官的六项惯用策略与交往特征：惯用演绎法、惯用论证逻辑（基于对理性的信仰）、注重表达的清晰性以使人信服、注重对历史的了解、深谙拉丁文的华丽辞藻、深知坚定自身立场的必要性（基于理性）。因此，“对于法国人来说，处理事务前首先要建立哲学性框架，再确立对该事务的预见性愿景，最后才付诸实践”（Cogan, 2003: 44）。

2003 年 3 月 7 日，时任法国外交部长的多米尼克・德维尔潘（Dominique de Villepin）在联合国安理会会议上发表了一段著名讲话，可以作为以上观点的例证。在美国及其盟国提出对伊拉克的干预计划后，这位部长申明了法国的立场，支持延长联合国核查任务的期限。在演讲的结尾，他是这样说的：“在接下来的几天里，我们必须通过投票来庄严地履行我们的责任。我们面临一个重要的抉择——要让伊拉克放下武器，我们该动用武力还是和平解决。这一抉择背后的意义重大。这代表了国际社会解决当前及未来危机的能力，代表了世界的愿景，代表了联合国的职责所在。”

演讲话音一落，在场代表全部起立鼓掌，向多米尼克・德维尔潘致敬。这一场面在安理会的历史中前所未见。他的发言为安理会的发言形式开了先例，打破了原来的常规模式。很明显，在如此一个礼貌当先，甚至堪称充满限制的环境下，这样的表态的确很不常见。将上文中科根所提出的法国外交人员的几大特点，与多米尼克・德维尔潘的演讲音高、风格和形式对比来看，可以让我们有所启发，正如查尔斯・科根用其优美文笔所表述的一样：“在法国，‘荣誉（honour）’这一概念与备受人们推崇的‘荣耀（la gloire）’之间联系密切，进而被人们与‘冲动（élan）’、‘潇洒（panache）’和‘勇气（cran）’联系到一起。这些品性恰巧都是所谓‘英国式冷静（British phlegm）’的反义词，尽管法国人私下里很羡慕这种冷静。”（Cogan, 2003: 45）他接着补充说：“法国的谈判者都以自己的口才为傲，为能够提出既符合逻辑，又审慎有序的论点而自豪。据几位法国外交人员介绍，法国谈判人员最难以接受的侮辱，就是说他们语无伦次。”（Cogan，同上：137）

注重表达的准确性与美感，这是典型的法国人的特点；受篇幅所限，笔者在此不打算展开讨论。正是这一特点让一些人认为，法语的结构使其成为最适合外交活动的语言。这样，我们就又回到了讨论的起点。法国的历史、政治环境以及海外法国人所共有的民族意识，那种优越感乃至傲慢感，以上的一切，构成了法国外交语言表达和交际的特点。

结语

我们必须从两个角度看待外交语言。首先是官方用语的自我矛盾性，使其必然出现理解上的歧义。正如上文所述，外交语言有其特殊性，是为外交人员服务的，为的是在彼此之间建立沟通与联系。因此，这算是一种行业内部所用的语言，一名有经验的外交官可以正确理解同行的表达。然而，由于外交用词本身晦涩难懂，加上人们对外交活动的固有印象，外交语言在公众心目中的名誉不高，因为外交语言很不透明，与人们印象中“真正的”沟通相去甚远。因此，当外交话语在官方语境中出现时，可以被形容为双言巧语。然而，外交语言也有其政治特性；在民主制的环境下，外交语言需要面向公民与媒体使用。每个人都希望理解其中的含义，这使得外交语言具备了对外性。因此，为破译外交沟通内容，记者与专家会发挥关键性作用。他们的工作就是解读这些仅在外交人员内部使用的话语，让公众也可以明白其中的意义。

参考文献

Chosson, Martine, *Parlez-vous la langue de bois?* Points, Paris, 2007.

Cogan, C., *French negotiating Behavior, Dealing with la Grande Nation*, Washington, Institute of Peace Press, 2003.

D'Holbach, *Essai sur l'art de ramper à l'usage des courtisans*, Paris, éditions Allia, 2010.

De Wilde d'Estmael, T. Liégeois, M. Delcorde, R. *La diplomatie au cœur des turbulences internationales*, Presses universitaires de Louvain, 2014.

Delporte, C., *Une histoire de la langue de bois,* Paris, Flammarion, 2009.

Dupont, Christophe, *La négociation*, Paris, Dalloz, 1992.

Elias, N., *La société de cour*, Paris, Champs Flammarion, 1985.

Fumaroli, M., *Quand l'Europe parlait français*, Paris, Poche no. 15418, 2003.

Goffman, E., *La mise en scène de la vie quotidienne*, Paris, Éditions de minuit, 1996.

Goldschläger, A., *Le discours du pouvoir*, Belin, Paris, 1983.

Goldschmidt, G.-A., *A l'insu de Babel*, Paris, CNRS éditions, 2009.

Hotman de Villiers, J., *De la charge et dignité de l'ambassadeur*, Paris Cergy, Essec Iréné, 2003.

Kingston de Leusse, M., *Diplomatie, une sociologie des ambassadeurs*, Paris, L'Harmattan, 1998.

Klemperer, V., *LTI, la langue du IIIe Reich: carnets d'un philologue*, Paris, Albin Michel, 1996.

La langue confisquée, Victor Klemperer et la LTI, exhibition catalogue, European

Centre of Deported Resistance Members, Bibliothèque nationale et universitaire de Strasbourg, March 2009.

Lanzac, A., Blain, C., *Quai d'Orsay*, Dargaud, Paris 2 vol., 2010-2011 (Comic).

Lecerf, Y., & Parker, E., *Les dictatures d'intelligentsias*, Paris, PUF, 1987.

Legrand, Thomas, *Ce n'est rien qu'un président qui nous fait perdre notre temps*, Stock, Paris, 2010.

Lemaire, Jacques, *La langue de bois*, De Boeck, Brussels, 2001.

Proust, Marcel, *A l'ombre des jeunes filles en fleurs T1*, Flammarion, Paris, 1993, p. 91.

Tavernier B., *Quai d'Orsay*, 2013, (Movie).

Villar, C., *Le discours diplomatique*, Paris, L'Harmattan, 2006.

第六章

赠礼与授勋

国家荣誉勋章示例

互赠礼品

在国际交往的正式访问中，各国元首、政府首脑、外交官、政府官员、代表以及商业伙伴之间常会互赠礼品来表示尊重与认可。所赠礼品的规格，通常视受访国习俗而定。例如，中东国家习惯在国事访问期间互赠奢华贵重的礼物，以展现热情与尊重。西方国家则不太重视礼物是否贵重，而更关注礼物背后的意义。

这里需要说明的是，尽管元首间有时会以私人名义互赠礼品，但这不能被简单地当成个人交往行为。因为在国事访问期间，国家元首代表的是各自的国家，所以他们收到的礼品被看作国家财产。一些国家，如印度尼西亚共和国等，还会把这类礼品专门存放在国家博物馆的展厅内。各组织机构、国家部门以及公司间的礼品互赠，也会遵循特定的惯例与规章（一些国家会规定礼品价值不得高于某一金额）。在涉及廉洁问题的情况下，有时会禁止交往双方授受礼品，以避免收礼方因此偏私。

对于互赠礼品的相关事宜，每个国家都有不同的礼仪规定，并且一般都与该国的馈赠文化有关。很多亚洲国家便是如此。例如，日本人喜欢用小袋子将礼物包装起来。此外，还要考虑各个文化中对不同礼品的情感偏好与禁忌。比如，在中东地区，不宜将红酒醒酒器当作礼品赠送。在中国，不宜将拆信刀当作礼品，不宜为老人赠送钟表。赠送鲜花时不宜选择白色或黄色的花朵，因为在中国这两种颜色的花是丧葬所用。在筹备正式访问期间，建议与受访国提前沟通，确定礼品互赠仪式的相关事宜。应重点沟通赠礼的确切时间，以及各类礼物在受访国文化中的象征意义。在准备礼物的过程中，不仅要用心，还要参考相关的知识资料，除了文化方面的考量，也要注意收礼者的个人兴趣爱好。

大多数国家都会在国事访问的第一天安排国家元首夫妇间的礼品互赠活动，并且很多国家还会在媒体上公开报道此事。双方互赠礼品后，所赠礼品会和双方互换的勋章、奖章等一起放在桌面上展示。另一些国家则会在更私人的场合下进行礼品互赠。在这种情况下，一般会有私人摄影师在场记录。

正式访问的礼仪级别低于国事访问，因此礼品互赠活动一般不会公开进行，而是会在酒店房间或是宾客住所内开展。有时，双方代表团团长会准备好礼品，在正式活动以外由礼宾人员负责互赠。

通常情况下，艺术品是理想的赠礼选择，包括雕塑、绘画、水粉画、水彩画或是地方特色艺术。赠送艺术品还有一大优点，就是能提高艺术品作者的知名度，或是向世界宣传赠送国的悠久文化形态。

在国际交往中，一些国家习惯在出访行程一开始，就与对方互赠礼品，一些国家则习惯在行程末尾互赠。在很多国家，代表团间互赠礼品，要参照双方人员的职位层级，并依据收礼人的不同身份来选择不同价值的礼品。这一点在亚洲国家尤为明显，依照惯例，若对方身份级别最高者与下属一同在场，则不宜为对方领导单独送上礼物。在英国和西班牙等国，一般不习惯为商业伙伴送上礼物，但这一规定并非绝对。

在为穆斯林准备礼物时，不宜选择印有人像的物品，这是伊斯兰文化的禁忌之一。同样，不能选择带有狗或猪的物品。此外，不能选择酒类或与酒有关的礼品，不能选择由猪皮制成的礼品。在互换礼品时，要用双手或右手授受礼品。罗盘、钢笔、名片夹都是完美的赠礼。

在日本或中国，原则上不要使用白色、黑色或灰色的包装纸。可以选用红色或金色的外包装。并且，两国有在收礼前婉拒三次的礼节。一般来说，会在访问活动的末尾互赠礼物。

除了正式访问或贸易互访，在受邀前往某人家中共进晚宴时，也可以准备一份礼品。在大多数国家，此类礼品可以选择一件私人物品、一份美食、一本来自访客国家的书，或是一束鲜花。若要赠送鲜花，则一定注意对颜色的选择，如前文所述，一些国家不喜欢白色或黄色的花朵，因为会让人联想到丧葬。花朵的数目在一些国家也有其文化含义。在俄罗斯，绝不能赠送奇数数目的花朵，否则甚至会引发冲突。在西班牙，应该赠送奇数朵的花束，但数目不可以是 13，也不可赠送大丽花、菊花、白百合或白玫瑰。在法国，应送奇数朵的鲜花，且花朵数量要避开数字 7 和 13。每年 11 月，法国和比利时的花店中都会售卖菊花盆栽，但这些绝不能用来送礼，因为它们是用来在万灵节上纪念逝者的。万灵节由天主教会订立，旨在纪念死者的灵魂。

荣誉颁发

在介绍国际礼仪中的荣誉称号前，不妨先思考一下荣誉称号本身的意义。颁发荣誉是为了表彰某人对国家或企业的特殊功绩，或是为社会做出的杰出贡献。很多荣誉称号专为军队士兵而设立，以表彰那些长期服役于前线、参与维和行动或是英勇作战的士兵。为特别军事行动中作战英勇者所颁发的荣誉，是军中最高级的军事荣誉。荷兰的威廉军功勋章就是为此而设。该勋章由国王威廉一世在 1815 年 4 月 30 日设立。此外，非荷兰公民也可获颁这一荣誉，例如在“二战”中参与抵抗侵略的战士。与此类似的还有英联邦的维多利亚十字勋章、美国的荣誉勋章，还有俄罗斯的金星勋章。在获颁荣誉后，授勋者的身份便从此与旁人不同。这样的不同可以体现在很多方面——在比利时与英联邦，受勋人在接受荣誉后，可以获得贵族身份，跻身骑士团，或是获得一枚代表荣誉的奖章。按惯例来说，各国的荣誉是为本国国民而设，但有时也可颁发给外国公民。

在英国等国家，每年都会举办很多授勋仪式。以下内容摘自英国皇室官方网站，介绍了授勋仪式的相关事宜：

授勋仪式当天，会由女王或威尔士亲王为受勋者颁发荣誉，在有些场合下，也会由剑桥公爵或大公主来颁发。在女王对外国进行国事访问期间，或是其他皇室成员出访外国期间，也会在海外举行授勋仪式。

受勋人最多可邀请三位朋友及亲属来到授勋现场，坐在看台上观看授勋。每年举行的授勋仪式大约在25场左右。其中大多数在白金汉宫的宴会厅举行，其他的则会在爱丁堡的荷里路德宫，或是温莎城堡内的滑铁卢厅举行。

如前所述，某些荣誉有时也意味着获准进入骑士团。C. 巴龙·范黑特（C. Baron van Heerdt）在其书《荷兰及各国的骑士团（*Nederlandse en Buitenlandse Ridderorden*）》中，对骑士团有如下介绍：

"order"一词源于拉丁文"ordo"，意为"排"，指剧场中的某一排座位（seder in quattuordecim：坐在前十四排，这是骑士阶层所专享的待遇），也指军事术语中的军阶或军事单位。此外，"ordo"还可以指某一层级或某一职位（hic ordo：这个学院/学院理事会；ordo equester：骑士身份）。因此，骑士团是由多个成员组成的实体团体，其成员都曾做出某类贡献且经国家承认，或是作为国家元首的下属为其服务。

大多数骑士勋章包含5～6个勋位级别。从高到低分别为：（骑士）大十字勋位、大军官勋位、高等骑士勋位、军官勋位、骑士或成员勋位。但并非所有的骑士勋章都有以上这些勋位级别。有些勋章的级别更少，或是在以上级别的基础上还有更细分的级别勋位。很多骑士团都会为受勋人颁发荣誉徽章，有金质、银质与铜质之分。

某些骑士勋爵制度会在大十字勋位之上增设一级，名为领环大十字勋位或领环勋位。颁发这一最高级别勋位的国家有丹麦、芬兰、日本、挪威、西班牙、瑞典和英国，一般只会授予皇室成员或国家元首。

在英国，嘉德勋章是级别最高的骑士勋章，在英国所有的勋章中，级别仅次于维多利亚十字勋章和乔治十字勋章。嘉德勋章由爱德华三世于1348年设立，其勋章图案中有一条吊袜带①。英国皇室官方网站对该骑士勋章的相关介绍如下：

嘉德骑士团的成员包括英格兰国王以及25名骑士。该勋位是为表彰担任公职者中对国家有所贡献或是对君主尽职尽忠者。骑士团的守护圣者为圣乔治，他也是士兵和英国的守护圣者。骑士团的精神家园为位于温莎的圣乔治礼拜堂。礼拜堂中展示着每位骑士的臂环徽章、头盔、顶饰、佩剑以及一块写有姓名的纹章板。这些"成就的象征"会在骑士死后被摘下，而徽章及衣饰也会在骑士去世后被君主收回。每位骑士

① 相传英国国王理查一世曾受基督教先贤圣乔治的启发，把吊袜带绑在骑士的腿上，从而赢得了一场战斗。后来，爱德华三世想起这个典故，深受感动，决定设立以"吊袜带"命名的皇家勋章激励后人。——译注

的纹章板则会被留作纪念，如今已经成了世界收藏界中最精美的收藏品类之一。几个世纪以来，嘉德骑士团的徽章及衣饰发生了一些变迁，最初要佩戴一条吊袜带，以及一块描绘圣乔治屠龙的徽章。16 世纪时，人们在衣饰中引入了一条领环，17 世纪时则加入了佩星和一条宽佩带。

接受骑士册封者，在册封后可以在自己的姓名后加上“爵士”称号。册封仪式上，受勋者要在女王面前的受封凳上跪下。随后女王手持其父王乔治六世的宝剑，以剑依次轻触受勋者的双肩，完成册封。在很多国家，将颁发荣誉的仪式称为**“授予”**或**“颁发”**，但对于骑士勋章中如大司令勋位等荣誉，专业术语应称之为**“授勋”**或**“册封”**。在颁发荣誉奖章以及其他荣誉时，则要称**“颁发”“荣颁”“发放”**或**“给予”**。

那么，这些荣誉在国际社会中发挥着怎样的作用呢？除了为一些贡献突出的外国公民或士兵颁发荣誉外，国家元首间的荣誉往来也是很多国家国事访问的重要部分，这样的交往活动符合互惠互利的原则。尽管这些荣誉并非属于个人，但这样的荣誉互换体现了双方的互相尊重，展示了两国间的友好关系。

荷兰女王贝娅特丽克丝与阿曼苏丹卡布斯·本·赛义德（HM Qaboos bin Said Al Said）互相颁发荣誉

然而，有些国家不设荣誉勋位，也不允许在国事访问期间与别国互颁荣誉。

除国家元首及其配偶外，互颁荣誉的对象也可包括官方访问团中的其他成员，具体视情况而定。由于在国事访问期间会有很多受访国官员参与接待，包括众议院或参议院议长、各受访机构的负责人、受访国首都市长、仪仗队司令官等，因此按照国际惯例，受访国成员所得荣誉的数目，一般是受访国为来访人员准备的荣誉数量的两至三倍。

在筹备国事访问期间，礼宾司司长或外交部部长要负责此事，必须提前做好细节计划。国家元首间互相颁发的荣誉级别最高。若两国元首已经获得过对方国家的最高荣誉，则在国事访问期间无须举行荣誉互颁仪式。在国事访问中，不会互相颁发级别较低的荣誉称号。若两国中的某一方无荣誉可授，或不允许进行荣誉交换，则国事访问期间无须进行此活动，英国与美国即是如此。

对于除国家元首外的人员，在考虑为他们授予荣誉时，要关注他们的级别与身份，了解他们是否曾在其他出访活动中获得荣誉。若他们曾获颁荣誉，则可以在访问中为他们提升所获荣誉的勋位，或是另外颁发更高勋位的荣誉。一般情况下，在计划为受勋人提升勋位等级时，会参考其初次受勋的时间。一般在受勋人初次受勋的五年内，不会为其提高勋位等级。若受勋人在此期间有职务晋升，则可以破例提升勋位。而只有授勋国存在其他可以授予他国公民的勋位时，才能授予来访者新的荣誉勋位。

在筹备授勋活动时，要考虑每个勋位等级的具体可授予人数。为确保各荣誉等级均衡分配，一些国家对不同勋位等级有不同的人数规定——大十字勋章和骑士勋章的可授予人数就相差很大。而身份等级较低的出访团成员，一般会被授予荣誉奖章。

在访问期间，要考虑每个勋位等级所对应的具体受勋人有哪些。下面是一份国事访问期间授勋指示表，其中介绍了各个勋位级别及其所对应的受勋人类型。表中所含勋位级别及受勋人类型仅供参考，不同国家情况或有差异。

- ★（骑士）大十字勋位：授予部长、国务卿、大使、参谋长、皇室高级内务成员、总统府高级成员，以及其他同级别人选。
- ★ 大军官勋位：授予秘书长，各部处长，中将、少将及同级别军官，首都或主要城市市长，大使馆全权代表，礼仪总管，跨国公司董事长，总检察长。
- ★ 高等骑士勋位：授予参赞级外交官员，准将、上校及同级别军官，部门主任，大学执行委员会主席或校长，大型城市市长，跨国公司董事会成员。
- ★ 军官勋位：授予一、二等秘书级外交官，中校、少校或同级别军官，警察局长，政府部门官员，小型城市市长。
- ★ 骑士勋位：授予三等秘书级外交官、上尉及同级别军官、警察巡官。
- ★ 荣誉勋章或奖章：授予低于以上职位级别者。

骑士及成员勋位所授勋章多为银质，其他勋位则多为金质。

在准备荣誉互颁仪式时，必须认真安排每一处细节，坚持互惠互利的原则。要为行政流程留出时间，因为授勋需要经过君主或总统批准，并且需要仔细核对受勋人的一切信息，确保无误。

在国事访问期间，先进行国家元首间的官方荣誉互换，再为随行人员颁发荣誉。有些国家会为此举行一场小型典礼仪式，另一些国家则会将勋位所配的徽章与衣饰，与赠礼一起放到来访人员的酒店房间中。

白领结佩勋章着装规范

在获颁勋章后，受勋人可以在国事访问的第一天晚宴上佩戴，此类晚宴的着装规范一般都是白领结着装。所谓白领结，意指"打白色领结，佩戴勋章绶带"的盛装，法语说法为 cravate blanche avec plaques et cordon。要把之前获颁的所有勋章的迷你徽章佩戴在正装外套的左侧。女士则要穿长款晚礼裙，佩戴勋章。

白领结级盛装

此外，受访国也可能有其他的着装要求，如黑领结着装或是商业正装。这些情况下则无须佩戴所有的获颁勋章。一些国家允许在黑色领带上佩戴勋章，但仅限于小型的勋章徽标，瑞典等国则允许佩戴纽扣式徽章。

以下给出了几条白领结着装规范。

领环

对一些高级勋章来说，领环是最高级勋位所专属的服饰。佩戴时要将领环搭在双肩上，男士需佩戴在正装外套外，女士则佩戴在晚礼长裙外。

（骑士）大十字勋章

大十字勋章的受勋人所佩戴的大绶带（又称肩带、锦带或绶带），由受访国或出访国的国家元首授予，主要用于国宴场合佩戴。

大十字勋章所配徽章（金属奖章或星形徽章）应佩戴于正装左侧，位于正装外套下绶带穿过之处。有些场合的着装规范可能要求将其戴在右侧。法国荣誉军团勋章所配的徽章，便是要佩戴在外套右侧。

若要佩戴多枚勋爵徽章，则最多可以在外套的同一侧佩戴三至四枚。切忌佩戴过多徽章。当同时佩戴两枚、三枚或四枚徽章时，应将级别最高的徽章置于最上方。当佩戴三枚徽章时，将级别排第二的徽章置于左侧，第三的徽章置于右侧。以上左右方向以他人视角为准。第四级的徽章置于最下方即可。

	1				1	
2		3		2		3
					4	

在接受国家元首的接见时，应将大绶带佩戴在**白色西服背心之上**，若无国家元首在场，则佩戴在**白色西服背心之下**。

大绶带一般由右肩至左臀部环绕佩戴，具体视勋章要求而定。要展示出绶带上的装饰性蝴蝶结。大绶带一般宽 101 毫米。一些勋章的大绶带会从左肩至右臀佩戴，如英国的嘉德勋章以及丹麦的大象勋章。各勋章具体的佩戴方式与着装规范，在授勋时都会一并介绍。

女士晚礼长裙所配的大绶带，规格一般要小一些，约 70 毫米宽。女士佩戴星形徽章时，一般会戴在腰部位置，饰于锦带之上。

大军官与高等骑士勋位

大军官与高等骑士勋章佩戴者，一般会佩戴一件颈环十字以及一枚星章。其星章佩戴规范同上。大部分荣誉证章应佩戴在左胸。大军官级受勋人可以佩戴多个勋略，但建议在国宴上只佩戴本次出访期间所获勋章。军官或政府官员在参加典礼时会佩戴高领，并层叠佩戴多个颈环十字，数量一般不超过三个。

大军官与高等骑士级受勋人在佩戴颈环十字时，应将颈环锦带藏在衬衫硬领之下，不可露在外面。必须将颈环戴在白色领结之下。在英国，习惯将颈环十字佩戴于第一枚扣子以下两指宽的位置。

军官与骑士勋位

军官与骑士勋位的十字徽章，一般作为小型装饰物，佩戴于白色领带上。他们一般使用迷你样式的勋章，常配有玫瑰花结。此类迷你徽章会被固定在左侧翻领上的扣环或饰带上。在国事访问期间，受封军官与骑士勋位者可以在国宴上佩戴金属十字徽章，将徽章佩于白色领带之上，放在某侧翻领旁或翻领下。

女士受勋者则会将徽章系在绸带所制的蝴蝶结上。蝴蝶结下衬有玫瑰花结。

骑士级、骑士团成员级和荣誉勋章级的受勋人也需要将徽章系在蝴蝶结上。女士会将徽章佩戴在左肩。

迷你徽章的级别规范

扣环上的迷你徽章一般按照如下等级顺序排列：本国所设的荣誉勋章，按照勋章的等级由高到低排列，后面是外国所授的荣誉勋章，按照勋章等级高低排列，同级别勋章按照其法语名首字母顺序排列。勋章级别越高，则佩戴位置距离心脏越近。

白领结着装下的迷你徽章排列示例

在国事访问的行程期间，参与者一般会把本次访问期间获得的纽扣式勋略佩戴在外套的翻领纽扣位置。纽扣式勋略不仅可以在正式的访问活动中佩戴，也可以在日常穿着正装时佩戴。

军官勋位的纽扣式勋略示例

各勋位级别都有相应的纽扣式勋略。大十字级别的纽扣式勋略系有一枚玫瑰花结和一根金色穗带。大军官级的勋略则系有一枚玫瑰花结和一根半金半银的穗带，金色一侧朝向心脏的方向。高等骑士级的勋略则系有银色穗带。军官级勋略则无配套穗带。

军队人员可以在日常军装上佩戴荣誉勋章，或是把勋略按照等级顺序置于勋略架，再固定在军装制服上。

制服上的勋略示例

在典礼仪式中，人们会佩戴勋章当作装饰，将勋章按照战功等级排列，用饰针固定在制服上。

国事访问

若泽·德·博扎·赛拉诺阁下，曾任葡萄牙共和国驻荷兰王国大使

若泽·德·博扎·赛拉诺（José de Bouza Serrano）于2012—2016年担任葡萄牙驻荷兰王国大使，现任葡萄牙外交与领事事务监察长。在荷兰任职前，他曾担任葡萄牙礼宾司司长、葡萄牙驻丹麦大使、葡萄牙总理顾问，并曾在葡萄牙、马德里、布鲁塞尔和罗马教廷的外交部门前后担任过很多职位。此外，他在其他部门也屡任要职，曾于葡萄牙任欧盟轮值主席国期间，担任贝伦文化中心常务董事。2011年，由他所著的《礼仪之书》（*O Livro do Protocolo*）出版问世。毕业于里斯本大学法律系的若泽先生在各个工作岗位上成绩斐然，曾在很多国家荣获高级荣誉。

有人将礼仪看作明日黄花，
认为礼仪如今已无用武之地。
将它当成一份历史的古董，当成失落文明的遗产。
但只要随便想想就知道，这样的看法无疑是错误的。
人类讲究礼数，任何群体与社会都有礼仪的存在。
礼仪规范会因时而变。
这些规范在不同的社会风俗、活动与场合下也不同。
就某种程度而言，
礼仪代表了民族间的往来礼节，代表了一种世界通行的交往语言，
这语言从古流传至今，经历朝代兴衰而从未褪色。
——安德烈·德·富克埃（André de Fouquères）

我对国事访问最早的记忆，是女王伊丽莎白二世对葡萄牙的访问活动。那是1957年2月，当时我6岁，和我的堂兄还有家庭教师埃特尔维纳一起，前往罗西欧广场观看皇家马车（我曾在贝伦博物馆里看到过皇家马车）。当时那辆马车由8匹白马拉动，载着克拉维罗·洛佩斯（Craveiro Lopes）总统和英国女王陛下。女王陛下还在车中挥手，向路边热情欢迎她的民众致意。

当晚，我的父亲带我去了丰特鲁米诺萨附近。在那里，隔着一处商店橱窗，我在电视上看到了那时还在测试阶段的节目转播。屏幕上放着女王陛下抵达科鲁纳斯码头的情景，画面中可以看到皇家游艇、马车……

毫无疑问，当年的那次访问是我第一次参与这类被各方媒体报道的盛事，也是那时我参加过的活动中规模最大的一次，给我留下了极为深刻的印象。接下来的几天里，关于这次访问的报道占据了全国的广播电台，报纸上的黑白照片铺天盖地，而我把这些报道剪下，制成了一本剪报册。

正如作家普鲁斯特笔下所回忆的情节一样，如今的我在看到一些老照片时，这段童年回忆总是会涌上心头，让我重新忆起那次国事访问中的点滴。

尽管从广义角度而言，国事访问中的每一位工作人员都有必要理解国事访问的概念，但在国事访问中，两国元首是最关键的核心人物，他们必须在访问期间深刻理解国事访问的意义，明白这一活动所代表的背景语境。

从礼仪角度来说，国事访问是两国顶层官方关系的黄金时刻。这意味着，整套访问日程应以来访贵宾及随行人员为准，以保证各项典礼仪式既能满足他们的需要，又能传达出我们的待客诚意，这样可以让葡萄牙的对外政策获得最佳收益。一般来说，在两国大使馆代表联系确定访问日期（访问通常需2至3天），且已经派出先行代表团访问沟通后，即可在双方达成共识的基础上，确定最终的正式访问日程。

双方核准正式日程后，按照葡萄牙的国礼规程，会举办一次多部门联合会议，来访国的先行代表团以及该国驻葡萄牙大使会出席会议。

一同出席会议的还有外交部门代表、总统民事与军事办公室代表、国内安全保卫部门成员、治安警察个人保卫部门成员、国家医疗急救中心成员以及民用与军用机场负责人，如有需要，还会联系海关负责人参会（有时需要临时进口某些物资）。安全保卫部会负责安排访问期间的细节活动，并联系治安警察部门的安保及交通疏导人员，以及共和卫队成员。

按照惯例，总理办公室、各部长办公室及外交部成员也会参与会议，协调访问期间各项日程。

共和国议会议长办公室及其下属公务部门也会参与会议，协助制定在议会大厅中举行的访问活动日程。市政厅工作人员也会参会，参与准备在里斯本市政厅的参观活动。

对于这方面的日程，相关部门会对细节进行不同级别的保密，具体保密级别视来访人员（例如教皇陛下）所需的安保级别而定。

日程经出访国以及受访国的礼宾司司长核准后，还需要考虑以下几个方面的问题：礼品互赠的细节（确定是在私人会面时进行，还是举行相应的礼仪仪式）；晚宴与午宴菜单（考虑访客成员的口味偏好与饮食禁忌）；在准备阿茹达宫或格鲁兹宫内的宴会时，要确认各环节的宾客名单、邮寄邀请函、确定菜单、确定活动场馆入口路线、标记桌号，并准备客人信息卡，以待在欢迎仪式上介绍客人。

此外，要提前确定宴会上的着装规范。君主须着白领结级盛装，佩勋章，穿长袍与制服出席。要确定在白天的仪式上，女士是否可以戴帽子出席。准备日程时，常要为元首的配偶单独准备一份行程安排，保证他们在没有陪伴国家元首时能有事可做。

按照传统惯例，还要在访问期间为出访国代表团提供现场安保。在正式访问团抵达一天前到达的先行访问团，也会享受此类安保待遇。依照国事礼仪规定，安保场所包括纪念碑、宫殿、机场、访问成员下榻酒店（各房间安保级别视房中贵宾而定），以及来访成员在访问期间经过的一切场所。安保活动要持续到访问结束、来访国元首及随行人员离开为止。

同样，还要组织车队护送来访贵宾，要预先规划行程路线，并按照具体车辆及护送区域分配护送任务。护送行程的时间安排需要提前确定，而且在很多情况下，需要视访问活动需求，为来访人员分组安排护送车队。

为保证来访贵宾途中的舒适，有时会动用陆上、海上及空中交通工具，按照访问日程，护送贵宾出入国境。

共和国总统下辖军事部门会参与访问接待工作，提前按要求准备好仪仗列队、军礼仪式、现场鲜花，并安排军乐队在接待现场演奏两国国歌。仪仗队成员包括步兵、摩托车兵以及骑兵，遵照葡萄牙国家传统、迎宾致敬规范以及军内礼仪要求执行仪仗任务。

若是葡萄牙元首出访外国，则会派遣先行代表团从里斯本出发，前往受访国商讨以上细节事宜。

访问期间交换勋章的相关事宜，在经过两国元首核准后，两国礼宾司司长即可开始筹备；按照传统惯例，出访国所准备的勋章数量，应是受访国为来访贵宾准备的勋章数量的两倍，有些情况下甚至是三倍，按照各国的礼宾顺序选择勋章。

最终，应制作一份袖珍版的官方访问日程册，涵盖一切所需信息。在葡萄牙访问别国时，需准备葡萄牙语版手册；在葡萄牙接待别国访问时，则制作葡萄牙语和来访国语言的双语版手册。

皮埃尔·德·富克埃（开篇处那位安德烈的兄弟，同样是一位外交官），曾这样描述外交活动的特点："访问耗时越来越短，但两国通过高层会谈、政治对话、官方宴席、会见商界代表，以及议会大会、行业评议会议、媒体见面会和电视采访等活动，可以成功达成共识，找到平衡。"

然而，礼仪只是为访问的实质政治内容提供活动框架、流程安排与实施细节。而访问活动的真正政治意义，在于帮助两国恢复邦交、重申结盟，提高国际社会对某国的关注度，或是向世界展示其对外政策的长久利益与新生利益。

为此，身为国家元首以及国家决策者，要想在演讲、双边会议或高层对话的过程中完整准确地传达自己想要传递的信息，就必须让本国的决策层官员、外交专员和政治家紧密合作。在这样的合作下传达信息，即是戴高乐口中的"共和国秩序的展现"或"国家处世礼仪"。

为达到以上目的，元首本人在访问中发挥着决定性作用。元首的个人性格，以及他在两国的公众形象，都会决定访问活动的最终效果，并进而影响两国的未来关系。其影响甚至可以延伸至该元首的任期之外。

除了政府工作人员在内务府或办公室内的准备工作，在访问活动期间，必然会有公共媒体参与其中，尤其是我们如今身处的这个影像时代。在今天，礼仪甚至要为媒体报道的需求做出牺牲，只为留下照片与电视镜头。能给人们留下印象的，也不再是双方签署的文件或达成的共识，而是那些沉默苍白的现场影像，一旦被归档封存，它们就再也不会引起任何注意了。

说起葡萄牙历届元首的出访活动，我绝对不能忘记每次出访时，各受访国驻葡大使馆与葡萄牙驻外领事馆的辛勤付出，是他们精心准备了每次议会会议的议程，制定了各项活动的最终细节。他们的工作是访问筹备中不可或缺的一环，确保了每次出访活动能够圆满结束。

我在马德里担任办事处处长期间，曾参与组织了葡萄牙总统马里奥·苏亚雷斯（Mário Soares）1986 年 9 月 12 日的国事访问活动。期间，苏亚雷斯总统为西班牙国王兼巴塞罗那伯爵殿下授勋，届时出席现场的贵宾除了西班牙国王，还有其他西班牙王室成员，以及葡萄牙大使馆的众多宾客。

次年 12 月 14 日，苏亚雷斯总统再次率代表团抵达西班牙，并开始了为期数天的国事访问。

几年后，我在担任葡萄牙常驻欧盟布鲁塞尔代表期间，有幸参与准备了若热·桑帕约（Jorge Sampaio）总统 1997 年 1 月 15 日对欧盟的访问活动。

随着社会与体制的发展变化，各国元首间的联系接触愈加频繁，信息交流更加快捷，最终必然会带来一些改变，而礼仪规范也会随之而变，但礼仪规范不会消失。即使体制结构会发生变化，礼仪也必将长存。因为礼仪的存在与权力运作息息相关，有利于维持权力内部的秩序稳定，并让各国实现和谐的合作关系。

如果有人能回到过去，见到六岁时的我，告诉当年那个孩子，58 年后他会面见那辆马车中的女王，而且幸运的是那位女王五十多年后仍然在位；告诉他在今后的人生中，他将会多次与女王陛下和女王的亲属们见面；告诉他今后会面见两位教皇，见到数不清的外国元首，见到好几位在位或退位的国王女王、王储公主；告诉他今后将有幸为四名葡萄牙总统服务。不知道当年的我是否会相信这一切。但无论如何，我早已深深爱上了这个奇妙的礼仪世界！

第七章

典　礼

1948年伦敦奥运会火炬手抵达开幕式现场

导言

典礼是我们生活中的重要组成部分。从个人生活中的婚礼、受洗，到职业生涯中的各种活动，我们每天都在与各式典礼打交道。有些活动举办一次性的典礼，但更多的典礼是政府礼仪、宗教或文化活动的一部分，会重复举行。这类典礼的基础是与之相关的各类仪式。

很多仪式背后都有悠久的传统，其源头可以追溯至各民族与国家的文化、宗教和日常生活。这些传统在民族文化与宗教信仰的形成发展中发挥了重要的作用。

在很多文化与信仰体系中，人们都会通过举行典礼来表达虔诚，在教堂、清真寺或佛寺中举行重要的个人活动典礼，包括祝福新生、婚事嫁娶、悼亡吊丧与宗教祈福。各个宗教一般都有自己特有的典礼仪式——例如天主教会的洗礼与坚信礼、犹太教的受诫成人礼，还有伊斯兰教中围绕信仰和人神通感的各种仪式。

此外，军队中也有很多典礼仪式，并且至今仍在军中沿用，例如指挥官交接仪式、军事葬礼、献花圈礼、抵达与开拔典礼、宣誓礼、就职礼、颁奖授勋礼。

有些典礼围绕某个人举行，成为回忆里的难忘瞬间；而有些则构成了民族认同感的基石，例如升旗、奏国歌、国家纪念日、国家大会开幕、颁发皇室荣誉等。

典礼的意义

提到典礼，我们总会想到庄严肃穆的仪式与纪念、传统与礼节，这些都是纪念性活动与军事礼仪中常见的要素。

但这还不够，我们要明确界定何为典礼。典礼是一项或一系列具有象征性特点的行为，其内容通常由法律、礼节、宗教、习俗或社会当权者规定，旨在创造值得纪念的瞬间。《罗伯特法语大字典》将“典礼”一词定义如下：“一套沿用自习俗惯例或由官方规定的组织与流程秩序，以体现庄严郑重。”

2005 年，维基百科的一篇文章对典礼给出了如下定义：“典礼是为纪念某一重要活动而举行的正式仪式。典礼上会有一些仪式性活动，其内容大多有严格的定义与规定。一些典礼是一次性活动，一些则会遵从传统惯例定期举行。”

因此可以说，典礼是用于表现庄严感的活动形式，那些人们反复举行的典礼常常有一套固定的形式框架。而有些典礼的形式则由管理机构规定，例如国事访问、敬献花圈，或是如国家独立和颁奖授勋之类的单次活动。典礼仪式也可以是宗教信仰或文化体系中的组成部分，例如日本、中国等国家的婚礼、庆典游行、茶道礼仪。通常来说，一场典礼中包含了仪式、象征性符号、传统惯例、军队演练、奏乐和礼仪礼节。就典礼中的礼仪礼节而言，应特别注意等级次序、座次安排和列队次序、旗帜使用以及花环绸带放置等问题。

私营部门在推出新产品、庆祝周年以及颁发每月最佳员工等内部奖项时，也会举行相应的典礼。

典礼的组织

在负责筹办典礼仪式时，首先要知道典礼的举办原因，并且要想好如何在典礼进程中体现出这一原因。接下来，在分析典礼项目的过程中，要厘清典礼各参与人员所扮演的角色，明确利益相关方。要知道典礼预期想达到哪些效果，并确定举办典礼的时间与地点。

因此，在组织筹办典礼时，要明确其纪念或庆祝的内容，明确典礼的目标，也就是为何要举办这次典礼。要搞清楚组织的是国事访问之类的一次性活动，还是要建立或发展双方的长期友好关系，抑或是为了达成某一项具体目的，比如结束无意义的暴力对抗。在典礼上是要展示某一文化的某些具体内容，还是会将来自不同国家的人们聚到一起，比如举办像奥林匹克运动会那样的体育活动。在确定了活动目的后，剩下的组织工作以此为原点向外延伸即可。

首先，考虑典礼的日期、时间与地点。以下是几点可能影响典礼时间与地点的因素。

★ 政府明确规定了一些典礼的时间与地点，例如一年一度的纪念日或国家独立日。

★ 一些典礼的时间和地点要遵循历史或传统。

★ 有时需要根据活动场地的可用时间来确定典礼时间。

★ 有时需要根据典礼的重要参与者（即利益相关方）的个人日程来确定典礼的举办时间。

在确定了典礼的日期、时间与地点后，还应考虑以下几点细节：人们能从这场典礼中收获什么？典礼的核心目标是什么？典礼的理想预算和实际可用预算分别有多少？该如何表现典礼的各项举办目标？回答了这些问题后，典礼的整体规划也就基本成型了，但筹办团队还需要继续优化其内容。

有关典礼规划的信息必须及时分享给典礼的所有参与方。分配工作责任至关重要，例如，活动中的军队仪仗工作要及时分配给军队有关方面，确定宾客名单和发放邀请函的工作同样不容忽视。

典礼的组成

一场典礼由五大环节构成：

★ 受邀者到场

★ 宣布典礼开始
★ 典礼
★ 宣布典礼结束
★ 受邀者离场

这一流程适用于所有典礼活动，无论是毕业典礼、新婚典礼，还是敬献花圈、新船下水。

所谓新船下水，是指船舶在船坞或岸上厂房内完成建造后，被正式送入水中时的纪念仪式。在船舶的下水仪式上，有很多传统活动内容。一些传统已有几百年的历史，其中最出名的就是船舶的命名礼。在命名礼上，负责命名的重要贵宾到场，即标志着典礼的开始。为船舶正式命名的那一刻，即是典礼的中心环节。贵宾政要离场标志着典礼结束，最后是现场其他受邀人员离场。

国家典礼

国际法中没有规定国家典礼的内容。这类典礼有些是沿袭习俗，有些则是国家偶然为之的产物。为了协调不同国家间各类典礼的差异，必须设定一套国际通行的规则。在这套规则中，一定要确保礼尚往来，待遇对等，这是旧时所有典礼的核心要素。例如，在英国王政复辟时期，一位典礼官曾写下："英国的接待礼仪中，一部分是参考我国大使或使节在别国所享受的待遇，一部分则是参照我国过往的接待经验。"

国家典礼体现了对某项活动的最高级别关注，其覆盖范围很广，从国家元首就职、国家纪念日，到议会选举年开幕、皇室大婚、国葬仪式，全都包括在内。

在别国大使递交国书时，或是开展国事访问、接待外国元首等活动期间，也会举行国家典礼。国家典礼可以展现出最高级别的尊重，是培养两国长期双边关系中不可或缺的一部分。在访问时所举行的国家典礼，其内容取决于访问的性质。其中，国事访问及其相关典礼最为正式，贸易访问与礼节性到访的相关典礼则最为随意。

除此之外，还可以邀请外国元首参加一次性的庆典、纪念活动或外国展览的开幕式。不过，这类访问活动通常被称为"主题访问"，并不会举行配套的典礼。主题访问指外国元首为了某一双方有共同兴趣的主题而进行的访问活动。外国元首也会应组织或商企邀请，前去访问某个国家。但这类邀请活动必须先经过受访国本国元首的批准，因为任何国家元首的访问活动，都必须在受访国元首同意的前提下进行。这类活动一般被称为"访问"，并且受访国元首有时不会出席。最后，还有一些访问属于私人交往，无须遵循任何官方的礼仪流程。在这种情况下，受访国元首可以为访客提供住宿，并在私人场所安排会面。

正如前文所述，国际上的国家典礼活动要着重体现礼尚往来的原则，而且要以承认并尊重别国元首、代表、当局为基础。因此，在国事访问中，需要双方的组织者共同协作努力。在访问期间，迎接与送别仪式、礼品互赠、花圈摆放、晚宴国宴、国际集会、大使递交国书等环节，都少不了双方的通力合作。在遵循国际惯例与互惠原则的前提下，各国常在这类活动中应用本国的礼仪流程。

法国外交官、作家让·塞尔（Jean Serres）在他的《礼仪实践手册》中，对于这一问题有如下的论述：

> 典礼与礼仪的作用无比重要。在典礼所营造的环境与氛围之中，主权国家彼此建立起和平关系。典礼与礼仪为绅士们提供了交往时所必须遵循的准则。同时，它们也会影响国际谈判的效果，以及国际准则的确立与落实。事实上，国际活动中的典礼仪式是最重要的一类仪式。很明显，政府要投入大量精力来准备大型国际会议，而那些与会议有关的大型典礼，在很大程度上能决定会议的成败，具体效果则取决于主办者对典礼的组织安排。各国在接待别国元首、部长、代表团，签署条约，或是庆祝某一惠及双方的活动时所表现出的关注程度，都能体现政府展示友好关系的意愿，体现对双方关系走向以及未来发展内容的期望。典礼仪式是否庄严郑重，对访客的款待是否热情周到，还有典礼中演讲的文稿内容，以及期间的授勋颁奖是否慷慨大度，都会体现典礼双方公开彼此间共识、友好关系与合作内容的意愿程度。

很明显，在互惠原则下，各国元首、大使和当局都能得到平等的对待与尊重。

在荷兰，每逢亲王日之类的重大典礼时，军方常会扮演重要的角色。亲王日是每年九月的第三个星期二，届时荷兰议会两院召开联席会议，而国王会在海牙骑士厅发表王座演说。在其他国家，也会有很多活动需要军队发挥重要的作用，例如国会开幕典礼、国葬、皇室大婚、敬献花圈、加冕礼、国家元首就职或离任，以及别国大使向本国元首递交国书等。

接下来，笔者将详细介绍几种不同类型的国家典礼。

国事访问

对任何一个国家来说，国事访问活动的相关典礼都要对来访的国家元首尽可能展现出最高级别的尊重。这类典礼要展示出两国在政治、经济与文化领域的平等交往与互相尊重。我们不能将国事访问简单地当成一国对另一国的访问，而应将其视作一国国家元首对另一国国家元首的拜访，他们是作为各自国家法律上的领导人，以国家元首的身份会见。就 19 世纪至今的国事访问活动而言，其形式和内容上主要有以下四点发展变化：

- ★ 在国内外政局的发展变化中，国家元首的角色变化。
- ★ 国家对外政策的变化。

★ 技术的发展，尤其是信息传播与社交媒体领域的技术发展。
★ 社会发展中社会价值观与准则的变化。

在国事访问中，国家元首同时也充当政府首脑的角色，因此国事访问也是为了落实两国间的具体政策目标。两国可以讨论各类政治决策，并在各自国家落实讨论内容。

美国前国事访问负责人、马里兰大学政治学教授埃尔默·普利施克（Elmer Plischke，1914—2005）曾将国事访问的目标总结为以下几点：

★ 增进两国友谊，促进相互理解。
★ 出于个人原因，或为解决偶发性的事件。
★ 促进经济发展。
★ 商讨双方共同关切的国家安全问题。
★ 建立友好关系，以便双方今后就重要问题展开协商谈判。
★ 提升两国元首在国际上或各自国家内的声望。
★ 若受访国为世界强国之一，则出访国要借此机会与其建立友好关系，以落实本国的国家政策。

波兰国际法教授、海牙国际法庭前法官曼弗雷德·拉赫斯（Manfred Lachs，1914—1993）曾在一篇文章中写到，国事访问的重要性在于为世界上最显要的人物提供会晤的基础。拉赫斯认为，这有助于化解国家间的不信任与敌意。此外，肯尼迪时期的美国著名国务卿迪安·腊斯克（Dean Rusk，1909—1994）也曾指出，国事访问“是双方在保持礼貌并互相尊重的情况下进行交流，借此切实地表达美国人民的友善态度”。

国家元首出访时，身边会有一支官方代表团以及非官方的协作团队随行。官方代表团的成员人数可多可少。如今，越来越多的国家元首会率商界代表团一同出访。官方代表团中一般会有出访国的大使，作为外交代表一同出访。此外，出访国驻受访国的大使也会参与正式访问活动。受访国一般会限制来访官方代表团的人数，以便协调代表团所需的食宿、交通，并确定访问活动的规模。在这种情况下，出访国的元首会委托自己的大使来处理代表团的相关工作。只有受访国家发出邀请时，其他国家才能前来进行国事访问，而且在大多数情况下，每届国家元首任内对每个国家的出访只会有一次。除非双方是关系友好的邻国，或是双方王室早有深交。在国事访问结束时，出访的国家元首一般会邀请受访国元首互访。按照等级惯例，应由资历较高的国家元首先发出邀请。因此对于新上任的国家元首来说，可能需要等待很久才能接到其他国家的访问邀请，进而达到建立友好关系的目的。荷兰国王威廉－亚历山大（King Willem-Alexander）于 2013 年继位，为了解决上述困境，他决定主动出访他国。礼节性访问其他就职已久的国家元首，可以展示出对其资历经验的尊重，而无须等待对方发出官方邀请，或是花时间完成国事访问所需的冗长准备。

一般来说，君主立宪制下的王室领袖每年会进行两至三次国事访问，并接待相同数量的别国元首。而对于那些既是政府首脑又是国家元首的领导人来说，每年的国事出访与接待访问则会更多。每次国事访问需要的时间一至三天不等。如今世界发展节奏加快，各国元首，尤其是政府首脑，都尽量缩短每次国事访问所用的时间，并且他们还经常一次出访多个国家。

国事访问的环节内容

尽管各国情况不同，但大体而言，国事访问的活动流程由以下几点组成：

★ 抵达迎接与出发送别时的典礼活动（必备内容）。
★ 与重要的国家官员会面（惯例内容）。
★ 互赠礼品（惯例内容）；这一项也可以与交换勋章环节同时进行，有些国家也会把这一活动安排在国宴晚餐之前。
★ 交换勋章。
★ 两国元首进行私人交流（惯例内容）；在此类交流后，政府领导人有时会召开相关新闻发布会。
★ 两国元首及配偶私人午宴（惯例内容）。
★ 前往国家纪念碑、无名英雄纪念碑或开国元勋的墓地敬献花圈（惯例内容）。
★ 与受访国首都市长会面（惯例内容）；来访国的国家元首一般会在首都访客记录册上签字，并接过市长赠送的城市钥匙。
★ 与受访国首相会晤谈话（惯例内容）。
★ 礼节性拜访受访国立法机构，例如美国的参议院与众议院（惯例内容）；若来访的是政府首脑，则有时会在立法机构发表演讲。
★ 国宴晚餐；男士出席时打白色或黑色领带，女士着长裙（必备内容），视现场礼仪需要，可佩戴勋章出席。当男士佩戴白色领带时，说明需要佩戴勋章出席。
★ 政府午宴，一般由受访国首相与政府成员参与主持（惯例内容）。
★ 访问其他机构、省份以及商企（取决于来访国元首的兴趣与时间安排）。
★ 接待受访国当地的出访国侨居群体（惯例内容）。
★ 答谢晚宴、接待会或文化活动（惯例内容）。
★ 制订合作计划（惯例内容）。

与国事访问相比，正式访问所需的时间更短，其中的活动数量也会更少一些。在正式访问中，仪仗卫队的规模会更小，来访者一般也不会敬献花圈或互换勋章。其间会举办午宴而非庆典晚宴。有时则不会安排答谢宴会，而代之以访问开始或结束时的觐见活动。一般来说，访问流程中还会安排代表团会议。通常，正式访问的住宿条件与国事访问差不多，出访国成员一般被安排在皇宫、政府宾馆或酒店下榻。

迎接与送别典礼

迎接与送别时举行的典礼，展示了受访国对出访国元首最高级别的尊重，一般在机场、火车站、港口、总统府或皇宫举行。这类典礼的具体形式与内容，则要根据出访活动的性质来确定。国事访问中的典礼级别最高，正式访问次之。此外还有工作性访问、礼节性访问以及私人访问，各有各的典礼级别。并且，有时候出访国元首只是会在前往受访国的途中，选择一个国家暂时落脚。在这种情况下，中转国的元首有时会派代表到机场，向出访国元首表示问候。

很显然，访问活动的级别越高，典礼也就越隆重。因此，对于不同级别的访问活动，各国会视情况确定典礼的隆重级别，并据此调整每次活动的配套礼仪内容。

若出访国元首乘总统或皇家专机出访，则受访国会派出两架或两架以上的战斗机，在来访的专机进入本国空域后护送对方，直至降落。这是受访国向来访国表示尊重的第一步。接下来，由两名士兵组成的仪仗队会在飞机舷梯口、机场跑道或火车车门附近迎接访客。这一任务在荷兰由皇家宪兵队（Koninklijke Marechaussee）完成，在意大利则由军事警察（Carabinieri）完成。

地面人员会提前准备好迎接仪式，等待来访人员所乘飞机降落。当听到“开启舱门”这几个字时，飞机的舱门会打开，标志来访人员正式抵达。若迎接仪式在机场举行，并且受访国元首在场，则按照国际惯例，先由受访国礼宾司司长，连同出访国驻受访国大使一起登机。他们会先向出访国元首表达敬意，并通报相关信息，随后下机。接下来，出访国元首会走下飞机，踏上受访国的土地。此时，现场会鸣放 21 响礼炮。在火车站、港口、总统府或皇宫举行的迎接仪式中，也会包含这一环节。对于鸣放礼炮这一仪式，本章随后还将详述。

迎接问候

鸣放 21 响礼炮需要耗费一些时间，因此在鸣放的同时，会继续进行迎接典礼。受访国的元首及配偶首先上前问候来访人员，随后来访贵宾会来到迎宾礼台或其他迎宾地点，接受其他受访国高官的问候迎接。在互致问候时，一般会为来访元首的夫人献上一束花，若来访的元首本人为女性，则把花献给她本人即可。

若安排在总统府或皇宫举行迎接典礼与正式问候，则会由受访国元首派代表到场，迎接问候出访国元首。这名代表有时由皇室成员担任，许多国家也会安排国务卿、礼宾司司长等政府官员担任代表。

在意大利、立陶宛、土耳其等国家，出访国元首会首先接到受访国政府官员、两国驻对方国家大使以及一些军方官员的迎接问候。由礼宾司司长负责介绍他们。随后，会在总统府举行正式的欢迎仪式。

在德国，由礼宾司司长代表总统迎接来访的别国元首。出访国人员的飞机降落后，会在机场参加短暂的欢迎仪式，现场仅安排仪仗队和一条下机红毯。随后，出访国人员会被安排到贵宾休息室，并乘上专车。访客到达总统府后，会检阅仪仗队列，并接受受访国的迎接问候。出访国代表团团长一般会在出访国元首到达前，提前到达典礼现场，做好先头准备。

俄罗斯联邦会在机场举行首场正式欢迎仪式，由本国总理和外交部长出席主持。即使总统不出席，机场的迎接与送别典礼也会照旧举行，这一点与其他国家不同。在克里姆林宫会举办第二场欢迎仪式，总统本人会在那里问候来访人员。《俄罗斯联邦礼仪》一书阐述了俄罗斯在机场举行迎接与送别典礼的相关事宜：

> 为迎接贵宾抵达，会在机场升起俄罗斯联邦与来访国家的国旗。代表俄罗斯三大军种的护旗队会在机场场地上列队等候。飞机降落后，来访国家驻俄罗斯大使馆的工作人员会被邀请至航站楼前。俄罗斯联邦总理或副总理、来访国驻莫斯科大使，以及俄罗斯联邦外交部国家礼宾司司长会走向飞机舷梯。礼宾司司长和来访国大使会登上飞机，邀请来访的外国元首下机。
>
> 来访国元首走下舷梯后，俄罗斯联邦总理或副总理会在舷梯下送上问候。双方合影留念。若来访贵宾有夫人陪同，则俄罗斯联邦总理夫人会上前问候，并为来宾夫人献上一束鲜花。国歌奏毕，来访贵宾的伴侣会与其他来访的官员一起，陪同来访国元首继续完成典礼。俄罗斯外交部国家礼宾司司长会邀请来访国元首与俄罗斯联邦总理一起前去检阅护旗队。来访国元首应走在俄罗斯联邦总理的左手边。来访贵宾与俄罗斯联邦总理一起，在地毯上面朝机场大楼方向站好后，护旗队指挥官会向他们报告。报告过后，来访国元首与俄罗斯联邦总理转身面向护旗队，奏来访国以及俄罗斯联邦国歌。随后，来访国元首与俄罗斯联邦总理从护旗队成员面前走过。接着他们会对护旗队指挥官点头致意，并离开护旗队。来访国元首与俄罗斯联邦总理一起走向机场大楼。俄罗斯联邦总理向来访官员表示问候，来访的贵宾也会向俄罗斯官员、高级外交官以及本国驻俄罗斯大使馆的工作人员致意。俄罗斯外交部国家礼宾司司长会邀请来访贵宾和俄罗斯联邦总理站到地毯上。来访元首应站在总理左侧。护旗队列队离开。若来访宾客要在俄方安排的住处下榻，则俄罗斯联邦总理或副总理会与访客同坐一辆车前往住处。车上悬挂来访国与俄罗斯联邦国旗。在国事访问或正式访问中，该车会由 9 辆摩托车陪同护送。

俄罗斯联邦总统会在克里姆林宫的凯瑟琳大厅为访客举行正式迎接典礼。

来访国元首会按预定时间来到克里姆林宫总统官邸内院的门口，然后通过大厅，登上通往凯瑟琳大厅的主楼梯。在大厅和楼梯两侧，会有仪仗卫兵对来访的宾客敬礼致意。此时，俄罗斯官员和来访国的其他官员在凯瑟琳大厅内，统一于大门左侧列队等候。俄罗斯官员代表站在靠近国家元首的位置，后面则是来访国代表官员。当来访国元首走入大厅，俄罗斯联邦总统会上前迎接，此时奏总统迎宾曲。双方会在大厅中央握手问好，随后一同向俄罗斯联邦国旗与来访国国旗走过去。访客站在俄罗斯总统右手边，面向正门。双方在现场合影留念。奏来访国以及俄罗斯联邦国歌。俄罗斯联邦总统与来访国元首一起，互相介绍对方官员。介绍仪式过后，俄罗斯联邦总统与来访国元首一同离开大厅。

检阅仪仗队

若欢迎仪式上有受访国元首出席，则两国元首会一同来到预先搭建好的典礼台上，随后开始演奏两国国歌。首先演奏出访国国歌，之后演奏受访国国歌。在送别典礼上，一些国家会先演奏受访国国歌，之后再奏出访国国歌。国歌奏毕，仪仗队指挥官会向来访国元首报告，并邀请对方检阅仪仗队。检阅仪仗队是迎接典礼中最重要的部分。务必要让来访国元首感受到，现场的仪仗队伍是在表达对其身份地位的尊重。在检阅期间，来访国元首会走在受访国元首左手边，由仪仗队指挥官在前引领。检阅时会举行敬旗礼，向旗帜致敬。所用旗帜可以是国旗，但有时也会使用元首授予现场仪仗队的荣誉军旗，此类旗帜一般是为了表彰该队伍作战英勇而颁发。过去，部队在作战期间都会携带军旗，以标示指挥官所在位置以及军队集结点。两国元首可以在经过旗帜时颔首致意，若他们身着军装出席典礼，则可以选择向旗帜敬礼致意。有时，来访国元首着军装敬礼时不会停下脚步，而是一边前进，一边面朝旗帜敬礼。

为表示对来访元首的尊敬，军队发挥着非常重要的作用。其原因何在呢？为何各国要让来访的外国元首检阅本国士兵？军队的存在象征着权力，但实际上让外国元首检阅本国士兵，是为了展现最高级别的尊重与信任。同样的仪式在送别典礼中也会存在。检阅仪仗队后，有时还会举行阅兵游行。在英国、美国等国家，都有举行阅兵游行的惯例，期间两国元首会由仪仗队护卫陪同，并且有时还会举行授勋仪式。在大多数国家，阅兵游行或仪仗队检阅过后，受访国元首及配偶会为来访国元首及配偶介绍本国到场官员，同时，来访国元首及配偶会向受访国元首介绍一同出访的官方代表团成员。这一环节有时也会稍后到总统府或皇宫内进行。

双方授勋结束后，现场人员会被带领至贵宾休息室，有时也会直接在车队护送下，乘车前往第一项访问活动所在地，或是前往总统府或皇宫。

车队

车队是指出访国元首及代表团在受访国出行时，所乘车辆组成的队伍。政府首脑和国家元首乘坐的车队可由数十辆交通工具组成，其中包括装甲车、越野车以及警用摩托车。受访国元首会邀请来访的元首与自己乘坐同一辆车。在靠右行驶国家，来访元首会坐右后座；在靠左行驶国家，则会坐左后座。来访国的旗帜会放置在车上访客就座的那一侧。对于这一点，详情可参阅本书旗帜礼仪相关章节。

对于车队的礼仪安排，各国都有本国的礼仪规章，内容视所需的安保级别而定。安保车队的具体组成取决于该国的实际安保政策。两国礼宾司司长所乘车辆，一般会被安排在总统或皇室专车之前。务必保证出访国代表团成员与受访国官员一同乘车。有时也可以选择用小巴士来代替小轿车，以缩短车队长度。为了让两国成员在迎接典礼后能迅速上车出发，必须提前做好车队方面的沟通安排，可以将所有车辆按字母或数字顺序编号。

在荷兰，有时会让来访的国家元首及代表团成员乘坐一辆皇家巴士出行。

各国的风俗习惯各不相同，每次车队须行进的距离也不一样，因此车队身边的仪仗护卫队可以用轿车、吉普车、马，甚至骆驼。关于仪仗护卫队，本章随后还将详述。

敬献花圈

敬献花圈是国事访问中的另一项重要活动。在纪念碑前敬献花圈，是为了向战时死去的士兵与民众表示怀念与敬意。在世界各地，献上鲜花与花圈都是向死者表达尊敬与怀念的重要方式。

下面摘录了弗吉尼亚州阿灵顿国家公墓网站关于花圈与鲜花的一段叙述：

> 在纪念场所敬献鲜花是世界各国文化中一项通行的仪式。葬礼上的鲜花象征着生命的美好与短暂，并唤起人们对过往的回忆。在阿灵顿国家公墓内，每天都有人用鲜花表达怀念，这里每天举行数十次殡葬仪式，还有很多人独自到此与已逝的至爱交流。在更正式的殡葬典礼中，则会有各类人士出席现场并敬献花圈。这类活动在阿灵顿公墓也常有举行。

几乎每一个国家都有自己的国家纪念碑或公墓。国家纪念碑旨在铭记某一特定战争中的逝者，或是纪念民族在某一时期内所遭受的苦难。

在荷兰阿姆斯特丹水坝广场上，矗立着一座国家纪念碑。该纪念碑由朱莉安娜女王（Queen Juliana）于 1956 年 5 月 4 日揭幕，是为纪念荷兰在“二战”中的死难者而建。这一纪念碑自从落成揭幕后，就成了每年荷兰国家死难者纪念日活动中的重要纪念场所。这一纪念日始于 1961 年，旨在纪念“二战”后死于战争和维和任务中的荷兰人民。每年荷兰国王与王后都会出席这一纪念典礼。

在很多国家，敬献花圈是国事访问中的首日典礼内容之一。献花圈前，典礼组织者（一般由一名军官担任）会为出访国元首简要介绍典礼内容。纪念碑上会悬挂一面或多面旗帜，一名仪仗队士兵会在纪念碑前立定站好，军乐队也会在现场奏乐。现场会有一名小号手准备演奏，很多国家常用《最后一岗》（*Last Post*）作为此时的军号曲目，这是一首在世界各国军队中常用的军乐，一般会在阅兵式末尾演奏，如今则常见于各国的军事纪念仪式与葬礼中。该曲目以《晨号》（*Reveille*）结尾。在荷兰，军号曲《归营曲》（*Taptoe*）奏毕，会接着吹奏《前进曲》（*Voorwaarts*）。《最后一岗》与《归营曲》的演奏情感相同，代表了最后的问候。在荷兰，《归营曲》已经成为纪念仪式中表达缅怀的固定曲目。在法国，则会演奏《致亡灵》（*Aux Morts*）。

在典礼中，皇室或总统夫妇会由一名或多名官员引领来到纪念碑或墓碑前。这名官员可以是首相或国防部长，也可以是某位高阶军官。出访国大使会提前置办好花圈，并且将花圈在纪念碑或墓碑附近放好，或是在出访国元首抵达后将花圈带给元首，有时也会让代表团将花圈携带在身边。具体操作视双方元首的要求与意愿而定。到达纪念碑或墓碑后，皇室或总统夫妇会在纪念碑或墓碑下面站好，站在即将放置花圈的位置前。引领他们的官员此时会退到后排。在皇室或总统夫妇就位后，会有两名士兵上前将花圈靠放在纪念碑前，或是将其摆放在墓碑前的花圈架上。

随后，皇室或总统夫妇上前整理花圈绶带。接着退后一步，站定默哀。如前文所述，默哀从《最后一岗》号声响起开始，到《晨号》号声响起结束。具体曲目也可视各国情况而定。

随后，夫妇二人会转身面向引领他们的官员，其他出席活动的众人也都返回车上或楼内。

访问荷兰的国家元首及其配偶会到阿姆斯特丹的国家纪念碑前敬献花圈，荷兰首相与阿姆斯特丹市市长也会一同出席活动。其他国家则会在无名将士墓或开国元勋墓前举行这一仪式。例如，阿拉伯联合酋长国会在阿布扎比的大清真寺举行纪念仪式，那里安葬着阿联酋的开国元勋。在土耳其，来访元首则会到安卡拉的阿塔蒂尔克墓敬献花圈，那里安葬着穆斯塔法・凯末尔・阿塔蒂尔克（Mustafa Kemal Atatürk），他领导土耳其赢得了独立战争的胜利，是土耳其共和国的缔造者。在美国，则会到阿灵顿国家公墓敬献花圈。以下相关内容摘自阿灵顿国家公墓网站：

> 国事活动中的敬献花圈场景最为庄严肃穆。在阵亡将士纪念日、退伍军人纪念日等纪念场合，总统本人或其代表会来到墓园敬献花圈。一般来说，这类活动会在无名将士墓举行，美军制服部队中的典礼仪仗部队会参与活动。
>
> 国事访问期间的敬献花圈活动，礼仪规格也是极高的，且需要多部门协同组织。访问美国的外国元首会来到纪念公墓内敬献花圈，向在国外战场上牺牲的美国将士正

式地表达敬意。同样，其他外国官员也会在正式访问期间来到公墓，献上花圈。

呈递国书

何为国书？国书的意义又是什么？外交代表到达驻在国后的第一件正式公务，就是递交国书，之后才能在驻在国履行其大使职务。国际法规定，国书赋予了外交代表团团长代表其派遣国的资格。国书由派遣国元首交与大使或使节，并由其转交给接受国元首。若无大使，则由常驻代办履行使馆馆长职责，由派遣国外交部长将国书交与代办，并由代办将国书转交给接受国外交部长。1961 年《维也纳外交关系公约》中第 13 条规定，在呈递国书所需流程全部完成后，即视为使馆馆长已正式在接受国内开始执行职务。

如前所述，在国际礼仪实践中，大使的身份等级是需要考量的重要因素。早些时候，派驻国的国家实力优先决定着大使的身份地位。1814—1815 年《维也纳会议最终议定书》的附录第 17 条规定，以派遣国国家实力决定外交代表的身份等级。根据如今的国际礼仪惯例，外交代表分为如下三级：大使、使节和代办。在同级的外交使节中，级别次序按照使节抵达驻在国首都的时间先后决定。基于此级别次序，大使可以向驻在国元首呈递本国国书，内容包括召回前任大使，并推举新任大使作为外交代表。新任大使有权将此类国书正式呈递给驻在国元首。

在很多国家，向元首呈递国书时会举行仪式，期间会检阅驻在国仪仗队。丹麦、黎巴嫩、摩洛哥、荷兰和土耳其等国的国书呈递仪式即是如此。在其他国家如挪威、俄罗斯联邦、西班牙、瑞典和英国的仪式中，则不会检阅仪仗队。埃及、黎巴嫩、荷兰和西班牙的国书呈递仪式会鸣奏派遣国国歌，但在丹麦、挪威、俄罗斯联邦、瑞典和英国的仪式中则不会演奏。在丹麦、荷兰、挪威、俄罗斯联邦、瑞典和英国等国，还会在仪式期间安排一次对大使的接见，但在埃及、黎巴嫩、摩洛哥和西班牙等国则不然。可以看出，各国呈递国书的仪式内容各有不同，并没有一套国际通行的范例。

在荷兰，国书呈递仪式会在海牙努儿登堡宫内举行，这里是荷兰国王的办公宫殿。典礼在特定日期的上午举行，每场典礼中荷兰国王最多会接见三位大使。届时，一位副官或侍卫会来到大使及其配偶的居所或官署，带领大使夫妇及领事馆高层官员前去面见国王，总人数不得多于 4 人。大使夫妇会与前来接洽的副官或侍卫一起，乘坐一辆轿式篷盖马车前往王宫。大使会坐在车子行进方向的右手边，大使的配偶坐左手边，副官或侍卫坐在他们对面。他们所乘的马车叫做“Berline”，源自法语，车型于 1662 年在柏林设计，是一种四座篷盖马车，由两匹或四匹马拉动。车身颜色为黑色佐以暗红色，车内装有红色衬垫。使馆工作人员乘坐后面的第二辆车。一支小型护卫队会在马车边全程护卫。

到达宫殿后，大使夫妇会在副官或侍卫的带领下，来到庭院中的仪仗队面前。随后，按照最高规格的礼宾待遇，仪仗队会击鼓四声，接着会演奏大使派遣国国歌。然后，仪仗队指挥官会向大使介绍自己，并邀请大使检阅仪仗队。检阅完毕后，指挥官会回到指定位置就位，并在向大使示意后离场。待王室典礼官发出指示信号，大使夫妇便会进入王宫。入宫后，王室内廷总管会上前问候大使，若大使配偶在场，则内廷女侍长会上前问候。

内廷总管会带领大使来到宫内大厅，即举行国书呈递仪式之处。其余使馆工作人员则由典礼官带领，跟随其后进入。若大使夫人在场，此时则要与内廷女侍长一起留在原地，等候接下来的邀请。若大使本人为女性，且有丈夫陪同，则由侍卫陪伴大使丈夫在原地等候。在大使向国王呈递国书时，荷兰外交大臣或其代表须在场，身边是内廷总管、典礼官以及副官或侍卫。呈递国书的过程很短暂，国书包括国书回信和召回国书。

在努儿登堡宫举行国书呈递仪式

国书递送完毕后，国王与大使握手并问候大使，邀请他介绍其他使馆工作人员。双方短暂交谈后，典礼官带领使馆工作人员离开大厅。随后，国王请大使就位。

接下来开始正式觐见，外交大臣与内廷总管此时均在场陪同。在双方对话期间，会邀请大使的配偶入厅。觐见仪式结束后，大使与配偶一起离开大厅。他们走到庭院前时，仪仗队会再次击鼓四声以示尊敬。随后，大使一行会与副官或侍卫一起，乘车返回居所或官署。同日，另两位大使的仪式程序也是如此。

依照荷兰惯例，会单独接见每位大使，而其他很多国家则会同时接见多位大使，一上午可以完成一大批大使的国书呈递仪式。与荷兰不同的是，每位大使都会与国家元首单独会面，并且呈递国书后不会举行觐见仪式。在其他国家的首都城市，如布鲁塞尔和莫斯科，由于派驻的大使人数较多，因此在安排上任仪式时，会考虑流程的实际可操作性，让外国大使尽快获得官方认可，无须等待过久。毕竟，除特殊情况外，大使必须先经过正式身份认证，其后才可以履行其公务职能。

各国呈递国书的仪式流程不尽相同。以下内容摘自《俄罗斯联邦礼仪》一书，介绍了俄罗斯联邦的国书呈递流程。

> 呈递国书之日，俄方会为外方大使提供总统级专车，由一名俄罗斯外交部国家礼宾司官员陪同大使乘车前往克里姆林宫。外方大使须在指定时间（最迟在典礼开始前20分钟），乘车进入克里姆林宫内院，此处是俄罗斯联邦总统府所在地。大使一行人会从访客入口进入宫殿，并经主楼梯来到二层。经过之处两侧均有仪仗队护卫。各位大使会统一在展览大厅内等候。仪式开始前，外方大使会在凯瑟琳大厅内列队站好，随后，俄罗斯联邦总统走进大厅，身边还有总统府办公厅副主任、俄罗斯外交部长或俄罗斯第一副总理。外交部长站在总统右侧，主管外交事务的总统府办公厅副主任站在左侧。俄罗斯外交部国家礼宾司司长此时会通知大使上前呈递国书。随后，呈递国书的大使沿地毯走向俄罗斯总统，递交国书，与总统握手后站到总统右侧。双方合影留念后，大使会重新回到队伍原处。在全部大使递交完国书后，总统简短发言（现场提供香槟）。在国书呈递仪式结束后，总统会与各位大使进行非正式会谈。
>
> 备注：克里姆林宫重建完成后，国书呈递仪式将会在宫内另一处新大厅举行。届时，仪式流程中将增添新内容，并且将继续享有至尊的总统级礼遇。

美国作家玛丽·简·麦卡弗里（Mary Jane McCaffree）、保利娜·英尼斯（Pauline Innis）和理查德·桑德（Richard Sand）在所著的《礼仪》一书中，就外国大使向美国总统呈递国书之仪式作了如下介绍：

> 一位礼宾司官员会乘车来到即将呈递国书的大使所在的府邸或官署，将大使接上车。所用车辆由白宫方面提供，车上悬挂美国国旗与大使派遣国国旗，在一辆警用摩托的护送下开往白宫。抵达白宫后由西南门进入，沿南车道（逆时针）缓慢行驶，并在外交人员入口处停车。车道两旁有持枪仪仗队列队欢迎。每位士兵在车辆从面前经过时，都会抬枪致意。外交人员入口处悬挂美国国旗与大使派遣国国旗。礼宾司司长与负责相关工作的助理国务卿会在入口处迎接大使。礼宾司司长会陪同大使经外交接待大厅、门厅、外走廊进入内阁厅。大使需在访客登记簿上签名登记。媒体摄影师与记者此时被统一安排到另一房间。随后总统走进内阁厅，背朝南侧墙壁站立。身旁两侧是美国国旗与总统旗。礼宾司司长此时站在总统左侧。接着，陪同大使的礼宾司官员引领大使来到椭圆形办公室的门前。礼宾司司长此时会通报大

使请其进入。大使进入办公室，助理国务卿在后跟随。总统与大使握手。两人互致问候，合影留念。大使将召回国书、派遣国书以及相关笔录交给总统。总统接过后将其转交给礼宾司司长，礼宾司司长将总统手写的答复信交给总统。总统再将答复信交给大使。礼宾司司长随后陪同大使沿原路线回到外交人员入口。由礼宾司官员陪同大使上车，从西南门离开白宫。

国葬典礼

国葬是国家为重要人物举行的庄严葬礼，以表达对逝者的尊重与崇敬。为体现其庄严肃穆，国葬典礼由一系列仪式组成，通常会对外公开举行。典礼中会体现出很多宗教信仰与军事传统元素。国家会在国家元首、皇室成员或重要政治家去世后，为其举行国葬。许多国家举行国葬的流程都相差无几。比利时、捷克共和国、芬兰、法国、爱尔兰、意大利、马耳他、波兰、俄罗斯联邦和英国的国葬仪式非常相似。例如，比利时会为王室成员举行公开葬礼。王室成员去世后，会被安葬到拉肯圣母教堂的墓室中。在比利时，此类葬礼必须公开举行。若家属无特殊要求，则国务大臣去世后也需要举行相同级别的葬礼仪式。在荷兰，王室成员去世后不会举行国葬，只会将其安葬到王室陵墓。此类葬礼是王室的家族内部事务，政府会承担一部分的仪式花销，并且负责一些需要国家机构出面的组织工作。很多官员都会参与组织王室葬礼，包括首相、国防大臣、宫廷总务主管以及王室成员。王室内务总管负责葬礼的协调组织工作，国防参谋长、典礼官和皇家骑兵队会参与协助。在葬礼的计划、执行以及最终在王室陵墓的下葬活动中，典礼官都发挥着关键作用。

荷兰外交部以及荷兰驻外代表负责通知各国元首，并邀请他们参加葬礼。荷兰的正式外交代表、国际法院院长以及其他国际组织首脑也会接到消息通知。葬礼仪式非常隆重。葬礼开始前几天，王室会在海牙努儿登堡宫内布置灵堂，并允许荷兰人民来此悼念逝者。王室会安排小型车队，护送死者棺木从死者府邸出发，由 16 辆荷兰皇家宪兵摩托在前护送，前往努儿登堡宫，并在宫内为死者守夜。此外，仪仗队会驻扎到位于代尔夫特的新教堂，之后将在这里举行下葬仪式。军方会组织大型军事典礼，届时荷兰军方全部军种，包括皇家陆军、海军、空军及宪兵队，还有退伍老兵都将到场参加。葬礼当日，海牙到代尔夫特的路边会有士兵列队站岗，葬礼队伍也会有军乐队及步兵、骑兵随行，以示对逝者的敬意。从葬礼队伍抵达代尔夫特开始，每分钟会鸣礼炮一声示礼，直到下葬之时结束。葬礼及下葬仪式的参与者包括王室成员、外国使团、大型国际组织首脑、荷兰政府官员与个人受邀者。外交部负责组织前来参与葬礼的外国使团。

截至本书成书之日，维基百科中对美国国葬典礼的介绍如下：

> 在美国，国葬是在首都华盛顿举行的公开葬礼。有资格在去世后享受国葬者包括

在任或前任美国总统、当选总统，以及其他由美国总统指定的人物。国葬典礼由华盛顿军区（MDW）负责管理，其礼仪规章完整严格，传统色彩浓厚，历史渊源悠久。然而，葬礼的具体安排乃至举办与否，视逝者生前及其遗属的意愿而定。

对英国国葬典礼的介绍如下：

在英国，享受国葬的大多是君主。上一位去世后享受国葬的君主是国王乔治五世（King George VI），于1952年举行国葬。此外，在极少数情况下，经君主同意且议会批准调用公共资金后，可以为某些杰出人物举办国葬。上一位享受此等待遇的是温斯顿·丘吉尔爵士（Sir Winston Churchill），其葬礼于1965年举行。其他为王室次要成员以及高级公众人物举行的葬礼，虽然与国葬有许多相同之处，但并非国葬。此类葬礼被称为“礼仪葬礼”。在21世纪，英国为伊丽莎白王太后（Queen Elizabeth The Queen Mother）（2002）和撒切尔女男爵（Baroness Thatcher）（2013）举办了礼仪葬礼。在此类大规模国家级葬礼中，除了治丧相关活动，还会安排持枪车队护送棺椁转移，随行的还有军乐队、步兵队、悼念群众以及其他工作人员。

加冕礼与就任 / 宣誓就职礼

介绍完悼念逝者之事，让我们换换心情，来谈一谈国家元首的上任典礼。各国的元首就任典礼各不相同。一些国家将君主继位也称为“就任”，但另一些君主制国家则将其称为“加冕”。显然，每个国家的典礼安排都不尽相同。重点在于，要分清就任 / 宣誓就职礼与加冕礼的区别。

加冕礼

加冕礼是为皇帝、女皇、国王或女王举行的隆重典礼，常伴有宗教仪式。整场仪式由几项单独的活动组成，包括宣誓、登基以及致敬仪式。致敬仪式是对君主庄严身份的体现，届时现场的高级官员与议会成员会对新登基的君主表示承认，并致以敬意。一般来说，那些未完全实现政教分离的国家会举办加冕典礼。丹麦是例外，虽然丹麦以路德教为国教，但自从1850年至今，丹麦国王与女王继位时都只举行就任典礼，而非加冕。有时，君主会为自己戴上皇冠，但大多数情况下会由一位教会领袖为其加冕，一般由大主教来完成此事，象征着君主的统治权源于上帝的恩典。信仰天主教的君主在加冕前常会先受涂油礼，信仰英国国教的英国国王与女王在加冕时同样有这一仪式。君主会承诺履行其宪法义务，并在必要时履行宗教义务。加冕后，君主会穿上皇室盛装，并接过象征皇权的各类用具。

在英国，新任君主的加冕礼一般会在上任君主逝世几个月后才举行。人们认为，不宜在全国哀悼期间举行庆典或加冕典礼。因此，女王伊丽莎白二世的加冕礼于1953年6月2日举行，而彼时距离她登基继任的1952年2月6日已经过去了很长时间。加冕礼由英格兰圣公会的最高领袖坎特伯雷大主教主持。首先，君主与民众见面，并得到民众的认可。其次，以教会与宪法的名义宣誓。最后，君主被涂抹圣油、戴上皇冠并穿上王袍。

就任 / 宣誓就职礼

就任典礼一词有两层含义。首先，就任典礼可以指君主公开继任王位、宣誓并演讲的典礼仪式。此类就任典礼常常可以代替加冕礼，或是作为加冕礼的补充仪式。在君主就任典礼中，会带上各类君权象征，包括王冠、宝球、佩剑以及权杖，有时则只会使用王冠。就任典礼后，君主会来到宫殿的阳台上，首次正式面见自己的臣民，并接受他们的瞻仰致意。在这之前，君主会正式接受皇位，并对宪法宣誓。

一般来说，政教分离的国家会按此流程举行典礼。例如，荷兰王国的君主威廉一世（William I）和荷兰国王洛德韦克·拿破仑（Lodewijk Napoleon）在就任时举行的就是这类典礼，他们之后的荷兰君主均是如此。2013年4月30日，荷兰国王威廉–亚历山大继位时，也举行了就任典礼。在荷兰，就任典礼在阿姆斯特丹的新教堂内举行，届时荷兰议会一院和二院齐聚一堂，荷兰王国加勒比地区属地的代表也会出席。根据荷兰宪法第2章第49条规定，众人在典礼上先对荷兰宪法宣誓，然后对君主宣誓效忠。在新君主就任典礼前，通常要举行上任君主的退位仪式。荷兰王室的正式退位仪式在新君主的就任典礼当天，于阿姆斯特丹王宫内的莫泽什扎尔（Mozeszaal）大厅举行。上任君主退位后，统治权便正式传到了新君主手中，而就职典礼会确认这一权利的归属。在官方就任典礼后，君主夫妇会在王宫阳台上现身。

除了上述的君主继任，就任典礼也可以表示如总统等职位的正式就职。此类就任礼会作为官方授职仪式的一部分，标志着某人接受某项职位。国家元首、政府首脑，还有如教授等各行各业的其他职务，都会举行此类就职典礼。在就职典礼中，就职者会发表就职演说。美国、法国的总统，还有很多其他国家的国家元首，上任时都会举办这样的就职典礼。

在比利时，君主登基的仪式很简洁，先是上任君主在17位证人的见证下签署退位书，接着新任君主会在议会对宪法宣誓就任。宣誓过后，新君主会发表登基后的首次王室演讲。在典礼的最后，新君主夫妇会在阳台现身，向无名将士墓致敬，检阅军队并举行登基游行。

鸣放礼炮

在迎宾典礼上，当外宾踏足本国国土时，大部分国家都会鸣放 21 响礼炮，以示欢迎与尊重。鸣炮象征着解除武装。过去的战船到别国港口靠岸时，要向安全的方向鸣放舰炮。这就像过去人们迎客时会摊开手掌一样，是为了表示自己没有携带武器。

鸣放礼炮时，炮声间隔一般为 10 秒。如今，鸣放礼炮是向来访贵宾表示尊重与敬意的一种手段。大多数国家在迎接来访的外国元首时，会鸣放 21 响礼炮。

以下内容摘自阿灵顿国家公墓网站，介绍了鸣放 21 响礼炮这一国际迎宾惯例的历史渊源：

> 一切致敬形式，都可以追溯至过去人们的交往惯例。总而言之，是发起致敬者为了向接受致敬者表示自己并非持有武器，表现出示弱的姿态来让对方放下戒备。无论是放下剑尖、展示武器、鸣放枪炮、降下船帆，还是安排全体人员出场列队、摘盔脱帽、放下船桨，都体现了这一意图。礼炮鸣放仪式的历史很久远。多年以来，英国会强迫比其弱小的国家向自己致敬，但后来的国际惯例则基于国际交往平等的原则，要求两国相互鸣放相同数量的礼炮。最初，鸣放 7 响礼炮是英国的国家级致敬礼。可以看出，7 是一个意义神秘的数字。神创造地球用了七天时间，每七年就有一个安息年，第七次安息年则被定为禧年。在当年，虽然一艘战船只会鸣放 7 响礼炮，但船上每放一响，岸上的火炮都会鸣放 3 响回应（同样，3 也是个意义非凡的数字）。在当时，火药所用的硝酸钠在岸上比海上更方便存放。后来，人们在火药中加入了硝酸钾改善质量，海上的战船也就可以和岸上鸣放相同数量的礼炮了；于是，21 响礼炮成为了最高级国家礼遇。尽管曾有一段时间，君主制国家会比共和制国家享受更高级的礼遇，但最终共和制国家也获得了平等的礼遇级别。由于各个临海国家的惯例不同，礼炮鸣放的数量一度很混乱。最后，英国政府向美国提议，规定两国外交往来期间“出访方的礼炮鸣放数量与接待方鸣放数量保持一致”。当时，英国官方为主权国家提供的国家级礼炮仪式，是鸣放礼炮 21 响，因此美国也遵循“双方礼炮数量一致”的原则，于 1875 年 8 月 18 日将本国礼炮迎宾规格定为鸣放 21 响。 此前，美国的礼炮鸣放并没有固定的次数，而是与合众国的州成员数保持一致。这一做法是沿用了从前约翰·保罗·琼斯（John Paul Jones）的先例，他曾于 1778 年在法国基伯龙湾，鸣放礼炮 13 响向法国致敬，那也是美国星条旗第一次获得别国的致敬。1810 年，美国政府正式认可了琼斯所使用的礼炮致敬规格。在大英帝国统治印度期间，英国君主兼有印度皇帝的称号，会在印度享受到鸣放礼炮 101 响的皇家礼遇。21 响级别的礼炮在英国一般被称为“皇家礼炮”，在不列颠群岛之外的英联邦国家也可以采用这个（通俗的）叫法，而向共和国的总统或国旗致敬时，则不会以“皇家礼炮”相称。总而言之，假如美国的总统在加拿大接受致敬，那么加拿大为他提供的礼炮鸣放仪式就算皇家礼炮。在美

> 国，还有一种被称为“致敬祖国”的特殊仪式。期间会鸣放礼炮50响，代表合众国的50个州。此类规模堪比小型战斗的礼炮鸣放仪式，只会在7月4日美国独立日的正午时分，于美军军港举行。这一仪式偶尔也会在其他场合举行，例如总统去世时的悼念活动。每年的独立日和2月22日正午，美国海军军舰会盛装出动，鸣放礼炮21响。在阵亡将士纪念日，美军全体战舰与海军基地会鸣礼炮21分钟，并从上午8点开始降半旗，直到致敬仪式结束。（Lovette，1960）

可以看出，鸣放礼炮不仅是迎接外国元首时的一项仪式，也可以在很多其他场合用来表达敬意。对于礼炮鸣放，很多国家都有自己的礼仪规定。以下介绍了一些国家的礼炮鸣放规则。

中国

中华人民共和国在国庆节的庆典活动中，会鸣放礼炮21响，向国家主席致敬。三声军号过后，现场观众起立迎接国家主席到场。在主席来到观礼台就位后，奏礼炮配乐并开始鸣放礼炮。在一些庆典中，礼炮鸣放会与国歌演奏一起进行。

丹麦

在丹麦，很多场合下都会鸣放礼炮，大多数是为了向丹麦王室致敬。以下是丹麦几处按惯例会鸣放礼炮的地点，包括埃尔西诺市的卡隆堡宫、哥本哈根霍尔门海军基地内的西克斯图斯炮台，还有格陵兰格罗尼达尔（Kangilinnguit）海军基地。

国王享受27响礼炮的礼遇，其他王室成员则享受21响。

礼炮鸣放场合有：

- ★ 4月16日——女王陛下的生日
- ★ 6月11日——亲王殿下的生日
- ★ 王室成员降生
- ★ 王室成员逝世

丹麦海军出访，或外国元首对丹麦进行国事访问时，也会举行礼炮鸣放仪式。

法国

法兰西共和国总统可以享受21响礼炮的礼遇，这是法国军礼（honneurs militaires）的一部分。总统就职典礼会鸣放礼炮（使用两门口径为75毫米的礼炮）。在海军访问活动期间也会有礼炮鸣放仪式。当外国元首对法国进行国事访问时，也会享受到礼炮鸣放的礼遇。在巴士底日，停泊在港口中的全部法国海军舰艇都要在正午时分鸣炮21响，具体操作视停泊地区法规而定。

荷兰

在荷兰，以下人物与活动可以享受相应的礼炮鸣放礼遇。

★ 荷兰国王陛下：35 响
★ 奥兰治王储或女王储（王位继承人）：33 响
★ 荷兰王子或公主：21 响
★ 荷兰海外辖地总督：21 响
★ 外国元首：21 响
★ 外国在位君主：21 响
★ 王储或女王储降生：101 响
★ 此外，将皇室成员的遗体从努儿登堡宫护送至新教堂的皇家墓园时，期间会有礼炮鸣放仪式（炮声间隔为一分钟）。
★ 在荷兰亲王日，即国会开会日当天，从国王离开努儿登堡宫前往骑士厅开始鸣放礼炮（炮声间隔为一分钟），一直到国王返回努儿登堡宫结束。

瑞典

21 响礼炮是瑞典专用于王室特殊活动的仪式，被称为“皇家礼炮”（Kunglig Salut）。礼炮鸣放的次数取决于仪式的地点与场合。在基本的礼炮鸣放仪式中，需要鸣放 21 响。然而，当瑞典王室的在位君主或王储有子女降生时，会在基本仪式之上额外增加 21 响礼炮（总计 42 响）。其余场合则统一鸣放 21 响。

英国

以下内容摘自英国皇室官方网站，介绍了英国的礼炮鸣放仪式：

★ 如今，特殊活动期间都会鸣放礼炮以示纪念，其中大多数与皇室有关。皇家礼炮会在伦敦市内的固定地点，以及英国境内经皇室授权的场所鸣放。皇家礼炮鸣放的次数取决于仪式的地点与场合。
★ 在基本的皇家礼炮鸣放仪式中，需要鸣放 21 响。在海德公园内的礼炮则会再加 20 响，因为该公园属皇室所有。
★ 皇室到伦敦塔举办庆典时，会鸣放 62 响礼炮（除基础的 21 响之外，由于伦敦塔为皇家宫殿堡垒，需加 20 响，另有额外 21 响，代表“向伦敦城致敬”）。而在其他场所举办的周年庆典上，则会鸣放 41 响。

★ 伦敦塔保持着单次礼炮鸣放仪式中最多鸣放次数的记录。每年6月10日，这里会一次鸣放124响礼炮，因为当天既是女王的官方生日（须放礼炮62响），又恰好是爱丁堡公爵的生日（同样须放62响）。

★ 可以为军事活动鸣放致敬礼炮的地点有伦敦、苏格兰的爱丁堡城堡、北爱尔兰唐郡的加的夫城堡和希尔斯伯勒城堡。

★ 在伦敦，鸣放礼炮的地点有海德公园和伦敦塔。在接待国事访问、议会开幕、女王生日游行等活动中，会在格林公园而非海德公园鸣放礼炮。

★ 礼炮由国王仪仗队中的乘骑炮兵负责鸣放。于正午时分开始鸣放（逢女王的官方生日时于中午十一点开始）。

★ 伦敦塔的礼炮鸣放则由荣誉炮兵连负责，于下午一点整开始。

★ 以下皇家庆典中，会安排礼炮鸣放仪式：

· 2月6日（登基周年庆典）
· 4月21日（女王生日庆典）
· 6月2日（加冕周年庆典）
· 6月10日（爱丁堡公爵生日庆典）
· 女王官方生日庆典（6月的某个星期六）
· 11月14日（威尔士亲王生日庆典）
· 议会开幕日（11月或12月）

此外，在英国君主命令议会休会，皇室新成员降生，来访国家元首在伦敦、温莎或爱丁堡与君主会面时，也会鸣放礼炮。

美国

在美国，随着海军礼仪习俗的发展，21响礼炮成为美国总统、前总统和总统当选者所特有的礼遇，别国国家元首、政府首脑和在位君主会根据接待活动的礼遇级别，享受各自级别的礼炮鸣放仪式。21响是最广泛适用的礼炮规格，但每次致敬仪式的礼炮响数，还是会视具体活动情况而有所不同。影响礼炮规格的因素除仪式适用场合外，还有军事葬礼与国葬中致敬对象的职务与级别。

仪仗队 / 典礼卫队

仪仗队或典礼卫队是在国家典礼仪式中出场的军事单位，在本国接待国事访问期间也会接受来访国家元首的检阅。

仪仗队一般由多个军种组成。在一些国家，仪仗队成员只包括总统或皇家卫队。原则上来说，仪仗队在国事访问期间会接受检阅，由受访国元首问候来访贵宾，并引领贵宾前去检阅队伍。在荷兰，此类检阅一般在机场、阿姆斯特丹王宫前或是海牙努儿登堡宫处举行。意大利会在奎里纳尔宫院内检阅，在德国则会到贝尔维尤宫检阅队伍。

以下介绍了不同国家典礼仪仗队的队员编制情况。

阿根廷

阿根廷的仪仗队由骑兵掷弹兵团组成。同时，这支队伍也在阿根廷正规军中服役。目前，该队伍是阿根廷的总统卫队，在典礼活动中执行礼仪任务。

巴西

巴西的陆海空三军与宪兵都有仪仗队伍。其中最重要的就是巴西总统的仪仗队。该队伍由巴西第一骑兵团组成，包括龙骑兵、总统卫队营和卡宴炮兵团（官方名为卡宴历史纪念炮兵团）。

中国

中国的仪仗队名为中国人民解放军陆海空三军仪仗队，隶属于北京卫戍部队。

法国

法国共和国卫队隶属于法国国民宪兵队，含步兵与骑兵兵种。

德国

德国仪仗警卫营的主要职责，是在国事访问等场合，为德国联邦总统、国防部长以及联邦国防军总监察长执行仪仗任务。此外，警卫营也会参与一些重要的军队活动与典礼。

意大利

意大利在国事访问中出动的仪仗队伍，其成员来自陆海空三军及意大利总统卫队（corazzieri）。

墨西哥

墨西哥的仪仗队成员来自陆海空三军。其职责包括在墨西哥城中心的索卡洛广场护卫国旗，并负责升降国旗。

荷兰

荷兰的国事访问仪仗队由陆海空三军及皇家宪兵成员组成，还包括军乐队与护旗队。在正式访问期间使用的仪仗队，其成员只包括一类军种。

俄罗斯联邦

俄罗斯仪仗队主要由联邦保卫局下属的克里姆林宫卫队组成，成立于 1936 年。

瑞典

瑞典的仪仗队中包含全部军种成员，主要由瑞典皇家近卫骑兵团组成。近卫军中的掷弹兵队会在国事访问的迎接典礼中担任仪仗队。他们还负责瑞典国会开幕仪式、外国大使觐见国王呈递国书、国王出席瑞典皇家学院的年度会议时的仪仗工作。皇家卫队（Drabantvakt）常被称为卡尔十一世卫队（Karl XI's drabanter）以及卡尔十二世卫队（Karl XII's drabanter），会在各种国家级活动，如国事访问、君主授职、皇室婚葬等场合下，担任现场典礼卫队。该卫队成立于 1860 年，其前身是历史悠久的皇家卫队。卫队共有 24 名士兵，以及一名从皇家近卫军中选出的军官。

美国

美军各军种均有自己的仪仗队伍，包括陆军、海军、空军与海军陆战队。大部分国民警卫队单位也都有自己的典礼卫兵队。各军种仪仗队的总部位于华盛顿特区，而几乎每处军事基地都驻扎有自己的仪仗队，以便在典礼活动中执行仪仗任务。驻扎于华盛顿的仪仗队代表全体美军与合众国，并代表美国总统参与各种典礼仪式。美国陆军第三步兵团（"老卫队"）是仪仗队伍中最优秀的一支，同时也是美国总统卫队。

仪仗护送队

仪仗护送队一般由护送车队组成，包括一组行驶在队伍前方的警方或军方摩托车队，负责引领载有国家元首或其他贵宾的车辆，借此表达对来访者的尊重。在荷兰，国家元首与皇室成员的护送任务由荷兰皇家宪兵队负责。

在前来进行国事访问的国家元首抵达荷兰后，会由 17 辆摩托车（包括 1 辆领队摩托车和 16 辆护送摩托车）一路护送国家元首。进行正式访问的国家元首，则会享受 9 辆摩托车（包括 1 辆领队摩托车和 8 辆护送摩托车）的护送陪同，其余级别的访问则由 5 辆摩托车（包括 1 辆领队摩托车和 4 辆护送摩托车）进行护送。

除了迎接元首抵达时的护送，在来访元首的其他交通行程期间，也会有摩托车卫队全程护送，国事访问元首会享受 8 辆摩托车护送，正式访问的元首则由 4 辆摩托车陪同。除了摩托车卫队，还会有警方摩托车与交通管制方成员协助沿途交通。

在法国，礼仪护送任务由法国国民宪兵队负责，在意大利则由意大利国家宪兵队负责。对于护送任务的礼仪规格，各国有各自的礼仪规定。在俄罗斯联邦，无论是国事访问还是正式访问，都由 9 辆摩托车护送来访贵宾。在德国，来访的国家元首会由 7 辆摩托车护送。有些国家的护送摩托车会跟在贵宾所乘车辆后方，列纵队或V形队前进。其他国家的摩托车则会在护送对象的前方列队。一般情况下，访问期间出行的护送队伍规模会比迎接仪式中的队伍规模小。除礼仪护送队外，还会有警方人员与摩托车负责疏导沿途交通。

除摩托车外，一些国家的护送卫队还会使用各种不同的代步方式，包括乘坐吉普车、骑马，甚至骑骆驼。在如今的瑞典以及过去的荷兰，来访的国家元首按惯例会乘坐敞篷马车前往皇宫，并且沿途有骑兵护送。负责护送的骑兵成员一般来自骑兵团。一些南美及其他地区的国家也会使用骑兵来护送国家元首前往典礼现场。在比利时的敬献花圈仪式中，会安排骑兵作为护送队伍。在荷兰，每年九月的第三个星期二（即亲王日当天），国王会在两院议会联席会议期间到骑士厅发表王座演说，而当天的护送队伍也会由骑兵组成。

贵宾随从

受访国元首一般会为来访国元首安排随从的服务人员，除去元首在访问期间的私人会面活动，他们会全程陪同来访的元首夫妇。在来访元首夫妇身边会有一位或一位以上的随行人员，为其提供服务并协助元首的各项活动，包括：

- ★ 一位受访国元首的家庭成员（此类情况以皇室元首为主）；
- ★ 一位内阁大臣；
- ★ 一位侍卫官；
- ★ 一位女侍从（为女性宾客服务）；
- ★ 皇室其他内务成员。

静默游行

静默游行是为了悼念某一人物或追思某一悲剧性事件。很多国家会在悼念战争受害者时举行静默游行。自20世纪90年代起，荷兰会在一些惨无人道的暴力事件后举行此类游行。游行一般由市民在地方当局的支持下自发举行，人们在游行中全程闭口不言，有时还会手持花朵，或是在夜间的游行中举着蜡烛或茶烛。游行当地的市长与政府官员也常参与其中。静默游行在很多国家都是一种表示抗议的方式。有些是为抗议政府行为、政治决策或政治谋杀，有些是抗议不公正的逮捕与判罚，或是抗议对言论自由的限制。抗议性的静默游行由来已久。20世纪初，美国时常举行此类抗议游行。1917年7月28日，纽约哈勒姆区举行了一场静默游行，有8 000～10 000名非裔美国人参与其中。该游行是为抗议私刑及针对黑人的暴力行为。

2015年1月，法国讽刺杂志《查理周刊》位于巴黎的总部遭遇恐怖袭击，三天内有 17 名记者、漫画家、购物者以及警察丧生。随后，100 多万名巴黎群众举行了一场静默游行，以表示对死者的哀悼。有 50 名各国政要也参与了这场游行，向全世界展现了法兰西共和国所秉持的普世价值观：自由、平等、博爱（liberté, égalité, fraternité）。

奥运礼仪

安德烈亚·米利西亚先生，曾任2012年伦敦奥运会开幕式礼仪总管

安德烈亚·米利西亚（Andrea Miliccia）来自意大利的库内奥，现任阿卜杜勒阿齐兹国王世界文化中心的礼仪总管与贵宾总管。该中心由沙特阿拉伯王国国有的阿美石油公司所建，是一个旨在整合知识信息、推动创新、进行跨文化交流的一体化机构。

安德烈亚与奥运会的缘分始于2006年都灵冬奥会，从此他便爱上了奥林匹克运动，也爱上了其中的礼仪。身为国际奥委会代表团成员，他不仅参与了2008年北京奥运会及2010年温哥华冬奥会，还参与了2012年伦敦奥运会开幕式的礼仪筹备工作。2009年，他在罗马协助意大利内阁筹备G8峰会，最近他还在巴西协助筹备了2014年的世界杯足球赛。

凭借自己筹划组织国际各类贵宾访问、典礼仪式以及特殊活动方面的丰厚经验，安德烈亚于2013年创建了名为Protocol AM的管理咨询机构。

在取得政治学硕士学位后，安德烈亚开始继续攻读国际关系专业硕士，并来到意大利常驻纽约联合国代表团实习，其间完成了学业。目前，安德烈亚在罗马路易斯大学商学院担任活动管理课程讲师，并参与了布鲁塞尔国际礼仪与外交学校的礼仪与软外交技巧硕士学位培训。

十年前，当我初次担任2006年都灵冬奥会的场馆礼仪总管时，我对体育赛事知之甚少，也不熟悉礼仪世界。但没过多久，我自己渐渐倾心于这项事业，并且有幸得到了我的上级保罗·J. 福斯特[①]（Paul J. Foster）的传授指导。他对这份工作颇有洞见，并且懂得如何启发他人。得益于他的教导，我就此找到了自己的热情与方向。随着与保罗相处的时间越来越长，他不仅成为我的事业导师，也成了我最亲近的朋友之一。其间，我感受到了保罗对于“运动会”这一活动的肺腑之情，明白了为正确传达奥林匹克价值与精神，礼仪发挥着至关重要的作用。

自从雅典于 1896 年举办第一届现代奥运会以来，奥运会已经成为最为人们熟知与喜爱的国际性综合体育赛事。奥运会有来自世界五大洲的 200 多个国家或地区奥委会[②]参与，相比之下联合国也只有 193 个成员国。因此，除了让世界各国顶级运动员有机会同台竞技，奥运会还有更重要的存在意义。它不仅仅是体育界规模最大的国际盛事，也是一次次对人性的赞颂与讴歌。而奥运会的众多悠久仪式与传统，也将其与其他国际体育赛事区别开来。人们代代遵循着奥林匹克礼仪中的各项固定规则，让奥林匹克仪式的影响力与传统得以存续与传承。

历年来，各届奥运会中的仪式内容互相借鉴融合，逐渐形成了我们如今所见的奥林匹克礼仪体系。然而，每届奥运会对礼仪体系的贡献各有不同；20 世纪上半叶的奥运会对仪式内容的贡献最为突出。例如，1920 年安特卫普奥运会的开幕式中，首次使用了印有五环标志的奥林匹克旗；1924 年巴黎奥运会则开启了在闭幕式上升起下一届主办国旗帜的传统，以表示交接主办权。1928 年阿姆斯特丹奥运会，不仅首次在体育馆内放置了大型圣火容器，同时也开创了运动员入场仪式中“希腊先行，主办国殿后”的传统。1932 年的洛杉矶奥运会中，首次决定在颁奖礼中升起奖牌得主的国旗，而传递火炬的活动则始于 1936 年的柏林奥运会，人们把一支取自希腊奥林匹亚的圣火，一路传递至新落成的奥林匹克体育场。在 20 世纪上半叶的 20 年间，奥运会礼仪发展迅速，此后其发展则一度放缓。直到 1956 年，奥运礼仪才再次有了较大更新。在那年的墨尔本奥运会中，为表现世界各国的团结精神，运动员在闭幕式上一同出场，而没有像往常一样按国名首字母顺序先后进场。还有 1960 年罗马奥运会上，首次正式演奏了奥林匹克会歌。

回首往事，我们可以清楚地看到，各界开幕式集中展现了奥林匹克礼仪的很多元素。开幕式或许是国际奥委会[③]树立奥运形象、传承奥运精神时最有力的途径。从各国元首入场、演奏主办国国歌、运动员列队入场、放飞和平鸽、主办国

① 2006 年第二十届都灵冬奥会礼仪总监；后任国际奥委会礼仪、接待与活动总监（2006—2011）。

② 目前有 206 个得到国际奥委会承认的国家或地区奥委会，代表各主权国家与地区。每个国家或地区奥委会负责依据《奥林匹克宪章》，在各自国家或地区发展和维护奥林匹克运动的任务。国家或地区奥委会负责组织本国或地区内的运动员、教练与工作人员，参与奥林匹克运动会。

③ 国际奥委会是奥林匹克运动界的最高权威机构。

元首开幕致辞，到升奥林匹克旗、奏奥林匹克会歌、宣誓以及点燃主火炬，这些庄严的时刻无不充满了礼仪的影子。这一切，共同组成了一场开幕典礼。开幕式上的演艺活动或许精彩夺目，并且能让一场开幕式变得与众不同，但与礼仪相比，演出只是锦上添花。

作为2012年伦敦奥运会开幕式的礼仪总管，我负责监督调度现场10 000名奥林匹克大家庭（Olympic Family）① 成员的到场离场、现场座位以及服务工作。其中，我会重点关注1 100名重要贵宾，包括但不限于：国际奥委会主席团包厢② 宾客（包括女王陛下、其他皇室成员、英国政府高官、国际奥委会主席与执行委员会成员）；各国元首政要；国际奥委会成员；各国际体育组织的主席与秘书长。③ 正式的活动规划提前一年启动，而直到开幕式前几天，我们才确定了最后几处细节。这是我曾参与过的最不可思议、最复杂也最具有挑战性的项目。作为一个团队，我们要与白金汉宫、英国外交部、伦敦大都市警察部队以及国际奥委会等主要参与方一起，设计、拟定、商讨客户的行程、现场服务、座位安排、交通往来、安保计划。座位安排是永远需要仔细对待的一项工作，但在各参与方的友善配合下，我们还是顺利完成了这项任务；毕竟为了整体活动的顺利进行，每个人可能都需要有所让步。而我们的提前规划，以及现场执行规划的各位工作人员，保证了开幕式的顺利举行。提前规划必须保证准确无误，考虑到所有的可变因素。最重要的是要组织各方共同协商制订。然而，优秀计划的最终落实，还要靠现场的各位工作人员，是他们让计划的质量得到升华，并最终顺利付诸实践。其他所有礼宾成员以及国际关系团队成员都有各自的工作任务，与100多位志愿者一起，在体育场内外履行职责。他们的贡献不可磨灭。各位朋友与同事的付出、汗水与热情，是那个难忘夜晚留给我最美好的回忆。说起来很多人应该不知道，当晚参加开幕式的七十位各国政要先在白金汉宫参加了女王举办的接待会，然后从白金汉宫乘公共汽车前往奥林匹克体育场。与国事级礼仪流程相比，让各国元首乘公共汽车这一做法可以算特立独行了，但在当时，为了顺利组织一场贵宾人数极多的活动，此举却是唯一合适的选择。④

---

① 奥林匹克大家庭是对所有参与或支持奥林匹克运动的个人和组织的统称，他们也是奥林匹克精神与奥林匹克运动会的推动者。

② 国际奥委会主席团包厢是在开闭幕式上奥林匹克体育场观众席中最重要的区域。国际奥委会和主办国成员平等共享该区域的座位，双方最重要的代表与贵宾会在这里按照优先次序就座。

③ 如《奥林匹克宪章》所述，国际体育联合会（ISF）是“国际性的非政府组织，负责单项或多项国际体育赛事的组织工作”。

④ 有一点需要说明的是，参加开幕式的各国元首政要，代表了各自国家的奥委会，以正式受邀来宾的身份出席，而非以其公务官职身份出席。

除开幕式外，整场奥运会中还需要完成很多场合的礼仪工作，包括奥运会前以及奥运会期间的各类会议、活动与典礼。[①]但接下来，我想重点谈一谈与奥林匹克大家庭以及奥运场馆有关的礼仪事宜。在此之前，让我先简单解释一下，为何要把我们的客户群体称为“奥林匹克大家庭”，而非“贵宾”（VIP）。这两种说法看起来区别不大，但却有很重要的意义。贵宾常用来指地位名分很高，可以借自己的身份为活动增添光彩的人，而奥林匹克大家庭的成员，无论是否身为公众人物，都完成了某项具体的奥运工作，为奥运会的举办贡献了一份力量。并且，“大家庭”也表示出其成员有共同点，大家都是为了举办奥运活动而来到一起，相互之间的关系很紧密。

那么，与奥运场馆有关的礼仪活动有哪些呢？在赛事场馆中，要注意遵循正确的奥运礼仪，例如保证升旗仪式中使用正确的国旗与顺序；要管理与奥运大家庭成员相关的所有区域，包括停车点、休息室及裁判席；要为现场人员提供各项服务，包括见面时的问候、招待、安排入座，以及为颁奖礼准备的国旗。而在非赛事场馆的礼仪工作则截然不同。以奥运村为例，礼仪工作主要包括为贵宾安排礼仪性参观游览，以及为运动员及官员准备欢迎仪式。在机场的礼仪则包括对来客的寒暄问候，以及安排来往宾客的迎接与送别活动。与其他礼仪要求更繁复的工作（例如外交工作）相比，我认为奥运会期间的礼宾人员既要处理好微妙的政治问题，更要注重工作的实际效果。“我们的工作就像一根细线，而各个国家就像一块块不同的布料，在奥运会这一独特的活动中借助我们串联在一起。我们把布料边缘的瑕疵一一修平，将它们拼接成一块闪着人性光辉的多彩拼图。这份工作充满挑战，但意义非凡，因为我们能在多种多样的条件、期望与文化间求得平衡，进而将‘卓越、友谊、尊重’这一奥林匹克价值观，通过礼仪传达给每个人。”以上这段优美的描述出自我一位才华横溢的前同事之口，他在我俩的最近一次谈话中如此总结我们的工作。我想不出比这更好的表达方式了。一般来说，礼仪团队在筹备奥运时面临的最大挑战之一，就是要为主办国及其他国家的宾客介绍奥林匹克礼仪的特殊性，并且让他们明白，奥林匹克礼仪有时会与主办国的礼仪惯例不符。其实，奥运会在举办期间并不会完全忽视主办国的礼仪规范，但在两种礼仪产生矛盾的情况下，要优先遵循奥运礼仪。例如在礼宾次序的问题上，奥运礼仪规定体育部长优先于其他政府部长，尽管有些部长在传统意义上的政治地位更高。

在有机会参与了多届奥运会的筹办工作后，我认为奥运世界就是我们所梦想

① 国际奥委会全体大会开幕式、国际奥委会全体大会、国际奥委会执委会大会、国际奥委会成员向各国元首的报告会、国家代表队欢迎仪式、颁奖仪式以及奥运会闭幕式。

的世界。通过礼仪，我们得以弘扬奥林匹克精神，用体育让世界变得更加美好。在和平与团结的平等基础上，礼仪让全世界走到了一起。此外，如今各类国际活动日益增多，活动中常有名人政要参与其中。为了顺利筹办这些活动，遵循礼仪是唯一可靠的解决方法。礼宾人员在筹办活动时，可以应用一些固定的规则与国际通行流程，借此减少失误与误解。总而言之，礼仪是一门关于尊重的学问，在我看来，也是一门没有受到足够关注的艺术。

第八章

礼宾人员

正在筹备活动的礼宾官

导言

前几章已经介绍了各种不同的礼仪内容。本章中，我们将介绍在成功的活动、会议或会面中，礼宾人员应发挥怎样的作用，以确保各个礼仪环节一切顺利。作为礼宾人员，要熟知本书前文介绍过的礼仪规范，但最重要的是，要能从更全面的角度看待问题，理解会面活动的目的，乃至活动主办方的发展愿景与使命。优秀的人脉资源是任何组织或组织负责人的立身之本。要维持优质的人脉网络，就必须进行高质量的人脉管理。而管理人脉的方法，其实就是所谓的交际礼仪。无论是私人交往，还是公共交际，礼仪都是高质量人脉管理的基础。其实，礼仪管理是为了待人时让对方感受到你的用心，并通过制定规范与流程，来系统化管理后勤工作，最终达到优化人际关系的目的。为确保活动的成功举办，必须保证参与活动的各方能在共同利益的基础上建立可靠的交际关系。前荷兰驻印度大使埃里克·涅赫（Eric Niehe）曾说："礼仪可以将组织策略转化为有效的人际关系管理。"在礼仪方面，礼宾人员既要有宏观的策略选择，也要注意细节的具体操作。他们要在"主管活动"和"确定策略"两项活动间找好平衡。

最高层次的活动管理都体现在最不起眼的细节之中。作为礼宾人员要时刻牢记，再微不足道的细节也能决定活动的成败。英国著名历史学家哈罗德·尼科尔森（Harold Nicholson）（1886—1968）曾在一次大型国际会议上提出："政治活动的组织与流程安排，与政治话题本身一样重要。如果处理不当，它们会成为活动的关键败因。"

活动的组织不能只靠一名礼宾人员，而需要众人合作进行。要让每个礼宾人员都能各尽其责，就必须让他们明白自己的任务所在。在活动进行的过程中，团队合作很重要。可在很多情况下，礼宾人员对自己的任务一无所知。如果每个人都清楚各自的工作，那么活动的整体执行效果会大大提高，最终保证活动的圆满成功。要把每一位礼宾人员都当成主办方的亲善大使与公关顾问。活动主办方上下各部门的每名成员都应该致力于实现活动宗旨，因为任何成员的不专业与不热情都会给别人留下负面的印象。很多时候，商企的客户经理只顾着与同事交际，却不与客户交流来往，因此无法在活动中实现最好的效果。在活动开始前，必须让所有礼宾人员明白，每个人都是保证活动成功的关键一员。活动前要召开礼宾人员团队会议，为他们简要介绍活动目标，并明确每个人的职责所在。

礼仪可以让人际交往活动更加高效。人脉管理的重要性应该体现在从组织结构到组织文化的各个方面。在不同组织与行业中开展业务时，有必要理解这一领域中的业务模式，了解相关组织内的文化环境与层级结构，以及这一业务领域内与外部客户和相关人士有关的礼仪内容。

例如，银行业中需要关注的客户业务包括：零售业务、优先理财业务、私人银行业务以及个人理财业务。客户对某银行越感兴趣，就越能受到这家银行的特别关注，因而银行为该客户准备的交际活动也就越多。银行需要区别对待不同类别的客户。在礼仪领域，这些不同的客户群被分为不同“层级”。第一层级是银行最重要的客户或访客，例如身份不凡的贵宾，他们会享受到最高质量的服务。第二层级包括其他重要的客户，对他们也需要提供优质的服务，但与第一层级客户相比，银行对他们的关注度会相对少一些。剩下的其他客户属于第三层级，为他们准备合乎标准的良好服务即可。

礼宾人员的工作重心

正如前文所述，礼宾人员要在“主管活动”和“确定策略”两项活动间寻求平衡。一场成功的活动背后，不光要有优质有趣的活动内容，也需要提供礼仪服务，招待宾客。例如，在组织研讨会议或是正式会面时，先要确定好活动的具体内容，但同样不能缺少合适的场馆与饮食服务。礼宾人员要关注的重点还不止于此。礼宾人员要为活动的整体效果负责，所以必须考虑宾主双方的各个转场环节。任何活动都必然有到场接待和离场道别两项内容，其间众人会在活动现场各处（如房间或大堂内）进行次数不等的转场。

下面笔者将以一次包含研讨会、接待会和会后晚宴的活动为例，展示礼宾人员在活动各环节的工作重点。

到场	研讨会议	转场	接待会	转场	晚宴	道别
接待问候 安排就座			宾客介绍	安排就座		离场

到场事宜

- ★ 应安排最高级的贵宾（即第一层级宾客）最后到场，其余宾客应在他们之前到场。
- ★ 客人乘车到达现场楼门时，由专人为其打开车门，并由礼宾人员上前迎接问候。问候客人时称呼要得体。随后，陪同客人至正门。接着引领他们前往衣帽间与登记台。随时为客人提供所需帮助。
- ★ 为宾客介绍现场路线和简单情况。在陪同客人时，礼宾人员应始终走在客人的左手边，因为礼仪规定以右为贵。
- ★ 态度热情，尊重对方。
- ★ 衣着得体，挺直身姿。
- ★ 站立时不能手插口袋，不能咀嚼食物。
- ★ 与客人进行眼神交流，保持目光友好。
- ★ 对话应保持简短且内容完整。

★ 注意吐字清晰，表达流畅。
★ 提供服务时要主动。

接待问候

★ 在客人签到后，礼宾人员引领他们与主人见面。在见到主人前，礼宾人员要通报宾客的姓名。
★ 如果没有陪同引领环节，则要为客人提供与主人见面的路线。在这种情况下不用通报姓名。
★ 礼宾人员要负责控制客人队伍长度，防止为主人介绍客人时有遗漏。
★ 主人亲自问候到场宾客。
★ 在接待时由谁主动伸手问候？一般来说，双方中职位较高者、年纪较大者或女性会主动伸手寒暄。
★ 在某些活动中，主人只亲自迎接一部分客人。主要是迎接那些第一层级的贵宾，如政府要员或主要出资方。在这种情况下，主人一般会在单独的房间里等候，由礼宾人员陪同贵宾前去与主人会面。在登记处要分配好客人去向，有些需要派人陪同引导，有些则要引导至主接待区，有些则直接引导至研讨室。
★ 如果主人无法迎接所有客人，则可以指派一名或多名活动协办人协助接待，确保所有的客人都能受到主办方代表的迎接。例如，可以指派董事会成员或客户经理来完成此事。

研讨会座位安排

★ 座位安排信息一般会在登记台发放给每位客人（例如一张带有座位号、排号、区域号的卡片）。
★ 客人进入研讨室后，会有专门的礼宾人员为他们提供指引与帮助。第一排座位是为第一层级的客人预留的，有时也会包含第二层级的宾客。其余客人则可以自由选择剩余的座位。
★ 在预留的座位上，挂着标有宾客姓名或“某某预留座位”字样的卡片（如“外交使团预留座位”），当作团体宾客预留席，或者简单地表明“已预留”即可。礼宾人员手中应有座位名单及列表，以便为宾客指引座位位置。
★ 在活动流程开始前，礼宾人员应检查第一排中是否有空位。如果有空位，尽量派工作人员坐到空位中占座。

转场

★ 主人与贵宾在单间内会面后，由专人陪同他们前往一处等候区稍候片刻，随后便直接前往接待区。其他客人前往接待区时则不提供专人陪同，但礼宾人员会为他们指引方向。随时为客人提供所需帮助。

接待时的介绍

★ 如果活动前计划安排主人与某些重要贵宾会面，那么活动主人势必会与贵宾单独相处很久，这就需要委托活动协办人招待其他宾客。

★ 这类专门的介绍活动应该提前安排妥当，尽量不要显得太过正式，营造舒服放松的现场氛围。通常情况下，参与这类介绍环节的宾客都会提前收到通知。在到达研讨会现场前，会由礼宾人员为这些客人简要介绍现场流程。在研讨会结束后，礼宾人员会在接待区特定区域内等候客人。礼宾人员要确保每一位客人都能按时到达相应位置区域。随后，主人会陪同贵宾来到接待区内的指定区域，并向贵宾一一介绍等候在那里的各位客人。

★ 环视现场，主动为客人提供服务。见到独自一人的客人时，要主动上前帮助。帮助宾客参与到交流谈话中，尽量让现场每个人都能与周围人有所互动。

转场

★ 主人与贵宾由专人陪同离开接待区，随后前往宴会厅。其他客人前往宴会厅时则不提供专人陪同，但礼宾人员会为他们指引方向。随时为客人提供所需的帮助。

晚宴座位安排

★ 一般会在登记台为每位客人发放座位安排信息（例如一张带有桌号或桌名的卡片）。

★ 客人进入宴会厅后，会有专门的礼宾人员为他们提供指引与帮助。主桌的座位是为第一层级的客人预留的，有时也会包含第二层级的宾客。其余客人则可以自由选择余下的座位。

★ 安排座位时要考虑客人的身份次序（尤其是组织外交活动与政府活动时务必如此）。但也要以共同兴趣为基础，尽量将不同身份的客人分散组合，以提高人脉交际收益（这一点在商业界活动中表现明显）。

★ 主桌的座位上放有写着客人姓名的卡片。礼宾人员手中应有座位名单及列表，以便为宾客指引座位位置。

★ 在晚宴开始前，礼宾人员应检查主桌是否有空位。如果有空位，尽量派工作人员坐到空位中占座，或者撤走空位的餐具。

道别与离场事宜

★ 道别与离场环节与到场接待环节一样重要，因为一场活动中的开头五分钟与结尾五分钟会给人留下非常深刻的印象。

- ★ 礼宾人员应引导主人到合理的位置区域，让每一位客人能在离开前与主人道别。
- ★ 应在衣帽间内为客人提供指引，告知出口方向。
- ★ 在有条件的情况下，礼宾人员可陪同客人至出口，并询问客人是否对活动满意。这一信息对于随后的活动评估与后续跟进非常有价值。
- ★ 是否要在客人离场前为他们发放赠品？如果发放赠品符合活动目的，则可以这样做，否则无须发放。
- ★ 在出口正门处安排工作人员开门。由礼宾人员陪同客人出门上车。
- ★ 由专人为客人在门前打开车门，并由礼宾人员上前道别。
- ★ 安排身份最重要的贵宾最先离场，其余客人随后离场。

高端活动应有的四大环节

本节将全面介绍在一场高端活动的组织流程中，需要考虑安排的环节与内容。通过组织符合主办方需求的优质活动，并注重各项礼仪，可以让人脉交往活动取得最大的收益。

高端活动应有的四大环节包括：

- ★ 活动出发点
- ★ 计划与准备
- ★ 计划执行
- ★ 后续评估及跟进

活动出发点

- ★ 组织活动的目的是什么？通过这次活动，你想达成什么样的目标效果？
- ★ 如果不组织这次活动，会产生什么影响？
- ★ 这次活动的目标有哪些？这次活动中，要怎样体现主办方的愿景、使命与发展战略？
- ★ 确保活动内容与现场接待水平一致。
- ★ 从活动启动开始，活动策划人就要与活动礼仪负责人协作，共同设计一套尽善尽美的活动流程。
- ★ 活动的发起人是谁？是你还是另有他人？活动的发起人是否负责组织活动？
- ★ 这场活动有哪些利益相关方？
- ★ 以谁的名义发送邀请？发送什么形式的邀请？
- ★ 宾客名单上有哪些人？有哪些客人支持活动目标？

★ 通过哪种渠道发送邀请?

★ 这场活动是否能提供足够的人际交往价值?是否能让主办方拟邀请的人对活动感兴趣?客人为什么要对这场活动感兴趣?要了解活动的受众,搞清楚他们想要什么、需要什么。

★ 客人能否从活动中有所收获?

★ 谁来当活动现场主办人?谁来当活动协办人?这些人有没有受过相关培训?有没有提前获知活动的简要信息?

★ 最适合在哪里举办活动?活动地点会大大影响活动效果,因为活动现场的氛围至关重要。

★ 活动现场选用什么规格的配置?选择什么配置的房间?

★ 要考虑活动现场的交通便利度、停车服务、配套人员服务及安保情况。

★ 如何选择活动日期与时间?要考虑国家与宗教节日。

★ 考虑时区问题、每周工作日问题等。

★ 日期一定要提前确定!

★ 活动持续多长时间为宜?

★ 预期会有哪些流程环节?务必选择合适的活动形式。活动中应当安排午宴,还是(更具交际性的)晚宴或鸡尾酒会?

★ 你想进行正式还是非正式的交际活动?

★ 活动要体现特色:不要只是把别人的好想法照抄过来;你可以学习他人,但要结合自己的文化、历史、宗教或商业背景。因为对于某一国家或组织适用的做法,对于其他国家或组织可能并不合适。

★ 追求创意,但不要走极端。可以先用头脑风暴的方式打开思路,创建一套活动概念,再予以完善和实施。从简不从繁!

★ 活动流程中是否为人们留出了会面时间?活动安排是否有利于现场参与者的交际?

★ 活动预算有多少?活动出资方是谁?

★ 不要为了压缩成本而牺牲活动质量:要举办就要做到最好,否则不如取消活动。

★ 活动的组织流程是什么?

★ 有哪些需要你亲自完成,有哪些需要额外聘请人手?记住,有些事情必须亲自负责,但有些事情则应该交给专业人士。

★ 确定清晰的工作架构;礼仪负责人应该为活动中每一位工作人员制定详细明确的工作内容。

★ 在协议中写明每个人的责任范围。

计划与准备

★ 做好时间管理：制订切实可行的时间表，各项事宜都应尽量按时完成。
· 远期准备：确定活动策略与活动内容；
· 近期准备：开始实施具体计划，敲定活动环节；
· 活动前倒计时：确定活动各处细节方案；
· 活动前最后一刻：进行最终排演，从主人与客人的视角体验一遍活动流程，查缺补漏。

★ 不同类型的活动会有不同的时间安排：与某地举行的小型政府听证会相比，一场国际大会的时间跨度势必更大。

★ 为每项任务设定合理的完成期限，并注意各环节间的前后逻辑：例如，要先确定饮食承办方，才能确定活动菜单。

★ 确定活动组委会或工作组成员：建立人员组织表，需要有一名负责全局的礼仪负责人，以及后勤、安保、媒体、饮食、议程、贵宾等各项事务的具体负责人。

★ 礼仪负责人要明确活动各参与方的职责与任务，列出任务清单，编写详细方案。

★ 与各个活动承办方到活动现场提前考察情况。

★ 制作活动相关示意图、概览图、路线图。

★ 若在海外举行活动，则要注意以下后勤与医疗事宜：
· 远途行程安排；
· 护照及签证，外交活动中要尤其注意；
· 货币兑换 / 金融事宜 / 自动提款机；
· 移动电话服务 / 国际漫游服务；
· 电话号码列表；
· 海外用电 / 电压 / 变压器；
· 网络服务 / 广播频段；
· 行李管理；
· 境外时差 / 当地天气；
· 接种疫苗；
· 准备好活动举办国的相关信息，简要版和详细版各一份。

★ 在活动前为工作人员简要讲解活动流程，并提前组织负责重要工作的人员进行排演。

★ 筹备期间定期召开例会：会上写出进度报告，检查筹备进度情况。

★ 在邀请函中应详细介绍所有注意事项。

★ 在来宾登记台处准备座位卡、姓名卡（如无必要则无须准备）。

★ 若情况需要，可向客人发送确认函（其中可包含需要确认的各项信息）。
★ 礼宾人员应与安保人员密切合作。在活动的准备及执行阶段，双方需要合作的工作包括现场安保、工作人员与供应商身份审查，以及贵宾的个人安保工作。在活动举行前预估活动及活动参与人的安保风险程度，以确定现场的安保措施级别。例如，在2014年海牙核安全峰会期间，曾为几位国家元首配备了防弹车辆，其他元首则由一小队安保人员陪同，步行穿过市区。
★ 可通过广告、媒体报道、发布公告、网络及社交媒体等手段，对活动进行适当的宣传。
★ 礼仪负责人要与媒体密切合作。既要实现活动宣传曝光量，也要对高层官员的隐私做到应有的保护。在活动前确定媒体的活动安排：哪些区域允许媒体进入？是否需要设置新闻办公室负责媒体报道工作？是否安排媒体发布会或媒体采访环节？是否需要安排私人摄影师？

计划执行

★ 在计划执行时，要密切关注从到场到离场的每一项活动流程，全程体现出对客人的热情招待：每个环节都必须反复检查，不能出错！
★ 现场联络：制作一份包含全部参与人员的通讯录。
★ 关注活动的幕后流程。活动后场一旦出了问题，很有可能影响到活动现场的流程与氛围。
★ 确保现场众人能有效地进行交际活动。

后续评估及跟进

★ 在活动结束后，务必总结活动收益。根据活动内外所有相关人员的反馈与汇报，撰写总结报告。
★ 对于会议、研讨会类的活动，可采用问卷调查的方式获得参会者反馈。
★ 向活动有关参与方发送感谢信或谢礼。
★ 活动是否达到预期效果？
★ 活动中完成的最大成就是什么？
★ 活动中最有待改进的流程环节是哪里？
★ 活动中面临过哪些困难与挑战？
★ 如何衡量活动收益？如何继续进行活动后续跟进？
★ 询问活动主持人与协办人都在活动中聊过什么？
★ 为今后活动提出改进建议（包括改进问题预防机制）。
★ 若安排了媒体报道，评估其报道量是否满足需求。

★ 活动预算有无超支？
★ 是否会再次举办此活动？总结反思活动中是否体现了主办方的愿景、使命与发展战略。

意外状况

检查好计划内的各项内容，同时做好心理准备应对计划外事件。

即使把每一处细节都纳入计划，也有可能发生意料之外的事件与状况。例如，气候灾害、全国哀悼日，或是活动前突发国际恐怖袭击等。你需要知道怎么应对。突发事件还有另外一种类型，例如活动贵宾或现场餐饮服务方突然缺席，又如，现场到场人数过多。本书不会对这些问题一一给出解答，但在活动准备阶段，应记住以下几点注意事项，以应对各种突发状况。如有必要，事先设想几种恶性事件场景，并制定好应急预案。

尼克松（Nickson）与西登斯（Siddons）（2006）将意料之外的这些状况定性为无法受人力影响或改变的"外部事件"。在活动管理中，为何会出现失误、失败或临时变故呢？两人将这一问题的答案总结为以下六大原因：

★ 信息不足；
★ 目标与要求不明确或有误（提前预想有偏差）；
★ 沟通与管理方面不到位（包括误解对方意图、未尊重对方文化习惯、沟通内容传达失败、计划不充分、目标设置不全面）；
★ 资源不足（包括资金、人员、设备不足）；
★ 采用了未经验证的新技术（首次尝试某事物）；
★ 受其他外部事件影响（如政治事件、自然灾害、国际危机等）。

总而言之，**为了成功组织高端活动，礼宾人员应有策略地搭建关系网络，注意以下要点：**

★ 愿景和战略；
★ 活动内容；
★ 宾客名单、座次顺序、宾客邀请；
★ 协办人、后勤及技术准备；
★ 工作简会；
★ 礼尚往来；
★ 文化差异；

★ 为客人提供个人关照；
★ 完美执行；
★ 保持现场氛围，遇事冷静并按礼仪规则处理；
★ 通过合作创造会面机会；
★ 保证现场安保，善用外交技巧；
★ 处理好意外状况；
★ 活动后进行全面评估；
★ 确定活动收效并继续跟进。

伊沃·范·弗利特、杰伦·科克斯与鲁本·内德佩尔的演讲

以下演讲内容来自2014年9月于原荷兰二院（众议院）旧厅举办的一场研讨会，会上伊沃·范·弗利特（Ivo van Vliet）、杰伦·科克斯（Jeroen Koks）与鲁本·内德佩尔（Ruben Nederpel）讨论了荷兰王子节的相关礼仪问题。

伊沃·范·弗利特、杰伦·科克斯与鲁本·内德佩尔

伊沃：

各位贵宾，女士们，先生们。我是伊沃，我20岁。

杰伦：

我是杰伦，22岁。

鲁本：

我是鲁本，21岁。

伊沃：

我们几个都还没有毕业，或者刚刚完成学业。我们都是海牙的荷兰礼仪商局的礼宾员培训生。

在我刚接触礼仪工作时，负责一遍遍帮人开门、告诉他们向哪边走、为他们分发徽章，加上尽量多微笑。

如您所见，我在礼仪方面干得还不错，也有了很大进步。如今，我还是继续坚持

多多微笑，不过也能胜任引领宾客入座和陪同政要贵宾之类的工作了。

杰伦：

作为学生，参与礼仪工作是绝佳的选择。可以参加独家活动、结识名人，我觉得这些都很棒。同时，这些经历也让我有了很多收获。我学会了如何用轻松易懂的方式来为别人解释复杂难懂的问题。

鲁本：

最重要的是，礼仪工作让我们看问题时有了新视角。这一点也是我们今天演讲的重点。

如果说今天的研讨会主题是“未来”，那我们正是礼仪的新未来。而且我们很愿意把握住这一发展礼仪的机会。

伊沃：

首先我想说，以前我从未发现，原来“礼仪”一词对很多人来说有很强的负面意义。我自己并不觉得礼仪让我拘泥于条条框框。

实际上，礼仪的存在是为了让活动不要太过严肃正式，让一切能顺利进行，避免混乱与争端。

杰伦：

其次，很多人觉得，一定有那么一本万能礼仪大百科，能用来解决所有的状况。人们觉得礼仪是一项一成不变的工作。

但就我自己的经验来说，礼仪代表一种视角，一种工作方式，一种处事基础。在不同场合下的礼仪永远各不相同。

鲁本：

最后，奇怪的是，礼仪常被人当作王公贵族或政府领导的专属之物。

但其实在商业活动、时装表演乃至舞蹈演出中，我都曾参与过礼仪工作。

例如，从礼仪工作的角度来看，一场皇室大婚和一场舞蹈演出相比，其组织模式没什么区别。

伊沃：

办这两种活动，都需要将宾客名单分为三组。

层级一：首要贵宾；

层级二：其他次要贵宾；

层级三：其余客人。

杰伦：

对于皇室婚礼来说，第一层级的客人有新娘、新郎以及双方直系家属。

而对于舞蹈演出来说，第一层级的客人包括各大活动赞助商的首席执行官，以及诸位文化界名人。

鲁本：

第二层级是其他次要贵宾。

对于皇室婚礼，第二层级包括其他皇室家族的代表人，以及各位高层政要。

而在舞会上，第二层级则是其余赞助商代表，以及各位艺术家、媒体等客人。

伊沃：

各层级的客人会享受到相应级别的服务，包括为他们安排合适的座位，对他们问候致意、提供个人服务和按时候场迎接。

这一点对于皇室婚礼和舞蹈演出来说，都是一样的。

杰伦：

在舞蹈演出中，第一层级的客人到场时会受到活动主办人的亲自迎接。第一和第二层级的客人座位会被安排在第三层级客人的前面。

大部分舞蹈演出活动都会在舞台前安排贵宾区。

主办方会为各层级的宾客分别安排入场路线、停车区和接待区。

鲁本：

有了这样的礼仪流程安排，我们就能为那些最重要的贵宾提供最优质、贴心的服务。

如此精心定制的礼仪系统可以让每位客人享受体贴的关注与招待。因此我相信，礼仪事业的前景十分光明。

然而，社会已经进入现代，礼仪也需要随之走向现代化。现代化礼仪应重视实用功能，而非规章条框。

女士们，先生们！礼仪不会逝去。礼仪必将永存！

礼仪：事业成功的基本原则

让·保罗·维杰斯先生，荷兰礼仪商局、荷兰海牙礼宾协会与战略人际关系管理研究所创建人兼常务董事

1996年，让·保罗·维杰斯（Jean Paul Wijers）毕业于海牙酒店管理大学，次年参与创立了荷兰礼仪商局。2001—2009年，维杰斯在时任荷兰贝娅特丽克丝女王典礼官的吉尔伯特·莫诺·德·弗鲁瓦德维尔（Gilbert Monod de Froideville）手下工作，参与王室婚礼、国葬以及王室洗礼活动。

让·保罗·维杰斯参与过大量官方活动及典礼的组织工作。对于现代礼仪，他有很多独到的经验与见解，并据此开发了战略人际关系管理研究生课程。

在如今快速发展的21世纪社会，亲自关照是你所提供的最好的礼物。从时间层面，这意味着专门留出迎接和招待他人的时间，以及双方私人会面的时间。随着互联网革命和社交媒体的爆炸式发展，西方国家的现代生活越来越浮躁、忙碌，人们也越来越需要在时间与空间层面，享受一份专属的礼遇关照。商界与政界都注意到了这一点，开始有意识地满足人们在这方面的需求。各地方当局开始提出要“走近公民”，银行也纷纷宣称“能让你享受应得的礼遇”，各种级别的交际活动也开始出现在人们的生活中。这些尝试都意在为人们提供所需的专属服务，但并非每一场活动都能达到预期的成功效果。

同时，时间也是一项宝贵的资源。每个人都曾在生活中经历过时间紧迫带来的痛苦。所有事项都必须马上完成，我们被迫把注意力分散到各种问题与抉择上，总是感到时间太少而任务太多。我们没有太多时间来特殊关照他人，或是维持职业人脉，定期与朋友们见面，并结交新的朋友。谁不想能为此多挤出些时间呢？大家都明白，人际关系对于成功至关重要，在职业生涯与个人生活中都是如此。哈佛大学的格兰特研究验证了这一点。这是由哈佛学生进行的一项大型研究项目，跨度长达 75 年。研究结果显示，那些懂得如何维系人际关系的学生更容易取得事业上的成功。挪威驻联合国大使扬·埃格兰（Jan Egeland）也曾提到过这一点，他于 2008 年获富兰克林·D. 罗斯福四大自由奖。在领奖演说中他表示，联合国在发展中国家所取得的工作成就，在很大程度上是因为成功建立了高效的人际网络。

本文作者认为，正确的礼仪管理可以解决当今人们对专属礼遇的强烈需求，并缓解人们管理时间时的紧迫感。在很多人眼中，礼仪是毫无必要的繁文缛节，但在我看来，礼仪是一种手段，可以用来安排有价值的社交会面。现代礼仪管理源于古典礼仪，是系统化人际关系管理的基础。对于各组织团体来说，礼仪是维持人脉网络最高效、最管用的方式。

回顾古典礼仪（并了解其应用）

古典礼仪最初由欧洲的王室创立并使用，而王室成员应用礼仪的原因，是为了解决一项至今仍让我们感到烦恼的问题：王公大臣们的时间有限，但他们需要会见交谈的人又太多。为了提高时间管理的效率，并提升宫内各项活动的社交收益，他们制定了礼仪，其中包括安排活动时应遵循的规则与章程，以求提升社交会面的效率与回报。除此之外，礼仪还能让人在不同的场合中展现出合适的尊重。

这些古典礼仪沿用至今。有些人对于礼仪的印象并不好。古代的礼宾官们视章程为一切，只关心旗帜悬挂、头衔称谓与餐具使用的规范等问题。在那些盲目信奉礼仪规范的人眼中，礼仪章程成了他们追求的最终目标，而不去考虑为什么要举办活动，活动的目标是什么，礼仪能起到怎样的作用。而这些都是现代礼仪管理中需要考虑的问题。

现代礼仪

人们常把现代礼仪归为一种新的礼仪形式，但“现代礼仪”这一名称并不完全准确，因为礼仪本身并不分古代与现代，其本质并没有改变。只是礼仪的应用方式发生了改变，或者说，应该改变。盲从礼仪的人们常说“礼仪永不改变”，但作为一名现代礼仪工作者，要明白礼仪是可以因时而变的。礼仪并非最终目标，而是实现特定目标的工具。我们要将各种目标套用到不同的礼仪模式中，这是礼仪管理工作的关键一环，同时也是战略性人际关系管理的重要内容。

战略性人际关系管理

如果说礼仪是工具而非目标，那么我们要实现的目标是什么呢？回答这一问题，就要说到战略性人际关系管理了。所谓战略性人际关系管理，就是在特定人际关系战略的指导下，建立、保持并优化你的职业人脉关系。商业集团或各类组织的人脉策略体现了它们各自的交流战略，也体现了它们的整体愿景与发展战略。一个组织的愿景与发展战略，可以在其人脉管理战略中展现出来，而礼仪管理正是其组成部分之一。

人脉管理的重要性不言而喻，然而令人惊讶的是，商业集团或各类组织虽然经常举办交际活动，却大多没有制定相应的人脉管理战略。这无疑会让人脉交际的收益大打折扣。把 500 人带进同一个房间，并不会为人脉交际创造机会。荷兰礼仪商局向各种人际交往活动的参与者发放过数百份调查问卷。问卷中的反馈大多是“活动组织得不错，但我的客户经理去哪儿了？”或是“受邀到现场的这些都是什么人？”为了把活动变成一次发展人脉的好机会，必须把握好活动的安排、组织、执行、评估与后续跟进，具体内容可参照下文。

礼仪管理

礼尚往来一直都是将人与人联系起来的完美手段。至于如何做到这一点，则取决于商企或组织在不同场合下的不同活动目标。所谓礼仪管理，不外乎三个方面，即分析信息、理解转述、实践应用。其内容大到宏观的礼仪战略与人脉管理，小到适用于具体某一场合或活动的礼仪框架。换句话说，礼仪管理始于大局战略，止于具体实施。

无论是作为现代礼宾负责人，还是定期组织人脉交际活动的组织者，都要知晓并理解一场活动的宏观背景。以上的负责人或组织者都有必要明白，不管是对董事会成员、首席执行官、部长还是对理事会成员而言，人脉关系都至关重要。离开正确的交际活动，他们就不可能取得如此成就。

作为礼宾负责人或活动组织者，要为每场活动量身定制礼仪流程。以安排会面为例，假如要安排市长与最重要的贵宾，或是安排客户经理与重点客户会面，很明显，必须精心挑选活动的邀请人选。因此，必须合理管理利益相关方，在拟定受邀名单时要考虑以下几个问题：有哪些相关人员？有哪些潜在的关系值得发展？有哪些社会名流人士（他们并非潜在客户，但会助力活动中的人际交往）？礼宾负责人或活动组织者要监管全场，包括提前挑选并培训男女主持人、亲自到场监督活动进展，以及评估活动收益成效。

潜在风险

职业人脉管理并非易事，因为从组织执行到后续跟进，其中潜藏着不少风险因素。商企与组织有时会犯下大错。

正如前文所说，很多商企与组织都没有自己的人际管理战略，就算有，也很少能转化为有效的交际活动，很难在活动的实际执行中体现出来。人际关系管理应该是一项长期持久的工作战略，应明确礼宾负责人或活动组织者的责任，并且给予他们管控组织内部活动的权利，这样才能落实人际关系战略。如果组织内没有确定人际管理工作的责任分配，就很难实现以上的效果。人际关系管理到底是由宣传部门、外联部门还是后勤部门负责？抑或是要这些部门协同工作？应由哪一级别的领导作出决策？活动时礼宾负责人或活动经理要具体负责哪些方面？

同样，应注意实践层面的具体操作，活动中一切行动都要以人脉交际为导向，否则就会带来问题。经验表明，活动中常会遇见一些意外情况，比如活动场地过小、邀请了错误的来宾、节目与音乐过于嘈杂、台上发言啰唆无趣、晚餐流程冗长等，这些都不利于人们在活动中会面交谈。

最后值得一提的是，任何一场活动都只是暂时的，其效果很大程度上取决于后续跟进的质量。很多商企组织在活动后，都不会问自己的员工："你今天碰见谁了？""你跟谁聊天了？聊得怎么样？"

结语

轻视礼仪作用的人大错特错了。我们身边每天都在进行几百场各级会面，它们的背后都是礼仪在牵线搭桥。礼仪体系让人们建立起有效的人脉网络，而这就是事业成功的基石。因此，如今的礼仪专家们，包括各位礼宾负责人与活动经理，已经成为各类商企与组织中不可或缺的成员。在上司的成功之路上，这些人的作用至关重要。

黎巴嫩共和国前总统米歇尔·苏莱曼（Michel Sleiman）在巴西进行国事访问期间，

与巴西总统一同检阅仪仗队

总统的礼仪

拉胡德·拉胡德先生，黎巴嫩共和国部长理事会总理事、总统府礼宾和公共关系司司长

拉胡德·拉胡德先生（Lahoud Lahoud）曾就读于贝鲁特圣约瑟大学，并获得教育学学士与国际关系硕士学位。他曾在联合国西亚经济社会委员会（简称“西亚经社会”）驻贝鲁特办事处和黎巴嫩外交部实习。2008年9月，拉胡德被任命为礼宾司副司长，初次接触了礼仪工作，并于2011年8月被升为礼宾司司长。在担任礼宾司司长期间，他负责组织和筹备总统的各项地方性、区域性与国际性事务，包括活动、访问、会面、觐见、接待等，以及总统在联合国大会与安理会的参会工作。他在比利时、中国、法国、黎巴嫩、阿联酋、美国等地积极参加各类会议、研讨会与培训，内容覆盖外交、礼仪、国际关系、公务政务等相关领域，并亲自参与培训工作。他本人获奖众多，法国、希腊、马耳他骑士团和西班牙都曾为他颁发过高级荣誉，分别是法国荣誉官员勋章、希腊凤凰大司令勋章、马耳他骑士团十字勋章和西班牙公民功勋官员勋章，以表彰他的贡献。

黎巴嫩在1994年独立后就开始建立礼仪体系。在法国长达23年的委任统治结束后，黎巴嫩借鉴法国礼仪体系，建立了自己的礼仪制度。从那以后，我们根据黎巴嫩的政治特点，对礼仪制度进行了多次修订改进，使其更适合黎巴嫩的政治生活。

在黎巴嫩总统礼仪的基本内容中，包含了很多世界通用的礼仪规制，例如座次排列、高级官方会议中的国旗摆放、赠礼互换等。然而，对于我们来说，礼仪的主要作用在于为总统创造理想的工作环境，其应用范围包括总统的各项日常活动、参加内部会议、国际出访以及各种规格的会面和会议。

值得一提的是，在黎巴嫩的总统级礼仪中，有一项基本的原则，就是要热情待客，主张与人为善。这一点也是周边阿拉伯国家的共识，可以说是我们阿拉伯社会广为人知的一大礼仪特征。这一特点在与他国元首会面或接待国王时尤为突出，对方会全方位体验到我们的热情欢迎与周到招待。总统礼仪所营造的良好氛围可以让国际政治交流在友善融洽、开诚布公的环境下进行。

科学研究和过往经验告诉我们，要想完美地践行总统礼仪，必须先详细了解许多其他国家、个人、官员的习惯、传统、社会观念、知识水平和政治背景。因此，我们在筹备总统的会议及众多内外活动时，要做好大量的准备工作。实际上，礼仪规则从来不是由交际中的单方设定，而是要适应每一个活动参与者的具体情况。因此，全球化并非要抹除一切差异和特性，而是要利用它们，促进官方间的政治活动与交流。

实现这一目标必须依靠具备多种实践技能的专业团队，他们要能熟练应用各项基础礼仪知识，并且要有能力组织各种政治、社会、文化背景下的活动与会议。我们一直致力于跟上当前的发展，尤其关注那些能改进工作的技术，包括日常工作的电算化。

总而言之，国际礼仪的意义在于为国际关系发展提供平台，让各国无论大小，都能保持对彼此的尊重。

第九章

主人与宾客

阿卜杜拉二世（Abdullah Ⅱ）在约旦迎接教皇本笃十六世

主人的职能

无论是在高端场合上接待来自世界各地的贵宾，还是准备一桌私人晚宴，招待几位亲密的商业伙伴，关键都在于要真诚待人。作为主人要亲切和蔼，让大家聚在一起时都能感到舒服。这样可以营造相互理解的氛围，更好地传达你的真诚。在会议或会面中，如无必要，最好不要费力套用太过繁杂严苛的礼仪。

上一章介绍了礼宾人员的职责，即实现活动目标，并通过安排招待事宜与重要会面，确保活动目标满足主办方的期望。然而，活动主办方才是要为整场活动负责的人。因此，主人的角色对于活动的成功至关重要。主人的任务是要给予客人们适当的关注。正如上一章中所谈到的，每一位客人都应得到一定程度的关注和招待，具体程度基于客人等级而定。合办方会协助主办方，确保每一位客人都得到合乎礼节的招待。

共同利益

无论是主办方还是参会方，出席外交场合都让人有种履行公务的感觉。显然，这些地方绝不是让你去享受优质餐饮的，身为外交官、政治家，你是在代表国家开展重要工作。受邀者在出席活动时，应该牢记自己的目标，尽管这些活动大多数是为了庆祝节日，或展示国家间、组织间的外交关系而办，但你必须明白自己在代表谁或哪个团体参与活动，一切行动要以符合他们的利益为准。

以下内容摘自美国国务院网站，介绍了美国作为东道国，如何通过组织符合共同利益的各种活动，帮助他国外交官以“宾客”的身份在美国完成使命。

> 外交伙伴关系处是礼宾司办公室最新增设的部门。部门建立的初衷是在当局的协助下交流思想、文化与传统，借此培养国际友好关系，并让他国外交人员能更深入地了解美国人民、习俗与政府机构。为达成这一目标，外交伙伴关系处会同他国外交人员一同组织各种活动，提供多样化的交流机会，由此建立长久伙伴关系，增进相互理解，并最终协助外交人员完成其在美国的工作任务。

如前文所述，社交场合也可以帮助外交官完成工作。对于这一问题，理查德·森尼特（Richard Sennett）在谈到一套似乎适用于社交场合的模糊礼节时，提到了欧内斯特·萨道义爵士（Sir Ernest Satow）（后者于1917年著有《外交实践指南》，至今被职业外交官奉为圣经）：

> 在外交招待会和鸡尾酒会这样的场合上，人们没完没了地聊着体育和宠物这类不

会引起争议的话题；而在这些日常聊天中，外交官们会“漫不经心地”插几句与政府计划或人事安排有关的话，因为他们知道，自己的每一句话都会被仔细地分析解读；就算没人暗地里录音，这些内容日后也会被挖出来，并付诸实施。对于讲话者来说，此时的外交技巧在于，既要保证将信息传达出来，又不能留下过于明显的暗示。对于听者来说，则要假装自己并没有注意到。职业外交官普遍认为，这种对话形式看似随意，实则很难，要点到为止，分寸不容易拿捏；最常用于那些有争议性、不能留存书面材料的话题。萨道义将这类鸡尾酒餐会场合准确地形容为“伪装的会议”。

我们在活动中要明白，自己与客人各自需要达到怎样的效果，以及如何取得这些效果。而诸如此类有关活动目标的问题，上述“伪装的会议”也会给我们提供一个较为透明的答案。在精心准备活动内容、提前了解政策背景的前提下，举办一场高质量的、有趣的活动确实会有所收获。但有些时候，主办方安排的“非正式”私下会面效果更佳。麦卡弗里（McCaffree）、英尼斯（Innis）和桑德（Sand）认为（2002），主人的热情招待和“各种娱乐活动是与外交使团、领事团以及各种文化、政治、经济与社会团体间建立良好关系的必要途径。和在谈判桌上花费数周相比，晚宴上的某次友好交谈或许更有助于解决国家或官员间的意见分歧。”

对于“非正式”私人关系的重要性，约旦国王阿卜杜拉二世曾作过如下阐述（2011）：

中东国家的政治活动与欧美政治的一大区别，就在于前者有非常明显的私人性。在西方，通常由相关部门和常设行政机构来管理国际关系，这样可以在不断更替领导人的情况下，保证政策的连续性。与建立私人关系相比，正确地选择交流话题似乎更为重要。而在我们这里，人们更喜欢亲自交谈。我们为自己热情好客的文化而感到自豪，因此，正式宴会和私人聚餐都是常有的活动。在西方，与一名国家元首交流商务只需二十分钟，随后便可直接离开，并不觉得有什么不妥。而在阿拉伯文化中，如此短暂的停留很无礼。招待贵宾的正确方法，是准备一顿丰盛的晚宴。真正的工作会在饭后的一对一非正式交谈中完成，而非经由正式会议。

讲完外交界，我们再转向商界。对于中小企业的特殊商业活动，及主办方在其中的角色职能，洛奇切罗（LoCicero）（2008）曾给出过如下阐述：

很多情况下，老板们在企业开业或是业务取得进展时，都会举办盛大的庆祝活动。不幸的是，主办者常常会把这种活动办成简单的聚会。虽然聚会是应有的内容，但考虑到创立企业所需的奋斗与精力，一场隆重的开幕式理应包含更多层次的内容，以促进企业的未来销售发展，建立有价值的人脉关系，维持合作伙伴，并在媒体报道中树立正面形象。办开幕式不应只准备一场三个小时的酒会、举办一次剪彩仪式，或是搞上一天促销，而应该把开幕式当作平台，让其发挥出超越活动本身的影响力。

为了维持开幕式上的愉快氛围，你必须把自己当成活动的主人。保持友好开朗，问候各位客人。尽量记住客人们的名字。若活动中需要处理的事项太多，可以委托或雇请他人来协助处理，让你集中注意力完成该办的工作，即结交现场宾客，从而促进业务发展。要是一直在后台安排插花和端送食物，你就会错失发展潜在客户、感谢赞助人的绝佳机会。

要让以上的设想成为现实，宾主之间必须存在共同利益。并且，活动主办方必须有能力且愿意促成宾主间的会面。约旦王后努尔（Noor）在其所著的《信仰的飞跃》一书中，以一个阿拉伯裔美国人的视角，描述了她在20世纪80年代的一段经历，可以佐证以上的论述：

我曾因为打破传统而遭受别人的批评。每年，王室都会在王宫组织举办官方开斋晚宴，即斋月期间日落后的晚餐，但允许女性出席的开斋宴少之又少。于是我决定，自己举办几场开斋晚宴，并邀请全国各地有影响力的女性前来参加。这样，我们之间可以沟通交流，并且共同参与这一仪式。让女性相互认识联系是一件好事，正如男人们世代所做的那样。但王室并不同意这一做法。他们认为女人们应该待在家里，为丈夫准备开斋食物。我觉得这太荒谬了。斋月持续整整一个月，开斋用餐让其他家庭成员准备一次也未尝不可。然而，在了解其他女性对此的态度前，我不想与王室对立。可得知我计划的女性们，大多表示积极支持，因此我决定坚持下去。但王室方面并没有就此轻易妥协。其间，我的丈夫承受了很大的压力，他为此要求我放弃计划。当我表示同意放弃时，他很惊讶，但我已经预见了事情将如何发展。当时有很多女性站出来，强烈要求我继续举办开斋晚宴，所以第二年我又再次把大家组织起来。多年来，我举办的开斋晚宴接待过外交官员、学生、孤儿，还有各类组织的代表，他们中既有男性，也有女性。

荷兰阿姆斯特丹梵高博物馆馆长阿克塞尔·吕格尔（Axel Rüger）先生在荷兰杂志《Winq》（2015年1/2月刊）中表示，在文化界与商业界，也很需要将不同身份的客人和利益相关方聚到一起。他强调，文化创意部门应该增强自身的影响力。他提到，在阿姆斯特丹市政府举办的商贸活动中，文化界代表一向都会与市长及商业界代表一同出席。而在国事访问中，这种共同出席的机会就少得多了。就算他有机会到场，往往也只能与文化界人士交流，仅此而已。吕格尔认为，人们应该开阔自己的视野，寻求多方位的发展。在荷兰的文化机构监管委员会成员中有好几位跨国公司的首席执行官，但文化界的高层人士却几乎无人在大中型企业里担任委员。吕格尔表示，梵高博物馆身为世界名馆，进行过大量的市场调研，每天接待来自全世界各地的游客，收集他们的消费行为数据，并且与旅游业合作密切。博物馆所涉及的利益相关方很多，其影响面甚至超过大多商业组织。每当吕格尔对其他企业首席执行官谈起此事时，对方总是陷入沉默，随后承认自己确实没想过这个问题。吕格尔最后总结说，人们应该开始重视文化界与其他领域的合作，让大家能在跨界交流中互惠互利。

宾客名单

其实，这种跨界交流与信息交换应该是大多数外交或商业活动的目标之一。因此，在确定宾客名单时，要确保主客双方都能满意。在名单中，应注意平衡政府官员与商企代表、当前客户与潜在客户、年轻与年长的宾客、男性与女性的成员人数。并且要邀请几位“上层名流”，如文艺界、学术界、媒体界或社会中的知名人士。此外，也可以把主人或重要宾客的私人朋友加进名单。如果要把宾客名单分发给客人，建议按首字母顺序排列编制名单，以免引起优先次序的争议。

对于会重复举办的活动，准备一份“固定名单”（Iron List）会比较方便，在上面列出固定参与这一活动的客人列表。这样可以在每次编制宾客名单时省去很多重复性工作。对于主题重点不同的活动，可以准备几份不同的“固定名单”。在编制“固定名单”时必须认真准确，不能遗漏任何本该列入名单的重要人士，以免冒犯他人，造成尴尬。

以下为一份白宫国宴美国参宴人员“固定名单”示例（含配偶），基于过去几次国宴的宾客名单拟定：

★ 美国总统
★ 美国副总统
★ 众议院议长
★ 美国首席大法官
★ 美国国务卿
★（主管特定地区事务的副国务卿）
★（国防部长）
★（能源部长）
★（其他相关部长）
★ 白宫幕僚长
★ 美国总统国家安全事务助理
★ 总统助理兼第一夫人幕僚长
★ 总统助理兼新闻秘书
★ 国务院礼宾司长
★ 参谋长联席会议主席
★ 美国驻来访国大使

- ★ 1～2 名美国参议员
- ★ 1～2 名美国众议员
- ★ 1～2 名最高法院法官助理
- ★ 相关城市市长（并非限于华盛顿市市长）
- ★ 5～10 名商业人士
- ★ 5 名左右国际组织或非政府组织代表
- ★ 5 名左右音乐家与（或）运动员
- ★ 1～2 名白宫记者

在活动前，主人要听取活动简报，随后在礼宾人员的帮助下，确保各环节顺利进行。充足的活动准备对主人与宾客来说都有好处。作为客人，为了让每一场活动的价值最大化，应注意以下列出的几条指导原则（其中几条参考了拉雷德（La Red）公司的《战略性人脉网发展指南》）。

身为宾客的战略性人际交往任务清单

计划与准备

- ★ 在活动开始前获取一份宾客清单，或预测一下谁会出席活动，并想好自己希望与谁见面。
- ★ 提前做好功课：活动上的主客各有什么个人爱好？是否有需要注意的文化差异？查阅你想结识对象的相关背景、简历、照片、兴趣爱好。
- ★ 提前确定你的目标：想清楚自己参与活动时要完成哪些事项才算成功。

到场与问候事宜

- ★ 准时到场：入场时间也可用于发展人脉。
- ★ 问候主人，感谢他们的邀请。
- ★ 赠礼及赠花。相关建议可见本书第六章。

接待时的相互介绍

- ★ 客人中有男有女时，应先为女性介绍男性。若女方为国家元首、国王、教会高层，或是把女性下属“正式”介绍给男性上级，则情况相反。
- ★ 应优先介绍职位较高者，然后再介绍其他人。
- ★ 相同性别的长辈与晚辈之间，应先为长辈介绍晚辈。
- ★ 个人与团体之间，应先为团体介绍个人。

★ 观察现场参与人员的情况，选择适当的位置介绍自己并融入交际。
★ 在对话时保持真诚，尊重对方。
★ 时不时更换交谈对象。

道别与离场事宜

★ 不要太晚离场，尽量不要成为最后一个离开的客人。
★ 离场前，记得与和你聊过的每个人告别。
★ 离场前，记得与主人道别，至少要与活动的协办者道别。

后续评估及跟进

★ 在公务招待会或正式聚会后，无须向主人寄送信件或致谢便函，但如果你非常享受这场活动，此举也并无不妥。
★ 在活动结束后，记录下你曾交谈过的对象，以及你们的对话内容。
★ 确定你希望与谁再次见面。
★ 继续采取行动，例如与此人预约时间、发送电子邮件沟通、在领英网上互相关注等。
★ 回顾你在活动前设想的目标：评估一下这次活动是否成功。

此外，礼仪与人脉网对于外交和商业人士来说同样是成功的关键。埃里克·戈尔茨坦（Erik Goldstein）教授2009年在他名为《礼仪的发展》的文章中写道：

> 时代变迁，礼俗随之改变。同样，外交礼仪也在变化发展，反映出的社会规范更为广泛。礼仪常与繁文缛节画等号，但对于外交活动来说，礼仪可以为处理国际关系事宜提供一套各方接受的行为准则。随着非正式活动在外交中越来越常见，外交礼仪将有助于这类活动的系统化，并可以把这类新型国际交流与谈判形式固定下来。

虽然礼仪曾是政府与外交人员的专属内容，但约翰·海斯（John Hayes）在他1994年的文章《礼仪视角下的全球卓越领导力——国际商务篇》中，提及了桑德拉·斯诺登（Sondra Snowdon）的礼仪十原则，并指出这些原则对商界交际同样至关重要。其中五条很有价值，此处总结如下：

★ 要实现陌生人之间的有效交流，无论是口头还是非口头交际，都必须首先熟知礼仪。
★ 即时通信时代更要注意个人礼仪。在信息时代，每一次当面对话都是关键的机会。
★ 知识就是力量，在任何的沟通谈判中都是如此。准确理解对方的动机与需求，便能在谈判中占据有利局面。这要求你深谙对方的文化。

★ 在当今的国际市场中，质量需求是最具吸引力的需求。

★ 礼仪是一把金钥匙，能在具有不同文化背景的人之间开启相互尊重的大门。尊重带来理解，理解创生共赢，共赢之下的人脉关系则会助你“赢在全球”。

马丁·范·佩尔尼斯先生访谈录

马丁·范·佩尔尼斯先生，荷兰西门子公司董事会前主席

从电子学专业毕业后，马丁·范·佩尔尼斯（Martin van Pernis）进入德国慕尼黑西门子股份公司，开始了自己的职业生涯。在公司几个部门内相继任职后，2010年，他以西门子荷兰分公司首席执行官和西门子集团荷兰区总裁的身份退休。2009年，西门子集团在荷兰区共有3 300名员工，营业额达1.6亿欧元。2002—2010年，他还担任了西门子西北欧地区公司发言人。

退休后，他创立了自己的公司——Vapecon有限责任公司。此后，他历任数职，包括空中客车防务及航天公司荷兰监事会主席（至2015年）、鹿特丹费耶诺德足球俱乐部理事会成员（至2015年）和荷兰礼宾部监理会成员。如今，他身任阿尔伯特工业集团副董事、ASM国际集团和巴滕堡科技集团董事。2012年，他当选为荷兰皇家工程学院院长。同年，他开始担任荷兰检举咨询中心委员会主席。此外，范·佩尔尼斯同样活跃于很多其他社会领域，例如，担任鹿特丹爱乐乐团主席、参与建立鹿特丹瓦尔哈拉剧场、担任荷兰仁人家园组织主席。他还是荷兰雇主协会和荷兰机电工业联合会的前董事会成员，并曾被授予荷兰奥兰治-拿骚官佐勋章和德意志联邦共和国十字勋章。

范·佩尔尼斯先生，首先感谢您接受我们的采访，我们对此感激不尽。在您的职业生涯中，大部分时间都任职于荷兰西门子公司。1971年从技工专业毕业后，您就进入了西门子公司，并曾就职于很多不同的岗位。1987年，您被任命到董事会工作，之后在1996年成为董事会中的一员，并在西门子这一拥有3 300多名员工的集团中担任总裁，一直到您2010年1月从这一岗位上退休。在您的职业生涯中，是什么时候意识到国际礼仪对于西门子这类跨国公司的重要作用呢?

其实我很快就意识到了这一点。当年我在慕尼黑入职，工作中常需要联系公司的销售部门。一次，我需要提交一份提案，但那时的我热情有余而经验不足，直接以私人名义在提案上签了名。这件事办错了，随后从公司上下各个渠道的反馈中，我很快发现了自己的错误：我不该在这类文件上签自己的名字。在那之后我就明白了，必须牢记各种约定俗成的商业礼仪。但我觉得更重要的是，我在工作后迅速接触了公司外的世界。西门子有大约80%的产品与服务提供给国防部这样的政府部门，还有一些电信或能源领域的上市公司。和政府打交道，你必须谨言慎行。必须知道自己发言的听众是谁，谈论的对象是谁，知道你在和谁交谈，你又该怎么称呼对方。工作后不久，我就来到了布鲁塞尔的北约组织参加一场国际招标，见到了所有的代表成员。在那里我学到了很多礼仪，也见到了礼仪的一些负面效果。但如果你想靠它发展业务，就必须把所有规则烂熟于心。不过，我还是要提一句，与荷兰人相比，我认为德国人办事要更正式，换句话说，他们在等级制度下会更礼貌得体——有时堪称极端。可在奥地利时我发现，奥地利人对礼仪的注重比德国人有过之而无不及，这给我留下了深刻的印象。我成为董事会主席后，每次遇见奥地利人，他们总是要一本正经地称呼我为“董事长先生”。我还得回他一句：“叫我马丁就好。”

我们刚刚谈到了，德国的礼仪比荷兰更为正式，那么，您认为对于西门子这样的德国公司来说，其荷兰分部是会沿袭德国风格而更追求正式呢，还是受荷兰文化的影响更明显呢?

对于这个问题，我觉得是这样的：在德国，一家公司必须处理从销售到研发的各方面业务。如果你公司的业务覆盖全国，你会和市场与客户离得很近，所以公司外的世界对你才是最重要的。当然，身为董事和主席，我总得处处多留心一些。我知道，人们会记住别人犯过的错误，就算过去十年也不会忘，尤其是那种与人交际中犯下的错。如果事情进展顺利，人们总是忘得很快，但一旦你出了差错，就会一直被大家记住。在人际交往方面，我自己总结了一些很实用的行为准则。我给你举几个例子。比如，我不允许下属在邀请函上打印签名，一直要求亲自手写。我这条老规矩，在今天这个自动化的时代也没有变过。我坚持亲自签署邀请函，这不光是为了向客户展示诚意，同时也是要顺便检查邀请函的内容，看看头衔、称呼是否准确，文意是否通顺，有没有拼写错误。在现场接待重要客人时也要如此，做到亲自迎接，不能交给秘书去做。邀请别人上门时，你应该准时来到门口，亲自欢迎问候对方。为此要和自己的秘书与司机沟通好，事先安排妥当。同样，每次受邀前往某处时，我总会带着批判的眼光，观察事前邀请和现场招待，看主办方有没有展现出该有的诚意与尊重。对于这一点，我夫人比我还挑剔。有时候，我自己都觉得无所谓，可她却会另有看法。总之，对于人际交往，她总是能做出很清晰透彻的判断。我一直都很注重培养员工这方面的能力，我会亲自指导他们，还让他们参加培训课程。总而言之，一切都取决于你怎样和公司外的社会打交道，怎样和客户打交道。管理通讯录也非常重要。有些公司在成员离职后，马上在数据库里删掉这名成员的联系方式，毫不考虑以后还会不会和这个人打交道，可说不定，他们以后就成了公司监事长、监事会主席或者调解人了呢！这听起来不是什么大事，但绝对不该急着把别人从你的通讯录里删掉。这做起来不难，但这样的小事能让一家公司脱颖而出。我碰到别人的拼写、语法错误，或是看到别人搞错称呼和座位安排时，总是非常生气。对这类错误有人会很在意，有人可能没那么在意。但不管怎样，这样的错误会给人留下不好的印象。在安排活动时，可以把第一排座位空出来，留给可能迟到的客人。大家肯定不会故意迟到，对此我们要理解。迟到的人可能随后就会到场，而在他们到场前，你可以安排工作人员帮他们保留座位。要是贵宾到场后得知自己的座位已经给了别人，肯定会非常不满。为此，西门子专门设计了一套系统，用来为贵宾在客户晚宴上安排座位。

在您的职业生涯中，有没有觉得礼仪是管理客户关系的重要工具呢？能否请您为我们举几个例子？

当然是这样！我一直这样认为。我在西门子工作期间建立了很广泛的人脉关系网，但与建立人脉关系相比，要维持人际交往则是另一回事。要维持人脉，你必须尊重对方，并且乐意去主动结交他人。在组织大型聚会时，现场总有那么几个冷淡不合群的人，自己站在一边。这种人多半是因为初来乍到，对他们你需要多关注一些。我经常跟我的下属这样说："集中注意力，照顾好我们的客人；不要站在旁边一直聊天。要把客人放在心上，他们是受我们的邀请而来，是我们的客户。"从总裁到员工，人人都应该为客人着想，这些都是在实践中要做到的事情。相同的道理同样适用于书信或电子邮件交流。对于电子邮件，人们总觉得可以另有一套礼仪，可这样的看法其实很荒谬。电子邮件的篇幅应该和书信相同，并且也要体现出你的尊重与诚意。我从来不会用电子邮件发送邀请。可以发电子邮件知会对方，但不能用其代替正式的邀请函，否则会显得有失尊重。这一点我一直坚持到退休。我现在担任监事长，也在努力保持这一做法，虽然我明白如今我的角色与之前担任董事长时有所不同，可我还是觉得，邀请函要用书面形式发送，并且要精心安排上面的每一处细节，展现出你的诚意。

所以您的意思是，在您管理的组织中，从上到下，每个涉及外部事务的成员，都必须注意维护与客户间的关系，不能出现任何差错。

没错。发送邀请时绝不能出现失误，不能发给已过世、已搬去别地或已换工作的人。随时更新联系人数据库确实很费功夫，但这对管理你的客户关系至关重要。就算邀请函有700多份，我也会每个亲自检查一遍，并且对存疑修改的地方还要二次检查。我不敢说每次都能万无一失，但我会尽最大的努力保证不出问题。

在您担任董事会主席期间，有没有参加过什么大型活动呢？作为主席的您，在活动中发挥了什么作用？

我的作用体现在很多方面。我曾参加了荷兰西门子的125周年庆典和德国西门子150周年庆典。毫无疑问，这些都是非常重要的活动，德国各商业部门的很多重要人士以及政府高级官员代表都会参加。在过去五年里，我还曾带领几个贸易代表团前往中东和西北欧地区。在这些活动中，董事会主席的作用都非常重要。因为你代表的是整个公司，绝不能犯任何礼仪上的错误。我在西北欧地区带队的过程中，格外注意各种礼仪问题。而且我发现，永远会有你预料不到的情况出现。世界上每个地方各有各的特点。比如，西欧地区和亚洲地区的礼仪就大不相同，人们心中的礼仪观念相差巨大。

范·佩尔尼斯先生，西门子公司的客户晚宴一直以其组织有序而闻名。我知道您也曾参与首创这一活动，您对此事一定有一些独家经验。您认为，在这类活动的组织过程中，一名优秀礼仪主管的价值何在？

其实我算不上参与首创。这一晚宴活动要归功于公司很久以前的一位董事长，公司举办客户晚宴的传统由他而始。他认为，应该把最重要的客户邀请到公司中招待。当时我们的客户只有三十多位。几届继任者之后，这一活动的规模逐渐发展壮大。到了我任职期间，晚宴上的客人已经有400多人。要在我们公司的餐厅安排如此大规模的活动确实很难，但我们最终成功做到了。这种活动对于客户和我们来说都非常重要。接待环节是每年晚宴的序幕，这是与客户交谈的理想时机，对董事们来说尤其如此。所有人都很喜欢这一环节。组织这一活动的工作量很大，从安保到厨房都要安排。我知道，我们不可能独立完成这样的任务，所以每次都会邀请公司外的专业人士。他们会协助接待宾客，提供服务，最重要的是协调整场晚宴的后勤筹备，他们要为桌前的每位客人在同一时间提供服务。为了完成后勤准备工作，我经常让自己家手艺最好的大厨过来，确保一切顺利进行。好在我手下的联络负责人精通礼仪，能在晚宴现场确保各处不出差错。他做事热情满满，带领手下团队把一切安排妥当。你可能听说过，我们都是用电脑程序导出座位安排，但我们也会安排几名优雅的女士，在活动现场的门口引导宾客就座。每位客人都会收到自己的桌号，还有一张标有姓名的就座卡，这些都是用电脑软件打印出来的。客人们刚开始可能还不理解这一方法，但随后就会发现其中的巧妙。比如，在一张桌子上，不会同时安排两名医生，也不会出现两名同样来自能源部门的客人。客人需要一些时间来适应这种情况，因为人们都习惯找自己学科或领域内的人聊天，并和同行们坐到一起。然而，我们设计的座位系统能把宾客的座位分散开，让每一桌都有各行各业的人士列席。宴会后，客人们对这一点都感到很开心，他们能进行一些不一样的交流，结识有趣的新朋友。当然，还是会有人不喜欢自己的座位，或者觉得自己的位置太偏。我每次必须把最重要的宾客，如政府部长、国王专员、市长、演讲人或其他贵宾，都优先安排到我旁边，坐在主桌上。可我的桌子和其他桌子大小相同，要是主桌客人太多，我就得把他们分到其他监事会董事旁边，或是首席财务官旁边。我的继任者则换了做法，他换了张更大的主桌放在现场中央。对此每个人的处理原则都不一样，但我们的共同目标都是要以客户为中心。

的确，主桌的座位必须认真安排，做到符合礼仪。那么您亲自参与过座位安排吗？您一般会按照什么原则来安排座次呢？

这样说吧，主桌的座位安排肯定是要精心准备，做到尽善尽美。对于那些最重要的贵宾，不能交由电脑软件排座，必须亲自安排。在我退休前，每次晚宴都会优先安排主桌座位，以及监事会主席与首席财务官的座位。尽管我们的总体目标是让每个人宾至如归，并完成最合理有效的现场调度，但这一切都要在符合礼仪要求的基础上进行。尤其是当现场有议会议长、部长或其他政府官员出席时，更要注意礼仪规范。对于主桌之外的其他餐桌，我会每桌至少安排一位董事或副董事负责。对于自己餐桌的宾客人选，他们有权优先选择两人。但这项选择并非强制，完全是出于自愿。有人使用过这一选人权利，也有人选择放弃。总之，每一桌的负责人在餐桌上安排的同行不能超过两人。我们开发的软件系统能自动为客人们分配桌号，然后他们可以自由选择要坐在桌边哪个位置。我们公司的成员都很喜欢这一系统，认为它能让每一桌都坐着身份各异的客人们，这一点很好。

作为董事会主席，即便面对400多位客人，您每次都会亲自问候，并对他们作自我介绍，这一点让人印象很深刻。能做到这一点，您背后一定有所准备，能否请您就此谈一谈呢？

没错，我会在每位宾客到场时问候他们。这意味着现场必须做好宾客引导工作，而且我自己其实也在引导宾客。我要确保身边有下属在场，他们能随时把客人带往接待区，以免客人在门口谈话逗留太久。迎接时要知道每位客人的名字，这的确需要提前下功夫。不过话说回来，你也不应该邀请一点都不认识的人到场。这一切要在迎接工作开始前准备好。其实我和每位客人都很熟，但有时也会有刚上岗到任的新面孔，我会对他们多加关注。我会事先查看他们的个人资料，并看一眼他们的照片。我们曾在荷兰海牙的新教堂举办过圣诞音乐会，那时我在现场与我的夫人，以及我手下首席财务官及他的夫人一起，按照刚刚所说的流程，接待了各位到场的来宾。

这些都是您在西门子公司任职期间的经历，但您从那里离职后，也进行过很多活动。您在很多社会公共岗位上任职，并且参与了很多公司的监事会。就说最近，您担任了荷兰礼仪商局以及荷兰海牙礼仪培训处的监理会主席。您为何要担任这些职务呢？这是源自您过往的职业经历，以及您对礼仪领域的特别兴趣吗？

先说明一点，这类活动我在从西门子离职前就已经参与了。我确实有意为之，因为礼仪活动不光是一门专业知识，更是生活的一部分。我更想以一名普通人的身份参与其中。因此，当我仍在西门子公司时，就兼任了费耶诺德足球俱乐部的监理会主席，以及荷兰海牙礼仪培训处的监理会主席。

至于为何选择荷兰礼仪商局和海牙礼仪培训处，这更多是源自我自己对很多人礼仪欠妥之处的不满。在海牙，我经常见到荷兰礼仪商局的培训生。身为迎宾员的他们在各类活动中对客人的招待服务非常周到贴心，这让我感到很欣慰。每次我见到现场一切安排顺利时，也会对我的夫人说："你看他们安排得多好。"要是活动中缺了某一礼仪环节，你能马上察觉出来。比如，有时你会被独自留在现场，没人过来引导你前往餐桌，你还得在客人名单上找自己的名字和座位号。客人可不想有这样的经历。这也是为何我很喜欢荷兰礼仪商局。我喜欢他们对礼仪事务的重视态度。这样做也很有商业意义，如果你想做生意，就得像对待自己一样对待客户，要尊重他们。我见过的那些迎宾员培训生都很善于临场应变，礼仪素养很高。因此，我对荷兰礼仪商局很感兴趣。我担任荷兰礼仪商局监事会主席时发现，这家公司监事会的成员来自各个领域学科。他们跨界很广，可以在礼仪方面给出各自的建议。监事会中有来自国防部门的成员，如吉尔伯特（Gilbert），有曾从事教育、娱乐、金融的成员。这一点至关重要。监事会要保证整个公司的正常运营。而要做到这一点，必须在礼仪事务上面面俱到。

那您在其他企业的监事会工作时，是否也认为礼仪十分重要呢？

是的，我在很多企业任职时都有这样的感触。这其中不乏毫无礼仪意识的企业。当然，这和公司性质也有关系。我曾担任过鹿特丹爱乐乐团的主席，当时经常要思考如何联系与对待客户。而这是一项没有最好、只有更好的任务。我最近去看了场管弦乐表演，是一次大型户外音乐活动当中的一场。现场演出的中场休息还没结束，我就发现旁边的咖啡供应处已经收摊了。这样的事情实在难以置信，可见活动现场的招待水平有限。

如果我没理解错的话，您的意思是，礼仪在文化类活动中的作用和商业活动中一样重要？

是的没错！对礼仪要精益求精。很多人对礼仪的重要性理解得不够充分。观众已经出钱购买了门票，那么除了音乐会本身以外，也理应享受现场的其他接待服务，有权利被用心对待。管理层往往只关心音乐演出的质量，而忽视除此之外的其他服务。“为人着想”与“尊重他人”是与人打交道时最重要的两点。

有人说，只有公共领域的活动才要注重礼仪，而个人商业活动中无须如此。您同意这一看法吗？您认为，商业领域是否需要一本讲述国际礼仪的书籍呢？

从地理上来看，荷兰国土面积很小，这意味着荷兰与其他国家挨得很近。所以你必须了解各国的不同文化，而即使是接壤荷兰的邻国，也一定与荷兰有文化差异。与德国人打交道和与荷兰人打交道完全不同，对于比利时人和英国人也是如此，各有一套方式方法。不管是官方接触还是个人来往，情况都是如此。但如果你要与别人打交道，你必须明白自己正在做什么、应该做什么，还有对方的文化身份如何。你要遵循大家一直遵循的规则惯例。这一点其实不难做到。对于着装礼仪也是如此，你要知道自己应该穿成什么样子。要是你的着装不符合活动惯例，那么不管穿晚礼服还是牛仔裤，都一样是不对的。记住别人的名字也很重要，尤其对于那些你以前碰过面的人。要是你对他们还重新介绍自己，并且向他们索要名片，那就太不尊重人了。在参与大型活动时，我总会浏览一下客人名单，看看有没有我认识的人。要是你把“彼得”喊成“罗伯特”，那就大出洋相了。这些事情都很简单，但非常重要。我坚信，一本介绍相关礼仪的书，对于个人商务活动会非常有用处。商务人士经常到各处出差，需要面对各种文化差异和国际通用礼仪。而一切礼仪活动的最终目的，都是要营造一种能让人们共商业务的好氛围。

要想与人打交道，参与社会交际，就必须知道规则所在。从这一层面上来说，一本专业礼仪书籍对于商业活动至关重要，尤其在今天这个时代，会对人们有很大的帮助。在过去，人们大多在家庭环境中学习礼仪知识，在成长中逐渐积累。但现在时代变了，如今的世界更加复杂。与前人相比，我们在年轻时更加独立，要承担更多责任。因此，当今的年轻人理应接受礼仪训练与学习，而这本书一定可以发挥很大的作用。

范·佩尔尼斯先生，再次感谢您对本次采访以及本书编写的巨大帮助，谢谢您能如此坦诚地回答我们的问题，分享您的见解。

新西兰黑色优雅现代舞蹈公司的舞者

礼仪与舞蹈

塞缪尔·维斯滕先生，荷兰国际舞蹈节艺术指导、鹿特丹库达兹艺术大学执行委员会成员

塞缪尔·维斯滕（Samuel Wuersten）的舞蹈人生缤纷多彩。作为一名当代舞蹈剧艺术家，他的职业生涯发展非常多元。他为自己创作舞蹈作品，也会为别人编舞。如今的他是一名备受青睐的世界级当代舞教师。他在著名的荷兰国际舞蹈节担任艺术指导，在鹿特丹库达兹艺术大学担任联合执行总监，并在瑞士苏黎世艺术大学担任舞蹈学士课程的艺术指导。他在多个舞蹈及艺术组织内担任评审委员与顾问。十多年来，他一直担任瑞士“文化百分点”国际舞蹈节的艺术总监，以及洛桑奖学金艺术委员会成员。自 2013 年起，塞缪尔·维斯滕开始协助俄罗斯女芭蕾舞艺术家黛安娜·维什涅娃组织举办她的“背景”国际舞蹈节。

维斯滕来自瑞士的格施塔德。他曾在汉堡芭蕾舞学校和鹿特丹库达兹艺术大学（前鹿特丹舞蹈学院）接受专业的舞蹈训练。如今，乌尔斯滕在荷兰定居。2011 年，他被授予荷兰奥兰治-拿骚骑士大十字勋章。同年，他还被授予法国艺术与文学勋章骑士勋位。

和其他领域一样，舞蹈界也有一套需要遵守的礼仪体系。在舞蹈礼仪中最为人知的，应该就是现场表演时观众鼓掌与舞者鞠躬。这项礼仪不单单包括眼神上的交流，还有鼓掌的方式，以及舞者对于观众掌声的回应。作为观众，有几种鼓掌的方式可供选择。为了传达出内心的热情与赞美，我们既可以礼貌地轻轻鼓掌，也可以加大力度，用力拍手，拍得响亮一些。甚至可以起立鼓掌，同时来几声尖叫与呼喊，以表达我们的赞赏与喜悦。要是对演出不满意，观众可以选择安静地僵坐着，甚至发出嘘声来表达不悦。所幸，扔烂番茄或臭鸡蛋如今已是老皇历了，成了旧时传说而没人再用。

在结束谢幕时，舞者应该优雅地接受台下的掌声。资深的表演者能够在谢幕时做出完美的鞠躬，将自信与自豪巧妙地融合在弯腰中，又带着一丝恰到好处的谦逊与惊讶。对于观众来说，观看舞者的谢幕鞠躬是一件乐事。它带给观众的愉悦感有时堪比表演本身，仿佛蛋糕顶部的那颗樱桃一般迷人。我参与或组织过各种舞蹈活动，包括舞蹈节、舞会和慈善演出，因此我对各种场合下的舞蹈礼仪都很熟悉。这些活动上经常有身份很正式的官方宾客受邀出席，而在和他们打交道时，我非常乐于去了解接待礼仪中的各处细节。例如要如何安排客人们的就座位置？应该让哪些客人座位相邻？对于这类问题，在礼仪知识中完全有据可循。而除去礼仪要求，我们在组织接待这些官方客人时，也会考虑人脉策略上的因素。这些活动看起来是舞蹈主题，实际上也是人们相互结交的宝贵机会。对一些人来说，这类场合是唯一的会面机会。在一晚上有两三场活动的情况下，我们会尽量利用好每一分钟，在场间休息期间穿插很多会面活动。例如，我们会在节目第一幕时，安排某位客人坐在官方贵宾身边，而到了第二幕，可能就会另换一名客人陪伴贵宾。在事前准备和选择各种活动组织方案时，礼仪知识起到很大的指导作用。我不敢说能完全掌握每一处礼仪细节，并让所有环节天衣无缝，但这么多年过去，我在自己的舞蹈职业生涯中，对礼仪的理解与运用越来越得心应手。掌握了礼仪的窍门后，我发现它和我的老本行很相似。我觉得，在荷兰国际舞蹈节开幕式上接待贵宾，与编舞工作有很多异曲同工之处。因为整晚的活动都要提前筹划确定。从宾客到场，到最后离场，我们要仔细地思考安排其间的所有环节。最开始，这样的工作让我有点喘不过气，心里始终担心会“出岔子”，越想越紧张担忧。但出乎我意料的是，最终的工作体验恰恰相反。不同的官方贵宾在受邀出席时，他们的反应与举止也不同。而在活动进行的过程中我体会到，前期细致入微的准备工作，让我在临场互动时从容不迫，游刃有余。我发现，合乎礼仪的现场安排，能让客人们感到宾至如归，轻松自在地与周围人交谈。因此，即便在如此正式的场合中，每个人也都能放松地融入现场。

我并非礼仪方面的资深专家，但我在很多日常活动中都体会到了礼仪的作用。总而言之，礼仪意味着礼貌待人，尊重他人。幸好，礼仪并非国王或王后的专属之物，我们每个人都可以掌握礼仪知识，并为己所用。

附录

吉尔伯特·莫诺·德·弗鲁瓦德维尔先生与马克·费尔海勒先生

作者小传

吉尔伯特·莫诺·德·弗鲁瓦德维尔先生，荷兰女王贝娅特丽克丝的皇家内侍，“礼仪国际”咨询培训公司创始人，资深培训师、顾问、讲师，作家。

吉尔伯特先生曾参军并担任骑兵军官，在军中先后担任数职。1968 年，他被任命为骑兵预备军官学院的教官。1973 年，他被派往德意志联邦共和国，担任坦克营中队指挥官。

1977 年返回荷兰后，吉尔伯特成为荷兰皇家军队总司令（兼任荷兰皇家军队参谋长）的副官，直至 1981 年被调任至军中人事部门。几年后，吉尔伯特被任命为布鲁塞尔北约军事委员会主席助理。他在那里工作了三年多，负责军事委员会的会议与出访事宜，以及各项军内礼仪活动。

1986 年 12 月 1 日，吉尔伯特被任命为荷兰女王贝娅特丽克丝的内务助理。

1988 年 1 月 1 日，他被任命为女王典礼官。同日，他正式离开军中现役岗位，被任命为预备役中校。

在皇家任职期间，吉尔伯特负责以下事务：

- ★ 组织宫内各项活动、接待仪式、授勋与颁奖仪式；
- ★ 宫内一切礼仪活动，包括国家元首的接待与送别、外交国书呈递、敬献花圈等仪式；
- ★ 国事出访与接待事宜；
- ★ 皇室内部礼仪事宜，以及相关人员培训。

在皇室中工作了近九年后，吉尔伯特·莫诺·德·弗鲁瓦德维尔被派往外交部礼宾司，于 1997 年 1 月 1 日被任命为礼仪团队总管，负责荷兰担任欧盟轮值主席国期间的相关事宜。

1997 年 9 月，吉尔伯特前往芝加哥，接任荷兰总领事一职。

2001 年 5 月 1 日，贝娅特丽克丝女王重新任命他为典礼官。上任后，他负责组织各项皇室内部庆典，包括多届婚礼纪念日、三场皇室大婚、三次国葬以及两次洗礼仪式。

吉尔伯特于 2007 年 6 月 1 日退休，随后被任命为贝娅特丽克丝女王（退位后称贝娅特丽克丝公主）的荣誉内侍。

2007年6月退休后，吉尔伯特创立了自己的礼仪咨询公司“礼仪国际”。

作为礼仪、仪式、项目管理领域的资深专家，他为各国政府、国际与私人组织提供建议与帮助，协助他们筹备国家级或国际活动，筹备典礼仪式。

此外，他还为个人与团体提供培训，讲授礼仪、典礼相关事宜，包括文化意识、用餐礼仪与座位安排，并为荷兰及各国的年轻外交人员提供专业培训。有时他还会就某一主题专门开设讲座。

2007年9月至2009年2月底，吉尔伯特有幸在中东与马克·费尔海勒（Mark Verheul）共事，担任皇家顾问与培训师。这段经历让他得以切身体会中东文化，收获了很多宝贵经验。

他研究了当地的皇室典礼、宫廷活动以及国事访问。经过考察评估后，他为皇家礼宾司司长提供了很多建议，改进了各项流程的筹备与实施，用国际礼仪的知识培训当地的礼宾人员。

2010年，吉尔伯特负责组织了帕尔马公爵卡洛斯及其夫人安娜玛丽·德·波旁·德·帕尔马的大婚，婚礼于布鲁塞尔举行。同年早些时候，他还与荷兰礼仪商局一同创立了海牙礼宾协会。

作为“礼仪国际”公司的董事长，他在海牙礼宾协会以及华盛顿礼仪学院担任资深讲师、顾问。各国政府机构部门、国际组织以及商企也经常邀请他开设专题讲座，介绍礼仪领域的具体事宜，其足迹遍布荷兰国内外。

他曾与他人合著《荷兰头衔称谓》（*Nederlandse Titulatuur*）一书，该书实用便携，介绍了荷兰的称谓礼仪（2012）。

吉尔伯特·莫诺·德·弗鲁瓦德维尔曾在多国获颁国家荣誉（骑士勋章），包括奥地利、比利时、智利、芬兰、法国、冰岛、印度尼西亚、日本、约旦、立陶宛、卢森堡、荷兰、挪威、葡萄牙、西班牙、瑞典、泰国和委内瑞拉。

马克·费尔海勒先生，海牙市前礼仪总管，马克·费尔海勒国际礼仪与战略性人脉管理培训咨询公司创始人

超过15年来，马克·费尔海勒的职业生涯始终离不开礼仪、外交、活动管理，以及地区级、国家级与国际战略人脉管理事宜，足迹遍布五大洲。他涉足过很多职业领域，曾参与组织国事访问、正式访问，组织各国政要大会，筹办皇室婚礼与洗礼仪式，组织圆桌会议与高层一对一会谈，安排国家与国际纪念活动，还有庆典、接待会、晚宴、音乐会，组织社会、文化与体育活动，以及各大商业论坛与大学访问活动。马克·费尔海勒专业素养优秀，组织活动时既能保证内容充实，又让后勤流程游刃有余，让参与者充分感受到活动现场的热情招待。

在上一份工作中，他担任海牙市礼仪总管一职（2010—2018），负责市内行政人员与

政界、外交界、社会领域、商业界与学术界人士的外联工作，同时他以顾问的身份，为市内各利益相关方提供协助，负责领域包括礼仪、跨文化交流、典礼仪式、大会及各类高端活动。他还在各类外交场合中代表海牙市行政长官，提升海牙这一国际和平与公正之城的城市形象。

2016 年，马克・费尔海勒创办了马克・费尔海勒国际礼仪与战略性人脉网培训咨询公司。该公司为各国政府、国际组织、教育机构和企业提供培训课程和专业咨询服务，并提供国际礼仪和战略性人脉网私人培训课程。项目覆盖纽约、芝加哥、加德满都、廷布（不丹）、多哈、日内瓦、都柏林、布鲁塞尔、阿姆斯特丹、海牙等地。

马克・费尔海勒曾在约旦哈希姆王室礼宾司工作，担任项目协办主管（2008—2009），还曾在荷兰王室担任典礼官助理（2005—2007），并在荷兰国内外多次参与王室活动与出访。2002 年中期至 2004 年初，马克在海牙担任荷兰礼仪商局项目经理。荷兰礼仪商局为商企与政府组织提供服务，负责官方活动、贵宾活动、颁奖典礼等活动的筹办工作。

马克・费尔海勒于 1999—2003 年就读于海牙酒店管理大学，后又到澳大利亚悉尼麦考瑞大学，读取了国际关系与交流专业硕士学位（2004—2005）。他曾在克莱夫登庄园酒店前台实习（2000），该酒店位于英国泰晤士河谷，是一座豪华乡间庄园酒店。他还曾在比利时布鲁塞尔联合国西欧信息中心工作，担任欧洲机构与比利时、荷兰、卢森堡三国公共信息助理（2005）。

马克・费尔海勒是澳大利亚悉尼麦考瑞大学联合国学会（MUNS）的创办者之一，并担任首届学会秘书长（2004—2005）。该学会旨在为大学生介绍联合国，普及内容覆盖联合国的方方面面。学会定期邀请教授及国内外知名人士开设讲座。

马克・费尔海勒曾编写制作了众多手册、报告与培训课程，包括为一家国际知名酒店集团制作在线课程。他本人曾多次为同事、客户、大学学生开设讲座，讲授跨文化交流、礼仪及人际关系管理内容。此外，马克・费尔海勒还曾担任战略人际关系管理研究所顾问委员会成员（2012—2017）。该所招收培训生，开设课程培养人际关系管理领域的专业人员。课程内容将战略人脉关系管理与实用外交技巧、当代礼仪管理与现代管理学结合。授课对象包括外交官、活动组织者、礼宾员以及外联经理。

2017 年，马克・费尔海勒加盟荷兰舞蹈团监事会。30 多年来，荷兰舞蹈团以舞蹈为纽带，将世界各地的人们汇聚到一起，其中最著名的活动是举世闻名的荷兰国际舞蹈节。这场盛会为期三周，届时将有约 50 场由大型国际舞蹈公司奉献的演出。荷兰舞蹈节追求舞蹈的多样性、独特性和舞蹈品质。

马克・费尔海勒兴趣广泛，热爱体验不同的文化与自然环境，喜爱现代舞蹈、品酒与烹饪、古典音乐会、当代艺术，喜欢出门做客和拜访朋友，爱好旅行，足迹覆盖了全球约 75 个国家。

马克・费尔海勒曾获颁德国、卢森堡与荷兰的国家荣誉（骑士勋章）。

参考文献

Berman, M. & Sok, J. (2009). *Welkom! Gastvrijheid, de sleutel tot success.* Baarn: Tirion.

Clinton, H.R. (2000). *An Invitation to the White House: At Home with History.* New York: Simon & Schuster.

Encyclopedia *Grote Winkler Prins* (1968). Amsterdam / Brussel: Elsevier, 7th edition.

Federal Foreign Office (2003). *Visits to Germany by State Guests.* Berlin: Federal Foreign Office – Protocol.

Fernandez, F. (2004). *Ceremonial y protocolo: Guia complete.* Madrid: Oberon.

French, M.M. (2010). *United States Protocol, The Guide to Official Diplomatic Etiquette.* Lanlam: Rowman & Littlefield Publishers, Inc.

Groot, de, H. (2013). *Protocol, Handboek voor de ceremoniemeester.* Den Haag: Sdu Uitgevers.

Groskamp-ten Have, A. (2000) (geheel herzien door Reinildis van Ditzhuyzen). *Hoe hoort het Eigenlijk?* Bloemendaal: Becht.

Guyot, P.C.G. (1858). *Bijdragen voor vaderlandsche geschiedenis en oudheidkunde, Xe deel.*

Hardman, R. (2007). *A Year with the Queen.* New York: Simon & Schuster.

Hartmann, J. (2007). *Staatszeremoniell.* Berlin: Carl Heymanns Verlag.

Hayes, John G. (1994). Global quality leadership: A protocol perspective. *Business America, Vol. 115 Issue 10.* ATE

Heert, C. baron van (1965). *Nederlandse en buitenlandse Ridderorden en Onderscheidingen.* Amsterdam: Agon Elsevier.

Hickey, R. (2008). *The Protocol School of Washington's Honor & Respect: The Official Guide to Names, Titles, and Forms of Address.* Columbia, South Carolina: The Protocol School of Washington.

Jarrett, M. (2014). *The Congress of Vienna and its Legacy, War and Great Power Diplomacy after Napoleon.* New York: I.B. Tauris & Co. Ltd.

Jehaes, B. & Panneels, Y. (2002). *Protocol praktisch, De kunst van het hoffelijk aanspreken, corresponderen en organiseren.* Antwerpen: The House of Books.

King Abdullah II of Jordan (2011). *Our Last Best Chance, A Story of War and Peace.* New York: Viking.

Makarczyk, J. and others (1984). *Essays in International Law in Honour of Judge Manfred Lachs.* The Hague: Martinus Nijhoff Publishers.

La Red, *EHBN: Eerste Hulp Bij Netwerken.* Taiko 2008-2012, 2015.

LoCicero, J. (2008). *Meeting and Event Planning.* Avon: Adams Media.

Lovette, L.P. (1960). *Naval Customs Traditions and Usages, 4th ed.* Menasha, Wisconsin: Banta Co.

McCaffree, M.J. & Innis, P. & Sand, R.M. (2002). *Protocol 25th Anniversary Edition: The Complete*

Handbook of Diplomatic, Official and Social Usage. Washington, D.C.: Devon Publishing Company, Inc.

Muller, D.G. (1862). *De oorsprong der Nederlandsche vlag, opnieuw geschiedkundig onderzocht en nagespeurd.* Amsterdam.

Nickson, D. & Siddons, S. (2006). *Project Management Disasters & How to Survive Them.* London: Kogan Page.

Plischke, E. (1958). *Summit Diplomacy; Personal Diplomacy of the President of the United States.* College Park: University of Maryland.

Protocol and Liaison Service United Nations Office at Geneva (2004). *Guidelines on Diplomatic Courtesy in Geneva.* Geneva.

Queen Noor of Jordan (2003). *Leap of Faith, Memoirs of an Unexpected Life.* New York: Talk Miramax Books.

Queensland Government, Department of the Premier and Cabinet (2009). *Protocol Handbook, A Guide for the Queensland Government Officers.* Queensland.

Radde Ph.D., P.O. (2009). *Seating Matters, State of the Art Seating Arrangements.* Longmont: Thriving Publications.

Sennett, R. (2013). *Together, the Rituals, Pleasures & Politics of Cooperation.* London: Penguin Books.

Serres, J. (1992). *Manuel Pratique de Protocole, Nouvelle Édition.* Courbevoie: Éditions de la Bièvre.

Shevchenko, V.N. and others (2000). *Protocol of the Russian Federation.* Moscow: Vagrius Publishers.

Sierksma, K.L. (1963). *Vlaggen, symbool-traditie-protocol.* Bussum: C.A.J. van Dishoek Publisher.

Transition Center Foreign Service Institute U.S. Department of State (2005). *Protocol for the Modern Diplomat.* Washington, DC.

United Nations Institute for Training and Research (2014). *Course Syllabus United Nations Protocol.* New York, November–December 2014.

Visser, D. (1995). *De Nederlandse vlag in heden en verleden.* Amsterdam: De Bataafse Leeuw.

Winq, January / February 2015 edition. Amsterdam: Winq Media BV.

Zamoyski, A. (2011). *De ondergang van Napoleon en het Congres van Wenen.* Amsterdam: Uitgeverij Balans.

因本书所使用的参考文献均为外文资料，其中大多数国内尚未翻译引进，本书保留了英文原版书的文献著录格式，以便于读者查阅。

参考网站

21 响礼炮：www.en.wikipedia.org/wiki/21-gun_salute

阿灵顿国家公墓：www.arlingtoncemetery.mil

英国皇室：www.royal.gov.uk

礼仪的发展：www.diplomacy.edu/books/mdiplomacy_book/goldstein/goldstein.htm

外交伙伴关系：www.state.gov/s/cpr/c35648.htm

旗帜与旗帜礼仪：www.everything2.com/user/Kallen/writeups/Flags+and+flag+etiquette

降半旗：www.nl.wikipedia.org/wiki/halfstok

世界上的旗帜：www.nl.wikipedia.org/wiki/vlaggen_van_de_wereld

大不列颠联合王国的旗帜——英国旗帜礼仪指南：www.flaginstitute.org

荷兰国旗官方使用指南：www.rijksoverheid.nl/onderwerpen/grondwet-en-statuut/vraag-en-antwoord/wanneer-kan-ik-de-vlag-uithangen-en-wat-is-de-vlaginstructie

优先次序：www.en.wikipedia.org/wiki/Order_of_precedence

联合国代表优先次序——联合国秘书长手记：www.un.org/law/ilc/index.htm

（皇家的）徽章、礼服、标志：www.en.wikipedia.org/wiki/Regalia

联合国通信手册——撰写正式与非正式信件、外交文书以及其他官方通信的指导性说明：www.archive.unu.edu/hq/library/resource/UN-correspondence-manual.pdf

插图及照片

第 39 页： 代表团正式会议，双方相对而坐 / 制图者：埃尔默・杜姆劳
第 40 页： 房间布局示意图 / 制图者：埃尔默・杜姆劳
第 41 页： 夫妇同桌，包括主宾在内 / 制图者：埃尔默・杜姆劳
第 41 页： 前排会议座次安排 / 制图者：埃尔默・杜姆劳
第 42 页： 两区位会议座次，由中间座位起排方式 / 制图者：埃尔默・杜姆劳
第 42 页： 两区位会议座次，由中间通道向两侧排座方式 / 制图者：埃尔默・杜姆劳
第 43 页： 三区位座次，由中间座位起排方式 / 制图者：埃尔默・杜姆劳
第 43 页： 三区位座次，由中间通道向两侧排座方式 / 制图者：埃尔默・杜姆劳
第 43 页： 四区位座次 / 制图者：埃尔默・杜姆劳
第 45 页： 迎宾队列 / 制图者：埃尔默・杜姆劳
第 46 页： 行进队列次序（主人位于 1 号位）/ 制图者：埃尔默・杜姆劳
第 46 页： 右行交通的车内座次 / 制图者：埃尔默・杜姆劳
第 46 页： 左行交通的车内座次 / 制图者：埃尔默・杜姆劳
第 47 页： 阿比奥顿・威廉斯博士，海牙国际法研究院前主席 / 海牙国际法研究院提供
第 54 页： 海牙国际区联合国成员国国旗 /www.merkdenhaag.nl/
第 56 页： 英国女王伊丽莎白二世的皇家徽章旗 /http://www.wikipedia.org/，大不列颠联合王国的国旗
第 56 页： 美国总统徽章旗 /www.wikipedia.org
第 57 页： 中世纪旌旗 / 制图者：埃尔默・杜姆劳
第 57 页： 荷兰国徽旗 /www.koningsfan.dse.nl/troonswisseling.html，皇家档案馆，本・格里沙弗（莱顿大学）
第 58 页： 旗帜元素 / 制图者：埃尔默・杜姆劳
第 59 页： 埃塞俄比亚国旗 / 作者个人所藏
第 59 页： 阿拉伯起义义旗 / 作者个人所藏
第 59 页： 阿拉伯解放运动旗帜 / 作者个人所藏
第 60 页： 埃及国旗 / 作者个人所藏
第 60 页： 捷克共和国国旗 / 作者个人所藏
第 61 页： 荷兰国旗 / 作者个人所藏
第 63 页： 荷兰国旗和橙色长条旗 / 作者个人所藏
第 65 页： 东道国荷兰的国旗与来访国比利时的国旗（街道视角）/ 制图者：埃尔默・杜姆劳
第 66 页： 两组国旗（媒体图片）/ 制图者：埃尔默・杜姆劳
第 66 页： 荷兰国旗和欧盟盟旗（街道视角）/ 制图者：埃尔默・杜姆劳
第 66 页： 来访国加拿大国旗和东道国阿拉伯联合酋长国国旗（街道视角）/ 制图者：埃

尔默・杜姆劳

第 67 页：　二旗交叉：西班牙与葡萄牙国旗（观察者视角）/ 制图者：埃尔默・杜姆劳

第 67 页：　三面旗帜：东道国荷兰国旗，第二是比利时国旗，第三是西班牙国旗（街道视角）/ 制图者：埃尔默・杜姆劳

第 68 页：　三面旗帜：东道国美国国旗，法、德国旗随后（街道视角）/ 制图者：埃尔默・杜姆劳

第 68 页：　多于三面且为奇数的旗帜共同升挂，东道国阿联酋国旗居中，其他国旗以字母顺序左右交替安排（街道视角）/ 制图者：埃尔默・杜姆劳

第 69 页：　多于三面且为奇数的旗帜共同升挂，东道国阿联酋国旗起首，其他国旗以字母顺序依次排列（街道视角）/ 制图者：埃尔默・杜姆劳

第 69 页：　升挂多于三面且为偶数的旗帜时，东道国英国国旗起首，其他国旗以字母顺序依次排列（街道视角）/ 制图者：埃尔默・杜姆劳

第 70 页：　在建筑物前庭广场左侧与正门形成一定角度悬挂两面以上的旗帜（街道视角）/ 制图者：埃尔默・杜姆劳

第 70 页：　在建筑物前庭广场右侧与正门形成一定角度悬挂两面以上的旗帜（街道视角）/ 制图者：埃尔默・杜姆劳

第 71 页：　半圆形旗阵（街道视角）/ 制图者：埃尔默・杜姆劳

第 71 页：　圆形旗阵（街道视角）/ 制图者：埃尔默・杜姆劳

第 72 页：　圆形旗阵，按字母顺序顺时针排列（街道视角）/ 制图者：埃尔默・杜姆劳

第 72 页：　美国国旗垂挂在墙上 / 作者个人所藏

第 73 页：　英国国旗垂挂在墙上 / 作者个人所藏

第 73 页：　发言讲台上的旗帜，例 1（观众席视角）/ 制图者：埃尔默・杜姆劳

第 74 页：　发言讲台上的旗帜，例 2（观众席视角）/ 制图者：埃尔默・杜姆劳

第 75 页：　美国总统座驾，上挂美国国旗与总统旗 /http://www.autoblog.nl/

第 75 页：　英国女王伊丽莎白二世座驾，车顶挂有皇家徽章旗 /www.autobody-fremont.com，摄影：S. 福斯克特

第 75 页：　英国女王伊丽莎白二世的皇家徽章旗置于驾驶舱左舷窗 / www.inpho.ie, Morgan Tracy

第 76 页：　荷兰前女王贝娅特丽克丝的皇家徽章旗与黑色长条旗同挂 / 制图者：埃尔默・杜姆劳

第 78 页：　荷兰国旗和背包 / 作者个人所藏

第 79 页：　弗朗索瓦・布鲁纳格尔先生，欧洲议会前礼仪负责人 / 布鲁纳格尔先生个人提供

第 84 页：　邀请函 / 作者个人所藏

第 91 页：　一份美国招待会邀请函（2010），此招待会由奥巴马总统主持 / https://naglrep.files.wordpress.com/2013/06/wh-pride-invite.jpg

第 94 页：　英国女王伊丽莎白二世的花园餐会邀请函（2011）/ http://sandyman.tv/adminlogin/images/omega_423118.jpg

第 95 页：　德国总统及夫人夏迪特的花园餐会邀请函（2012）/ http://ein-letzter-wunsch.de/buergerfest-des-bundspraesidenten/

第 95 页：　法国总统马克龙的招待会邀请函（2018）/ http://www.genealogie22.org/fr/IMG/jpg/invitation_elysee.jpg

第 96 页：　英国威尔士威廉王子殿下与凯特·米德尔顿王妃的婚礼邀请函（2011）/ http://img2.timeinc.net/people/i/2011/news/110228/prince-william-invitation-320.jpg

第 97 页：　白领结着装 / 制图者：埃尔默·杜姆劳

第 98 页：　舞会礼服 / 制图者：埃尔默·杜姆劳

第 99 页：　黑领结着装 / 制图者：埃尔默·杜姆劳

第 101 页：　晚礼短裙 / 制图者：埃尔默·杜姆劳

第 102 页：　晨礼服、早礼服、大礼服、常礼服 / 制图者：埃尔默·杜姆劳

第 103 页：　日间正装、日礼裙、午后礼服 / 制图者：埃尔默·杜姆劳

第 104 页：　非正式着装：黑西装、商务装、日常西装、正装 / 制图者：埃尔默·杜姆劳

第 104 页：　酒会晚礼服、长裙服 / 制图者：埃尔默·杜姆劳

第 105 页：　女士商务装 / 制图者：埃尔默·杜姆劳

第 106 页：　商务休闲装、公务休闲装 / 制图者：埃尔默·杜姆劳

第 107 页：　女士商务休闲装、公务休闲装 / 制图者：埃尔默·杜姆劳

第 108 页：　奥利维尔·阿里封教授，布鲁塞尔自由大学教授，执掌传播学教席 / 阿里封教授个人提供

第 120 页：　国家荣誉勋章示例 / 作者个人所藏

第 124 页：　荷兰女王贝娅特丽克丝与阿曼苏丹卡布斯·本·赛义德（HM Qaboos bin Said Al Said）互相颁发荣誉 / 摄影：罗宾·乌德勒支（Robin Utrecht），荷兰 ANP 通讯社

第 126 页：　白领结级盛装 / 制图者：埃尔默·杜姆劳

第 128 页：　白领结着装下的迷你徽章排列示例 / 作者个人所藏

第 128 页：　军官勋位的纽扣式勋略示例 / 作者个人所藏

第 129 页：　制服上的勋略示例 / 作者个人所藏

第 130 页：　若泽·德·博扎·赛拉诺阁下，曾任葡萄牙共和国驻荷兰王国大使 / 德·博扎·赛拉诺阁下个人提供

第 136 页：　1948 年伦敦奥运会火炬手抵达开幕式现场 / 安德烈亚·米利西亚个人提供

第 149 页：　在努儿登堡宫举行国书呈递仪式 / 摄影：弗兰克 · 范 · 贝克（Frank van Beek），立陶宛

第 162 页：　安德烈亚 · 米利西亚先生，曾任 2012 年伦敦奥运会开幕式礼仪总管 / 安德烈亚 · 米利西亚个人提供

第 168 页：　正在筹备活动的礼宾官 / 荷兰礼仪商局提供

第 179 页：　伊沃 · 范 · 弗利特、杰伦 · 科克斯与鲁本 · 内德佩尔 / 摄影：达维德 · 德 · 哈恩（David de Haan）

第 182 页：　让 · 保罗 · 维杰斯先生，荷兰礼仪商局、荷兰海牙礼宾协会与战略人际关系管理研究所创建人兼常务董事 / 荷兰礼仪商局提供

第 186 页：　黎巴嫩共和国前总统米歇尔 · 苏莱曼（Michel Sleiman）在巴西进行国事访问期间，与巴西总统一同检阅仪仗队 / 拉胡德先生个人提供

第 187 页：　拉胡德 · 拉胡德先生，黎巴嫩共和国部长理事会总理事、总统府礼宾和公共关系司司长 / 拉胡德先生个人提供

第 190 页：　阿卜杜拉二世（Abdullah Ⅱ）在约旦迎接教皇本笃十六世 / 摄影：斯特凡诺 · 斯帕齐亚尼，梵蒂冈

第 198 页：　马丁 · 范 · 佩尔尼斯先生，荷兰西门子公司董事会前主席 / 马丁 · 范 · 佩尔尼斯先生个人提供

第 206 页：　新西兰黑色优雅现代舞蹈公司的舞者 / 塞缪尔 · 维斯滕先生个人提供

第 207 页：　塞缪尔 · 维斯滕先生，荷兰国际舞蹈节艺术指导、鹿特丹库达兹艺术大学执行委员会成员 / 维斯滕先生个人提供

第 210 页：　吉尔伯特 · 莫诺 · 德 · 弗鲁瓦德维尔先生与马克 · 费尔海勒先生 / 作者个人所藏

本书所使用的插图及照片均为作者提供，作者承诺拥有插图或照片的著作权，或已获得著作权人的书面或口头授权。若对本书材料来源有异议，欢迎随时发送电子邮件到 gilbert@protocol-int.com 或 info@markverheul.com 提供增补，也可附上您的建议与意见，以供本书再版时改进。

索引

译后记

《王牌特工：特工学院》（*Kings：the Secret Service*）中有一句台词，“Manners make the man”，字幕译为“人无礼，无以立”。这可以说是匠心独运了，不由得让人联想起《论语·尧曰》中的一句话——“不知礼，无以立也。”对于“礼”的意义，《荀子·修身篇》说得更透彻：“人无礼则不生，事无礼则不成，国家无礼则不宁。”当然，这几个“礼”各有所指，不尽相同。如果都歪解为“礼仪”，用以讲礼仪的意义也是可行的。

在共同的语言文化背景下，于人、于事、于组织机构和国家机关，礼仪都是“安身立命”的基本原则；在全球化的语境下，出于不同的历史文化、宗教习俗背景，无论是个人，还是企业、组织机构，抑或是国家层面，礼仪更是至关重要的：了解外国的礼仪规范，就可以预见交往活动中诸多礼节（本书所谓的“可预见性”——predictability），遵从他国的礼仪习俗（本书所谓的“尊重”——respect），当然也存在一些复杂的情况。比如，东道国有成文的礼仪规范，同时又重视某一来访国的特殊意义，礼仪也须变通执行（本书所谓的礼仪“创造性”——creative approaches）；又如，有的国家和国际机构的礼仪规范尚未“成形”，还处于“学习阶段”，参照国际通行的礼仪规则，灵活多变、创新践行礼仪，也是不可或缺的。

另外，礼仪也是一种“国际标准”，但没有任何一个国家对此有绝对的话语权。中国素来是礼仪之邦，我们在发扬中华民族优秀传统礼仪的同时，也应合理借鉴西方礼仪，这对建立和谐的人际关系、企业关系、国际关系，促进民族企业国际化，树立良好的国际形象也能起到关键作用。

本书立足于全球视野，系统介绍并论述了外交和商业范畴中的国际礼仪知识，内容全面、详细。两位荷兰籍作者在各自的职业生涯中积累了丰富的经验，所以能就国际交往礼仪提供有价值的方法、案例和独到见解。作者还邀请外交界、商业界、文化界的国际礼仪专家分享了他们在工作中的个人感触，是一本非常实用的礼仪工具书，能为在国际化工作环境中的外交、商务人员提供专业、贴心的礼仪指导，也可作为外交学或国际商务专业学生的入门教材。

书中涉及的知识包罗万象，有些知识点较为生僻，我们在翻译过程中查阅了大量的工具书，包括《大美百科全书》《旗帜插图百科》《纹章插图百科》《象征符号插图百科》以及欧美国别史、文化习俗书籍，对相关术语、历史事件反复查证与核实，鲁仕齐对此做了大量工作和贡献。本书由于作者所处国家的政治文化背景等与我国不同，某些说法和观点尚需商榷，敬请广大读者在阅读中加以分析和辨别。译稿中的不妥之处，也欢迎读者批评指正。

王广州

2019年5月

京权图字：01-2018-8596

图书在版编目(CIP)数据

商务外交礼仪通用手册 /（荷）吉尔伯特·莫诺·德·弗鲁瓦德维尔,（荷）马克·费尔海勒著；王广州，鲁仕齐译．—北京：国家行政管理出版社，2020. 3

ISBN 978-7-5150-2395-3

Ⅰ. ①商… Ⅱ. ①吉… ②马… ③王… ④鲁… Ⅲ. ①商务—礼仪—手册②外交礼节—手册 Ⅳ. ①F718-62 ②D802. 2-62

中国版本图书馆 CIP 数据核字（2019）第 176292 号

书　　名　商务外交礼仪通用手册——方法、经验、案例
SHANGWU WAIJIAO LIYI TONGYONG SHOUCE——FANGFA、JINGYAN、ANLI
著　　者　［荷］吉尔伯特·莫诺·德·弗鲁瓦德维尔（Gilbert Monod de Froideville）
［荷］马克·费尔海勒（Mark Verheul）
译　　者　王广州　鲁仕齐
选题策划　张　阳
责任编辑　王　莹　张　蘅
美术编辑　安　超
出版发行　国家行政管理出版社
（北京市海淀区长春桥路 6 号　100089）
电　　话　（010）68922366　68928800（编辑部）
经　　销　新华书店
印　　刷　北京新视觉印刷有限公司
版　　次　2020 年 3 月北京第 1 版
印　　次　2020 年 3 月北京第 1 次印刷
开　　本　185 毫米×260 毫米　16 开
印　　张　16. 25
字　　数　330 千字
书　　号　ISBN 978-7-5150-2395-3
定　　价　128. 00 元

本书如有印装质量问题，可随时调换。联系电话：（010）68929022